VEGETARISCHE REZEPTE AUS ALLER WELT

ROSAMOND RICHARDSON

VEGETARISCHE REZEPTE AUS ALLER WELT

GONDROM

Lizenzausgabe 2001 für Gondrom Verlag GmbH, Bindlach

Die Originalausgabe mit dem Titel „The Great Green Cookbook“ erschien im Verlag Kyle Cathie Limited, London.

Redaktion: Inken Kloppenburg Verlags-Service, München
Übersetzung: Karin Hirschmann
Covergestaltung: Büro Norbert Pautner, München

ISBN 3-8112-1852-2

Der Umwelt zuliebe gedruckt auf chlorfrei gebleichtem Papier.

Inhalt

EINFÜHRUNG 6
GEMÜSE ZU JEDER JAHRESZEIT 8
EINKAUF UND LAGERUNG 28
WICHTIGE KÜCHENGERÄTE 29
KLEINE KÜCHENPRAXIS 30

VORSPEISEN 33
SUPPEN 47
EIER UND KÄSE 59
SNACKS, DIPS UND BROTE 69
TORTILLAS, PFANNKUCHEN, AUSGEBACKENES 83
GEMÜSE
BEILAGEN 93
HAUPTGERICHTE 98
DIE VIELSEITIGE KARTOFFEL 111
PASTA PUR 121
HÜLSENFRÜCHTE, REIS UND POLENTA 137
PIKANTE KUCHEN, PIE UND PIZZA 153
FÜR GÄSTE UND FESTE
VORSPEISEN 163
HAUPTGERICHTE 175
KÖSTLICHE SALATE 187
VERFÜHRERISCHE DESSERTS 209

GRUNDREZEPTE 218
DIE NÄHRSTOFFE IM ÜBERBLICK 219
REGISTER 221

EINFÜHRUNG

Im Mittelpunkt dieses Buches steht die Freude am Kochen mit einer Vielzahl von frischem Gemüse, Kräutern und Gewürzen, die das Jahr über rund um den Globus wachsen. Viele der hier vorgestellten Rezepte basieren auf traditionellen Zutaten aus aller Welt, so daß sich die Speisen von der Masse abheben. Diese Speisen müssen aber nicht zwangsläufig mit aufwendigen oder exotischen Zubereitungen einhergehen. Ganz im Gegenteil: Unkomplizierte, schnelle Rezepte machen der Einfachheit alle Ehre, so zum Beispiel pfannengerührter Blumenkohl mit Ingwer und Knoblauch, der mir oft besser schmeckt als die exquisiteste Kreation eines Meisterkochs. Die meisten Menschen bevorzugen schnelle, leicht verständliche Methoden, die zu einem gelungenen Geschmackserlebnis führen.

Der derzeitige Trend, wesentlich weniger Fleisch, Geflügel und auch Fisch zu essen, hält weiter an, insbesondere unter den Jüngeren. Mit diesem wachsenden Bewußtsein für die fleischarme Ernährung erkennen viele die Vorteile einer überwiegend pflanzlichen Kost. Schließlich kommt sie dem Körper wie dem Geldbeutel zugute. Auch ethische Fragen werden mehr denn je zur Sprache gebracht: das Mitgefühl für die Tiere sowie die ökologischen, gesundheitlichen und sozialen Probleme, die die Viehzucht aufwirft. Die Menschen, die sich mit solchen Aspekten auseinandersetzen, sind die Köche der nächsten Generation, und für sie ist dieses Buch geschrieben worden.

Es soll Inspiration wie praktischer Ratgeber sein und möglichst viele Menschen ansprechen: junge Leute, die ins Leben hinausgehen, ob als Single oder verheiratet; Paare mit kleinen Kindern, Studenten und Teenager; Leute, die sich für eine fleischlose Ernährung entschieden haben; verzweifelte Mütter mit nur einem Vegetarier in der Familie; Menschen, die sich nicht jeden Tag Fleisch auf dem Teller leisten können; Berufstätige, die schnelle, ideenreiche Rezepte suchen; und natürlich alle, die einfach nur gutes Essen lieben. Neben einer umfassenden Warenkunde informiert das Buch über Ernährung allgemein sowie die wichtigsten Kochutensilien und die notwendige Küchenpraxis.

Die Rezepte sollen die Phantasie beflügeln und sind sowohl für ungeübte als auch für erfahrenere Köche gedacht. Die Geübteren können sich an herrlichen

Saucen für aufregend neue Gerichte versuchen und erlesene Menüs für besondere Anlässe zaubern, während auf die Neulinge viele praktische Ratschläge, grundlegende Informationen und einfache Zubereitungsmethoden warten. Somit ist dieses Buch ein praktisches Handbuch mit einer umfangreichen Rezeptsammlung, die zum Nachkochen einlädt.

Kochen lernte ich von Elizabeth David. Ihre Bücher gehören zu den meistbenutzten auf meinem Küchenregal. Julia Child und Robert Carrier vermittelten mir das Grundwissen der französischen und der mediterranen Küche. In die Geheimnisse der indischen und indonesischen Küche weihte mich eine indische Freundin ein, mit der ich den Subkontinent bereiste. Auf meinen Reisen führe ich stets ein Notizbuch mit, in das ich alle denkwürdigen Menüs und Gerichte eintrage, dazu meine Vermutungen über ihre Zubereitung. Das Nachkochen zu Hause hat den Vorteil, wunderschöne Erinnerungen aufleben zu lassen: eine Bergwanderung auf Kreta, einen lauschigen Abend in Marokko am Rande der Sahara, das geschäftige Treiben in den Straßen von Haiderabad, die Straßencafés in Paris oder die ungeheure Farben- und Formenvielfalt der Lebensmittel in San Francisco, die meine Phantasie in den letzten Jahren so beflügelt haben.

Die Welt des Kochens hat sich mit den Supermärkten gewaltig erweitert. Die Zeiten, in denen selbst in einer Großstadt wie London Knoblauch und Auberginen schwer zu bekommen waren, sind längst vorbei. Heute quellen die Regale über von exotischen Früchten und Gemüse aus allen Teilen der Welt. Mit der Küche aus Fernost wurde ich vertrauter, als ein asiatischer Lebensmittelladen in meiner Nähe eröffnete. Ich lernte, meinen Vorratsschrank mit den wunderbaren Sachen zu bestücken, die dort erhältlich waren, darunter Gläser mit gar herrlichen Saucen, die meine alltägliche Kost so sehr verzaubern.

Damals war es mir zwar noch nicht bewußt, aber die Grundkenntnisse der klassischen europäischen Küche sollten meine Art zu kochen um eine wunderbare Dimension erweitern. Berühmte Saucen aus aller Welt, Pasta aus Italien, pikant-würziges Gemüse aus Indien, Nudelgerichte aus Indonesien, Tortillas aus Mexiko, Pfannengerührtes aus China ... Die Gerichte wurden mit Gemüse und Kräutern aus regionalem Anbau zubereitet und kamen mit wohlschmeckenden Saucen auf den Tisch. Ich habe diese regionalen Spezialitäten in Rezepte umgewandelt, die einfach, schnell und meist auch preiswert zu Hause zuzubereiten sind.

- Zum Einfrieren gut geeignet
- V Vegan (streng vegetarisch)
- ◆ Läßt sich bis hierher im voraus zubereiten

Gemüse zu jeder Jahreszeit

Gemüse läßt sich unterteilen in Blattgemüse, Wurzeln und Knollen, Samengemüse, Fruchtgemüse, Zwiebelgemüse, Stengel- und Blattstielgemüse, Blütenstände und Pilze. Solange es Menschen gibt, war Gemüse ein wichtiger Nährstofflieferant und wurde als unverzichtbar für die Gesundheit angesehen. Gemüse liefert pflanzliches Eiweiß sowie lebenswichtige Mineralstoffe und Vitamine für eine ausgewogene Ernährung. Es enthält kaum Fett, dafür viel Wasser und ist somit ideal für unsere heutige Gesellschaft.

Gemüse wird am besten erntefrisch verzehrt, da es durch lange Lagerung und Kühlung an Nährwert einbüßt. Die einzelnen Arten schmecken am besten, wenn sie gerade Saison haben. In Treibhäusern herangezogenem Gemüse fehlt die Geschmacksintensität natürlich ausgereifter Agrarprodukte. Gemüse ist vor der Weiterverarbeitung gründlich zu waschen. Schälen ist auf ein Mindestmaß zu reduzieren, da ein Großteil der wertvollen Inhaltsstoffe direkt unter der Schale sitzt. Kurze Garzeiten bekommen Gemüse besser als langes Schmoren – von wenigen Ausnahmen einmal abgesehen –, daher bietet sich das Pfannenrühren als die beste und einfachste Zubereitungsart an. Gemüse ist darüber hinaus ideal für Eintopfgerichte, wie anhand der vielen Rezeptvorschläge deutlich wird.

Die Gemüse-Historie ist faszinierend zu lesen und eng verknüpft mit der Geschichte unserer Zivilisation. Viele Gemüsearten, die uns heute ganz selbstverständlich sind, stammen aus den südamerikanischen Anden und aus dem »fruchtbaren Halbmond« von Mesopotamien. Die einzelnen Gemüse sind farbenfrohe Lebensmittel, die vielen Gerichten Konsistenz und Geschmack verleihen. Das Wunderbare ist, daß wir heute fast jedes Gemüse dieser Erde im nächsten Supermarkt kaufen können. Die ganze Welt in unserer kleinen Küche!

Frühling

Brunnenkresse und Rauke

Brunnenkresse wächst wild an Flußläufen, sollte aber dort nur geerntet werden, wenn man sicher weiß, daß das Wasser wirklich rein ist. Als Gemüsepflanze ist sie von großer Bedeutung. Sie wurde bereits von den Römern kultiviert, vor allem als wertvoller Vitaminspender zum Schutz vor Skorbut. Die grünen Blättchen bekommen mit der Zeit einen Stich ins Kupferfarbene. Die kommerziell angebaute Brunnenkresse ist ganzjährig erhältlich. Brunnenkresse schmeckt würzig-scharf und leicht bitter, sie wird für Salate, Sandwiches, pfannengerührte Gerichte, Garnituren und manchmal auch für Suppen verwendet, denen sie eine wunderschöne sattgrüne Farbe verleiht. Die Pflanze ist reich an Vitamin A und enthält Folsäure, Riboflavin und die Vitamine C, D und E, außerdem Kalium und Calcium. Zwischen Oktober und Mai wird sie am meisten angeboten.

Rauke, auch Rucola genannt, ist eine mit der Brunnenkresse verwandte Salatpflanze, die in weiten Teilen Europas wild wächst, sich aber mühelos im Garten ziehen läßt. Ihr intensives, bitterscharfes Aroma bereichert jeden Salat. Im Mittelmeerraum ist die Rauke sehr verbreitet. Dem aus den Samen gewonnenen Öl werden aphrodisische Eigenschaften nachgesagt.

Chicorée und Radicchio

Chicorée, ein enger Verwandter der Endivie, ist seit alters her als Salatpflanze bekannt, vor allem im Mittelmeerraum. Der von den Ägyptern kultivierte Chicorée war eine der beim Passahfest gebräuchlichen Bitterpflanzen. Von Griechen wie Römern angebaut, fand der Chicorée sogar Eingang in die Dichtung. So wurde er von Aristophanes in *Die Frösche* und auch von Horaz und Plinius erwähnt.

Die mehrjährige, in Europa und Westasien beheimatete Pflanze hat sich inzwischen auch in Nordamerika eingebürgert, wo man ihre hübschen blauen Blüten oft am Straßenrand sehen kann. Viele Varietäten sind im Handel: Der echte Chicorée, auch Brüsseler Endivie genannt, hat einen ovalen, festen Blattkopf mit leicht gelblichgrün verfärbten Blattspitzen. Man läßt ihn in feuchter, sandiger Erde im Dunkeln austreiben, um die Bitterstoffe in den grünen Blättern zu reduzieren. Dieser Chicorée schmeckt roh und gedünstet. Die Wurzeln der Chicoréepflanze werden geröstet als Kaffee-Ersatz und nicht selten auch zum Strecken von Bohnenkaffee verwendet. Eine rote Varietät ist der Radicchio, die Form mit einer ausgetriebenen Blattrosette heißt »Radicchio di Treviso«. Dabei handelt es sich um einen festen, kleinen Salatkopf, der mit seinen länglichen, rot-weiß gezeichneten Blättern eine Bereicherung für jeden Wintersalat ist. Chicorée ist kalorienarm und enthält Folsäure, Vitamin C und Eisen.

Chillies

Chillies stammen aus Mexiko, wo sie seit etwa 7000 Jahren gegessen werden. Sie gehören einer großen Familie mit gut 200 Arten an, darunter lange, dünne sowie runde Chillies in verschiedenen Größen, Farben und Schärfegraden. Das für die Schärfe verantwortliche Alkaloid Capsaicin entwickelt sich bei Wärme, das heißt, je heißer das Klima, desto schärfer die Chillies. Capsaicin setzt im Körper Endorphine frei, die das Schmerzzentrum blockieren und eine Art Glücksgefühl auslösen. Deshalb heißt es, daß Chillies süchtig machen, da es zunehmend angenehmer wird, immer schärfere Schoten zu essen.

Grüne Chillies sind unreif und nicht so scharf wie ausgereifte rote oder gelbe oder gar schwarze Schoten. Da die Samen noch schärfer als das Fruchtfleisch sind, werden sie vor dem Garen meist entfernt.

Chillies sind eine traditionelle Würze vieler mexikanischer, chinesischer, malaiischer und indischer Gerichte. Gerade die mexikanische Küche versteht sich ausgezeichnet auf ihre Verwendung. In den europäischen Küchen wurden sie erst »salonfähig«, als man herausfand, daß die scharfen Schoten, getrocknet und zu Pulver vermahlen, den sündhaft teuren schwarzen Pfeffer adäquat ersetzten.

Capsicum frutescens stammt aus dem tropischen Südamerika, wahrscheinlich aus Peru, und hat mit seiner Varietät *Capsicum frutescens* var. *tabasco* der berühmtesten aller Chilisaucen – Tabasco – zu ihrem Namen verholfen. Benannt wurde diese Varietät nach einer Stadt im Süden Mexikos, wo die Schote großflächig angebaut wird. Heute wird die weltbekannte Würzsauce, eine Mischung aus fermentierten Chillies, Branntweinessig und Salz, im amerikanischen Bundesstaat Louisiana hergestellt, neben Florida, Texas und Kalifornien ein bedeutendes Chili-Anbaugebiet in den USA.

Cayenne, eine alte Kulturvarietät aus präkolumbischen Zeiten, wurde erstmalig 1542 in Ostguinea erwähnt. Heute wird diese kleine, höllisch scharfe Schote vorwiegend in Asien angebaut und zu Pulver vermahlen. Cayennepfeffer ist noch schärfer als Chilipulver.

Die gängigsten Sorten sind die Jalapeño-Chillies, die nach der mexikanischen Stadt Jalapa benannt worden sind und oft eingelegt werden (Vorsicht, sie sind extrem scharf, vor allem, wenn die Samen nicht entfernt wurden), und die etwas milderen Ancho-Chillies.

Frische Schoten bewahrt man am besten im Kühlschrank auf, oder man greift auf Chiliflocken oder Chilipulver zurück. Getrocknete Chilischoten werden vor der Weiterverarbeitung 20 Minuten in kochendes Wasser gelegt und anschließend mit etwas Flüssigkeit püriert oder in feine Streifen geschnitten. Chilisaucen, in der Regel mit Tomaten und Gewürzen wie Kreuzkümmel oder Oregano angereichert, sind die ideale Würze für Eintopf- und Schmorgerichte.

Kresse

Die Kresse, auch Gartenkresse, Kressekraut oder Pfefferkraut genannt, ist ein in Europa beheimatetes Pflänzchen, das mit genügend Feuchtigkeit rasch und üppig wächst. Kresse wird, als Keimling gegessen, mühelos auf feuchter Watte gezogen. Im Garten wird Kresse oft zusammen mit Senf angebaut, der aber schneller keimt und wächst und deshalb später ausgesät werden muß. Kresse ist eine würzige Zutat in Salaten oder eine Garnitur. Sie ist reich an Vitamin A und C.

Winterkresse, auch Barbarakraut genannt, hat gefiederte dunkelgrüne Blätter und läßt sich ebenfalls mühelos ziehen. Die winterharte Wildpflanze, die feuchten Boden liebt und bis zum Frühjahr ausharrt, schmeckt pikant-würzig, fast senfähnlich und wird gern an Salate und auch an Suppen gegeben. Das seit dem 17. Jahrhundert als Salatpflanze kultivierte und oft anstelle von Brunnenkresse verwendete Kraut wird noch heute gewerbsmäßig angebaut. Es ist auch unter dem Namen Amerikanische Kresse bekannt.

Pilze

Die Pilze, die wir aus dem Regal im Supermarkt kennen, werden in Europa seit dem 18. Jahrhundert gezüchtet. Die Franzosen fanden damals heraus, daß sie im Keller auf Pferdemist prächtig wuchsen; und so kam es, daß während des ganzen 19. Jahrhunderts in stillgelegten Kalksteinbrüchen rund um die französische Metropole *champignons de Paris* unterirdisch kultiviert wurden. Auch die Chinesen und Japaner züchten bereits seit Jahrhunderten Pilze; die in Geschmack und Konsistenz herausragenden Arten erfreuen sich auch bei uns im Westen zunehmender Beliebtheit. Die gängigsten sind Samtfußrübling, Austernseitling, Shiitake und Wolkenohr.

Die kleinen, kugelrunden Zuchtchampignons mit geschlossenen Köpfen sind junge, noch nicht ausgereifte Pilze. Die Champignons mit flachem, weit geöffnetem Hut sind die ausgereiften Exemplare und haben das intensivste Aroma. Dazwischen liegt die Standardgröße, mittelgroß, mit leicht geöffneter oder geschlossener und noch gewölbter Kappe. Der Cremechampignon, auch Brauner Egerling genannt, ist etwas größer als die herkömmlichen Champignons, fester in der Konsistenz und sehr schmackhaft. Wildpilze können im Frühjahr und im Herbst von erfahrenen (!) Pilzkennern gesammelt werden. Die schmackhaftesten Wildpilze – Steinpilze, Pfifferlinge, Morcheln, Wiesenchampignons und Boviste – sind leicht zu erkennen (zur Sicherheit aber trotzdem in einem guten Pilzführer nachschlagen) und lassen sich gut trocknen, um außerhalb der Pilzsaison für die Weiterverarbeitung und den Verzehr eingeweicht zu werden. Getrocknete Pilze sind in den meisten Delikatessenläden und Feinkostgeschäften erhältlich.

Pilze sind faszinierende Gebilde, die weder dem Tier- noch dem Pflanzenreich angehören und die sich zwar auch durch todbringende Substanzen, vor allem aber durch einen phantastischen Geschmack auszeichnen. Trotz ihres hohen Wassergehalts sind sie reich an pflanzlichem Eiweiß, Niacin, Riboflavin, Pantothensäure und Vitamin B_{12}. Pilze enthalten außerdem geringe Mengen an Ballaststoffen, Schwefel und Folsäure.

Rettich und Radieschen

Der ursprünglich in China beheimatete Rettich wird heute weltweit in vielen Formen, Größen und Farben angebaut, darunter rote, weiße und sogar schwarzschalige Sorten, letztere sind als Winterrettich bekannt. Rettiche wurden schon zur Zeit der Pharaonen kultiviert, und alles deutet darauf hin, daß sie bereits 2780 Jahre v. Chr. zur Essensration gehörten, die den Arbeitern beim Bau der Cheops-Pyramide zugeteilt wurde. In den asiatischen Ländern besitzen Rettiche noch heute einen hohen Stellenwert als Wurzelgemüse. Der bis zu 30 cm lange weiße Daikon-Rettich wird sowohl roh als auch gegart verzehrt. Wie bei uns die weißen Rüben wandert er in Suppen und Eintöpfe, ist ideal zum Pfannenrühren oder zum Einlegen als orientalisches Essiggemüse. Die Franzosen und Italiener essen als Vorspeise gern runde rote Radieschen, die für ihre Schärfe und ihr knackiges weißes Fruchtfleisch bekannt sind. Rettiche und Radieschen enthalten viel Wasser, kein Fett, geringe Mengen an Eisen, Kupfer, die Vitamine B und C, Folsäure, Calcium und Natrium.

Eine Radieschenrose ist eine hübsche Garnitur. Dazu wird das Stielende abgeschnitten und das Fruchtfleisch mehrmals eingeritzt. Dann legt man das eingeritzte Radieschen etwa 30 Minuten in eine Schüssel mit Eiswasser, bis sich die »Blüte« öffnet.

Sauerampfer

Der Sauerampfer genoß im 18. Jahrhundert als Salat- und Gemüsepflanze hohes Ansehen, wird aber heutzutage kaum noch verwendet, außer in Frankreich, wo man sein säuerliches und ein wenig bitteres Aroma überaus schätzt. Sauerampfer kann roh als Salat oder in Suppen, Pürees und Saucen, insbesondere zu Fisch, verwendet werden. Das Kraut hat nicht nur Ähnlichkeit mit Spinat, es kann auch genauso zubereitet werden. Darüber hinaus ergibt Sauerampfer ein köstliches Soufflé, schmackhafte Küchlein und ist auch eine feine Zutat in einem *Omelette aux fines herbes*. Grüne Sauce, bestehend aus püriertem Sauerampfer, Essig oder Zitronensaft und Zucker, erfreute sich als Beilage zu Fleisch und Geflügel im 18. Jahrhundert allgemeiner Beliebtheit. Eine weit über 90 Jahre alte Frau erzählte mir, sie verdanke ihr langes Leben dem täglichen Sauerampfer-Sandwich am Mittag. Sauerampfer enthält reichlich Oxalsäure, aber die verhindert die Aufnahme einiger wichtiger Mineralstoffe – zuviel davon ist also nicht ratsam.

Schalotten

Den alten Griechen zufolge stammen die Schalotten aus Askalon (Palästina), dem heutigen Aschkelon in Israel, daher ihr Name. Schalotten sind eine Zwiebelart, bei der mehrere kleine Einzelbulben von einer Schale umhüllt werden. Sie schmecken allerdings aromatischer und feiner als die gewöhnliche Haushaltszwiebel und riechen längst nicht so beißend-scharf. Mit ihrem feinen Aroma sind sie prädestiniert für die französische Küche, insbesondere die längliche Sorte mit der bläulich-grauen Haut. Die runde Schalotte mit ihrer papierartigen rosigen Schale ist die gängigere Sorte von beiden und ideal zum Einlegen in Essig. Schalotten haben im Frühling und Sommer Saison und sind extrem lange haltbar, wenn sie kühl aufbewahrt werden. Trotz ihres geringen Nährwertes (hoher Wasseranteil!) enthalten sie jede Menge wertvolle Spurenelemente.

Sprossen

Hierbei handelt es sich um die Keimlinge von getrockneten Samen wie Adzukibohnen, Alfalfa (Luzerne), Bockshornklee und Mungobohnen. Letztere werden meist als Bohnensprossen angeboten. Sprossen sind wahre Vitaminbomben. Neben reichlich Vitamin A, B und C enthalten sie beachtliche Mengen (35 Prozent) an Protein, außerdem Ballaststoffe, Mineralstoffe und Stärke. Die äußerst schmackhaften und knackigen Sprossen sind ideal zum Rohessen in Salaten oder auf Sandwiches. Sie schmecken vorzüglich in pfannengerührten Gerichten. Gekaufte Ware sollte knackig und frisch sein; weiche, braun gewordene Sprossen sind bereits verdorben.

Sprossen kann man prima selbst ziehen, entweder in einem Keimgerät (Anweisungen zum Keimen liegen bei) oder in einem Marmeladenglas. Dazu 15 Milliliter getrocknete Samen nach Wahl in das Glas geben, Gaze darüberspannen und diese mit einem Gummiring fixieren. Warmes Wasser zugießen, gut durchspülen und das Wasser wieder abgießen. Die Samen erneut mit reichlich warmem Wasser bedecken und 24 Stunden aufquellen lassen. Am nächsten Tag das Glas kräftig schütteln, das Wasser abgießen und die Samen zweimal gründlich spülen. Nach dem Abtropfen das Glas waagerecht auf die Seite legen, in eine Papiertüte schieben und an einen warmen Platz stellen. Zweimal täglich – morgens und abends – durchspülen und abtropfen lassen. Nach etwa vier Tagen ist das Glas voller Sprossen.

SOMMER

ARTISCHOCKE

Bei diesem ungewöhnlichen, ursprünglich in Nordafrika beheimateten Gemüse handelt es sich um eine Distelart, die bereits die Griechen und Römer kannten. Heute wird sie in ganz Europa, vor allem aber in den Staaten rund ums Mittelmeer sowie auf dem nordamerikanischen Kontinent angebaut. Im Gegensatz zu den meisten anderen Gemüsepflanzen ist hier der Blütenstand der eßbare Teil, insbesondere der Blütenboden, der von Kennern wegen seines feinen Geschmacks und der butterweichen Konsistenz als Delikatesse geschätzt wird. Artischockenböden sind in Dosen oder Gläsern erhältlich und eine erlesene Zutat in Salaten, Eierspeisen und pfannengerührten Gerichten. Besonders kleine, junge, zarte Artischocken (Baby-Artischocken) können auch im ganzen gegessen werden, in Öl und Knoblauch gebraten oder in Ausbackteig fritiert. Artischockenpaste aus dem Feinkostladen schmeckt vorzüglich zu pochierten und mit geriebenem Parmesan bestreuten Eiern.

Artischocken werden aphrodisische Eigenschaften zugeschrieben. Goethe, der sie auf seiner Italienreise kennenlernte, konnte ihnen nichts abgewinnen. Mit dieser Einstellung steht er so ziemlich allein da, denn heute sind Artischocken ein fester Bestandteil der Mittelmeerküche. Sie werden wegen ihrer wohltuenden Wirkung auf eine angegriffene Leber geschätzt. Auch Cynar, der italienische Aperitif, wird auf der Basis von Artischocken hergestellt, die als einzige Pflanze Cynarin enthalten, einen Bitterstoff, der die für die Süße verantwortlichen Geschmacksknospen des Gaumens stimuliert.

Bei den Artischocken wird in grüne, violettgrüne und weiße (hellgrüne) Varietäten unterschieden. Die edlen Blütenköpfe sind, weil stark wasserhaltig, kalorienarm, enthalten aber auch Eiweiß, Kalium und Calcium. Man sollte sie so frisch wie eben möglich essen. Dazu zupft man die gekochten Hüllblätter ab und taucht das fleischige Ende in zerlassene Butter oder eine Holländische Sauce.

BLATTSALATE

Blattsalat aus ehedem wildwachsenden Pflanzen wird auf der ganzen Welt schon seit Jahrhunderten kultiviert, so daß wir heute aus einer Vielzahl von Arten wählen können. Die Herkunft von Kopfsalat ist bis heute ungeklärt, aber seine einschläfernde Wirkung ist lange bekannt; normale Mengen davon sollen beruhigend wirken. Heute gibt es viele Varietäten, die in unterschiedlichen Gegenden zu verschiedenen Zeiten angebaut werden: mit dünnen oder knackigen Blättern, rote oder braunrötliche, krausblättrige oder glatte Sorten, Salate mit festen, saftigen Blättern usw. Ihr Nährwert ist aufgrund des hohen Wassergehalts eher gering. Sie werden fast ausschließlich roh verzehrt, selten in Suppen oder pfannengerührten Gerichten.

Krach- oder Eissalat ist ein kompakter, knackiger Salat. Little Gem und Römischer Salat, auch Koch- oder Bindesalat genannt, haben längliche, knackige Blätter und schmecken herzhaft-würzig. Kopfsalat oder Buttersalat hat weiche Blätter, ist milder im Geschmack und das ganze Jahr über erhältlich: im Sommer aus dem Freiland, im Winter aus dem Treibhaus. Eichblattsalat ist eine dekorative, schmackhafte Kopfsalatart mit braunrötlichen, eichblattähnlichen Blättern. Lollo Rossa und Lollo Bionda sind zwei aromatische italienische Neuzüchtungen mit hübsch gekrausten Blättern. Der ebenfalls aus Italien stammende Radicchio wird wegen seiner rundlichen roten Blätter und wegen seiner Bitterstoffe geschätzt. Frisée, auch Krause Endivie genannt, ist ein bißfester Kopfsalat mit dekorativ gezahnten Blättern, er schmeckt angenehm bitter.

CHINAKOHL UND PAK-CHOI

Der salatähnliche Kopfkohl, auch Japankohl genannt, wird von den Chinesen seit dem 5. Jahrhundert n. Chr. angebaut und ist in vielen Sorten erhältlich. Er wächst recht üppig und wird wegen seiner knackigen Konsistenz und seines milden Senfaromas geschätzt. Zart und fein im Geschmack, ist Chinakohl das ideale Gemüse sowohl für pfannengerührte Gerichte als auch für Salate. Er enthält beachtliche Mengen an Vitamin A, B_1, B_2, B_3, C und D, dazu Ballaststoffe, Eisen, Kalium, Calcium und Folsäure.

Pak-Choi ist ein Blattstielgemüse, das ebenfalls seit Jahrhunderten angebaut wird. Dieser »Blattsenf«, auch Chinesischer Senfkohl genannt, ist schnellwüchsig, er besteht aus kleineren Rosetten mit aufrechten Blättern auf langen Stielen und wird oft milchsauer eingelegt – ähnlich wie Sauerkraut – oder findet in pfannengerührten Gerichten Verwendung. Pak-Choi enthält Eisen und Vitamin C. Die fleischigen weißen Stiele lassen sich gut dämpfen und, in zerlassene Butter getunkt, wie Spargel essen.

ERBSEN UND ZUCKERSCHOTEN

Erbsen werden seit Jahrtausenden in Südeuropa und im Nahen Osten angebaut, sie gehören neben Weizen und Gerste zu den ältesten Grundnahrungsmitteln. In der heutigen Türkei wurden die Hülsenfrüchte offenbar intensiv kultiviert, denn bei archäologischen Ausgrabungen in Troja fand man in einem einzigen Behälter 200 Kilogramm getrocknete Erbsen. Die Römer brachten die Erbsen schließlich auch in den europäischen Norden.

Erbsen schmecken am besten ganz frisch oder aber getrocknet, wobei Trockenerbsen eine ausgezeichnete Proteinquelle sind. Erbsen sind die Samen einer Kletterpflanze, die ungefähr 80 Varietäten umfaßt. Sie können mitsamt der Schote gegessen werden, solange die Samen noch kaum ausgebildet sind. Vor allem in der chinesischen Küche werden die Zuckerschoten, weil zart, süß und saftig, gern verwendet.

Die *petits pois* aus Frankreich sind eigens gezüchtete kleine Erbsen, die besonders süß und zart schmecken. Sie werden tiefgefroren und als Konserve angeboten. Die Zeit, in der Erbsen frisch auf den Markt kommen, ist relativ kurz. Erbsen schmecken am besten im Stadium der Vorreife. Bei Tiefkühlware handelt es sich größtenteils um Erbsen, die noch während dieser sogenannten Milchreife gepflückt worden sind. Ehrlich gesagt, sind sie schwer zu schlagen und meist sogar noch zarter und süßer im Geschmack als frisch angebotene Erbsen. Am besten und schonendsten gart man Erbsen kurz in wenig Salzwasser mit einem Stück Butter oder verwendet sie in Suppen und Pürees.

Erbsen enthalten mehr Protein, Zucker, Stärke und Ballaststoffe als die meisten anderen Gemüsearten. Sie versorgen den Körper außerdem mit Calcium, Eisen, Vitaminen der B-Gruppe, Vitamin C und E, Mangan, Kalium und Phosphor.

Feuer- oder Prunkbohne

Diese Bohnen, eine Stangenbohnenart, haben flache, dünnwandige Hülsen, die sehr aromatisch schmecken. Aus dem Erwerbsanbau sind sie wegen des hohen Arbeitsaufwands fast völlig verschwunden. Da sie zudem frostanfällig sind, dürfen sie erst relativ spät gesetzt werden. Jung und zart geerntet und entweder ganz oder »geschnibbelt« zubereitet, sind sie ein beliebtes Essen im Sommer. Die in Mexiko beheimateten und dort von den Indios kultivierten Feuerbohnen wurden als Zierpflanze von den spanischen Eroberern im 16. Jahrhundert nach Europa gebracht. John Tradescant war der erste, der sie in einem Katalog der Öffentlichkeit vorstellte. Läßt man sie ausreifen, kann man auch die rosafarbenen Bohnenkerne mit den schwarzen Sprenkeln essen. Sie sind reich an Carotin und Ballaststoffen.

Frühkartoffeln

Frühkartoffeln aus heimischem Anbau kommen im Juni/Juli auf den Markt, Anfang August bis September die mittelfrühen Sorten. Angebote schon ab Februar stammen aus Importen. Frühkartoffeln sind erstaunlich nährstoffreich: Sie enthalten mehr Vitamin C als späte Sorten, außerdem 0,6 Prozent Kalium, 18 Prozent Kohlenhydrate und reichlich Ballaststoffe. 500 Gramm gekochte Frühkartoffeln decken den empfohlenen Tagesbedarf an den Vitaminen C, B_1 und Riboflavin. Des weiteren enthalten sie gut 2 Prozent Protein. Die meisten Nährstoffe sitzen unter der zarten, dünnen Schale – die Knollen also nicht schälen, sondern nur gründlich schrubben und knapp garen. Dann sind sie innen noch fest und behalten ihre wachsartige Konsistenz. Zu den bekanntesten Frühsorten in Deutschland zählen Erstling, Gloria, Hela, Carola und Sieglinde.

Gartenbohnen oder grüne Bohnen

Es werden Stangen- und Buschbohnen unterschieden. Stangenbohnen wachsen an Gerüsten (Stangen), zu ihnen zählen die gelben Wachsbohnen und die Breiten Bohnen. Zu den Buschbohnen, einer Zufallsmutation der rankenden Kulturform, gehören ebenfalls Wachsbohnen, die Brechbohnen, Delikateß- und Prinzeßbohnen, die wie so viele Vertreter der Bohnenfamilie aus Südamerika stammen, wo sie noch heute in Mexiko, Guatemala und in den Anden wild wachsen. In Peru werden Bohnen schon seit nahezu 8000 Jahren angebaut. Der französische Name *haricot* ist eine Verzerrung des Aztekenwortes »ayecotl« für Kidney-Bohnen. Die grünen Bohnen gelangten im 16. Jahrhundert nach Europa. Heute werden sie mitsamt der fleischigen grünen Hülse verzehrt. Grüne Bohnen enthalten Carotin und Vitamin C sowie geringe Mengen an Ballaststoffen.

Gurke

Die Gurke stammt ursprünglich aus Asien, wo sie bereits vor 3000 Jahren in Indien angebaut wurde und bald zum Lieblingsgemüse der Römer avancierte. Kaiser Tiberius verlangte Gurken sogar täglich auf dem Tisch. Gurken wurden sowohl roh als auch gegart verspeist. Apicius berichtet, daß sie in einer Sauce gekocht und zu Federwild gereicht oder aber mit allerlei Gewürzen geschmort wurden. Nachdem Kolumbus die Gurke 1494 auf Haiti kennengelernt hatte, verbreitete sich das Gemüse rasch über den nordamerikanischen Kontinent, wo es von den Indianern sehr geschätzt wurde. Die ersten Gewächshauskulturen Nordeuropas gab es im 19. Jahrhundert in England. Gurken sind ideal als Essiggemüse, ergeben eine köstliche Suppe und sind eine erfrischende Zutat in Salaten. In der mediterranen Küche werden sie mit Joghurt und Minze vermischt oder auch gefüllt gebacken.

Gurken sind ein kriechendes oder kletterndes einjähriges Fruchtgemüse aus der Familie der Kürbisgewächse. Man unterscheidet etwa 25 Sorten, darunter auch die Einlegegurken, die in den unterschiedlichsten Formen, Größen und Schaleneigenschaften daherkommen. Die Gurkenschale enthält Vitamin A, geringe Mengen an Vitamin C, Folsäure und Ballaststoffe, außerdem überdurchschnittlich viel Kalium und Schwefel. Gurken sind kalorienarm, da sie zu 95 Prozent aus Wasser bestehen. Beim Schälen geht ein Großteil der Mineralstoffe verloren.

Knoblauch

Das Zwiebelgewächs wurde bereits 3100 Jahre v. Chr. in Ägypten angebaut. Über seine Verwendung in der chinesischen und indischen Küche lange vor der Zeitenwende bestehen keine Zweifel. In Zentralasien beheimatet, wird Knoblauch heute in Texas, Kalifornien und in Europa kultiviert und ist somit ein ausgesprochener Kosmopolit. In der Alten Welt finden sich zahlreiche Hinweise auf ihn: Beim Bau der Cheops-Pyramide diente er den Arbeitern als Kraftspender. Knoblauch soll Böses abwehren und gilt als Allheilmittel gegen allerlei Gebrechen. Im Laufe der Zeit haben sich viele Sagen um ihn gerankt. Er nimmt in den Medizin- und Kräuterbüchern der letzten 700 Jahre einen vorrangigen Platz ein.

Eines gilt als sicher: Knoblauch senkt den Cholesterinspiegel und verhindert die Verengung der Blutgefäße. Schon die Alten wußten, daß »Knoblauch gut fürs Blut« ist. Er wirkt verdauungsfördernd und gilt allgemein als »Gesundmacher« aufgrund seiner antibakteriellen und antibiotischen Eigenschaften. Er unterstützt die Assimilation der Vitamine, enthält aber auch selbst die Vitamine A, B und C, außerdem Calcium, Phosphor, Eisen und Kalium.

Weltweit gibt es zahlreiche Varietäten: Knoblauch mit weißer, rosa, rot oder violett gefärbter Schale, wobei letzterer – auch als Mexikanischer oder Italienischer Knoblauch bekannt – geschmacklich der beste ist. Der intensive Geruch und die brennende Schärfe von Knoblauch lassen sich entweder dezent einsetzen – indem man eine Salatschüssel mit einer angeschnittenen Knoblauchzehe einreibt und so einen Hauch von Knoblauch im Salat erzielt – oder aber durch die Verwendung großer Mengen hervorheben. Aber Vorsicht: Zuviel Knoblauch überdeckt alle anderen Aromen und ruiniert das Essen.

Knoblauch kann in feine Scheiben geschnitten, gehackt oder zerdrückt werden – mit einer Knoblauchpresse oder mit der breiten Klinge eines Küchenmessers. Gegart verliert er seine beißende Schärfe: Geröstete Zehen werden milder, nach langem Köcheln in Wasser schmecken sie leicht süßlich. Meine neueste Entdeckung ist geräucherter Knoblauch. Dafür werden die Knollen drei Wochen über Eichenholz geräuchert – ein Genuß ohnegleichen!

Knoblauch wird im Frühling gepflanzt, Ende Juli geerntet und bis zur Lagerung in der Sonne getrocknet. Achten Sie beim Einkauf auf prall gefüllte Zehen unter der getrockneten Außenhaut. Im Winter und zu Beginn des neuen Jahres ist der Knoblauch meist schon weich und damit wertlos. Es lohnt sich also nicht, dafür noch Geld auszugeben. Knoblauch ist wie alle Gemüsearten am besten, wenn er Saison hat.

Kräuter

Es gibt kaum etwas Schöneres im Sommer als die reiche Auswahl frischer Kräuter, die köstliche Aromen und wertvolle Inhaltsstoffe mitbringen. Schnittlauch und Sauerampfer können zuerst geerntet werden, dann folgen Minze, Petersilie, Fenchel, Majoran und Rauke. Im Hochsommer erreichen Oregano und Estragon, zwei stark aromatische Kräuter, den Höhepunkt ihrer Reife. Basilikum, Dill und Koriander ziehe ich in Töpfen auf einer sonnigen Fensterbank vor und setze sie in einem sehr heißen Sommer nach draußen, wo sie prächtig gedeihen. Die immergrünen Kräuter – Rosmarin, Salbei und Lorbeer – sind ganzjährig zur Hand und verfeinern so manches Schmorgericht, aber auch Suppen und Fonds. Kräuter verwende ich stets reichlich und garniere viele Speisen damit: Schon ein einzelnes Blättchen oder eine Blüte verleiht dem einfachsten Gericht einen Hauch von Eleganz.

Möhre

Die Möhre, eine der wichtigsten Gemüsearten der Welt, wird seit gut 2000 Jahren angebaut und in Europa seit den Römern geschätzt. Schon damals empfahl Apicius sie als Rohkost, angemacht mit Essig, Öl und Salz. Verschiedene Sorten aus allen Teilen der Welt sind heute ganzjährig im Angebot. Neben den gewöhnlich orangeroten Möhren gibt es rötliche, gelbliche und weißliche Varietäten. Möhren sind unverzichtbar in Suppen, Eintöpfen, Schmorgerichten und Fonds. Roh schmecken sie ausgezeichnet als Salat oder Rohkost. Gerieben sind sie Backzutat in der saftigen Rüblitorte, der Saft gilt als Energietrunk.

Möhren enthalten überdurchschnittlich viel Carotin, das unser Körper in Vitamin A umwandeln kann, das nach neueren Forschungsergebnissen einen wirksamen Schutz gegen Krebs darstellt. Des weiteren enthalten Möhren kleine Mengen an Vitaminen der B-Gruppe, außerdem Calcium, Kalium und Phosphor. Der beste Geschmack und die meisten Vitamine sitzen direkt unter der Schale, deshalb ist es besser, Möhren nur zu schrappen, anstatt sie zu schälen. Dann sollten nur Möhren aus kontrolliert biologischem Anbau verwendet werden.

Junge, zarte Möhren sind ein Genuß, wenn sie nur kurz gedämpft und mit Butter und gehackter Petersilie zu Tisch gebracht werden.

Paprikaschoten

Paprikaschoten, die milden Vertreter der *Capsicum*-Familie, sind in Mexiko und Mittelamerika beheimatet, wo sie bereits seit 5000 v. Chr. kultiviert werden. Die spanischen Eroberer, die das Nachtschattengewächs im 16. Jahrhundert nach Europa brachten, stellten fest, daß die spindelförmigen Früchte, die sie »pimientos« nannten, in Südspanien ideale Wachstumsbedingungen vorfanden und prächtig gediehen. Es dauerte nicht lange, da wurde ihr Anbau großflächig betrieben und Paprika fester Bestandteil der Mittelmeerküche.

Die süß schmeckenden Schoten werden heute in Nordeuropa in Treibhäusern angebaut, im südlichen Europa sowie im Mittleren Osten und in Amerika stammen sie aus dem Freiland. Im ausgereiften Zustand sind die Schoten leuchtend rot, sie kommen aber auch grün (unreif), gelb, orange oder gar schwarz (tiefviolett) in den Handel. Sie schmecken vorzüglich roh in Salaten, gegrillt oder aber gebraten in warmen oder kalten Speisen. Schmorgerichten und anderen pikanten Zubereitungen verleihen sie eine aromatische Note, und es lassen sich gar köstliche Saucen daraus zubereiten. Paprikaschoten lassen sich füllen und anschließend im Ofen überbacken. Roh sind sie überaus gesund, denn sie enthalten mehr Vitamin C (das beim Kochen jedoch zerstört wird) als jedes andere Gemüse. Außerdem sind sie reich an Vitamin B_1 und B_2, Carotin, Ballaststoffen, Kalium und Folsäure. Gewürzpaprika wird aus getrockneten, vermahlenen Schoten hergestellt. Ungarn ist der Hauptproduzent für das Pulver.

Spargel

Von Anfang Mai bis zum 24. Juni hat der als Edelgemüse gepriesene Spargel bei uns Saison. Die feinen Stangen werden in Grün, Weiß oder mit bläulich-violetten Köpfen angeboten. Der weiße Spargel hat nie das Tageslicht erblickt, weil er in aufgehäufelten Erdwällen wächst und deshalb seine bleiche Farbe behält, dafür schmeckt er aber besonders mild und lieblich.

Schon die Griechen und Römer liebten den Spargel, für den Plinius bereits im Jahre 77 n. Chr. raffinierte Zubereitungsmethoden beschrieb. Madame Pompadour blühte auf, wenn sie Spargelspitzen mit Eigelb und Trüffeln aß – vermutlich deshalb, weil die phallische Form den Glauben an seine liebessteigernden Kräfte verstärkt.

Spargel kocht man am besten im einem hohen, schmalen Kochtopf, so daß die Stangen pochiert und die Spargelspitzen nur gedämpft werden. Wer keinen entsprechenden Topf besitzt, legt die Stangen schräg in einen Kochtopf passender Größe, um das gleiche Resultat zu erzielen. Spargel wird traditionell mit zerlassener Butter serviert. Auch roh schmeckt Spargel köstlich.

Spargel zählt zur Familie der Liliengewächse. Sein natürlicher Standort ist an der Küste und an Flußufern. Das edle Gemüse enthält 95 Prozent Wasser, reichlich Vitamine (A, B_2, C und E) sowie Calcium und andere Spurenelemente.

Tomaten

Tomaten sind im allgemeinen rot, aber es gibt auch gelbe Sorten. Das in Peru und Ecuador, später in Mexiko beheimatete Nachtschattengewächs wurde schon 1523 bei der Ankunft der spanischen Eroberer unter Cortez als Nutzpflanze kultiviert. Ihren Namen erhielt die Tomate von dem Aztekenwort »tomatl«. Die Spanier brachten sie nach Europa, wo sie anfänglich voller Argwohn betrachtet wurde, weil andere Vertreter aus der Familie der Nachtschattengewächse giftig sind, insbesondere die Tollkirsche. Gerard tat sie 1597 in seinem Kräuterbuch als »stinkend und ungenießbar« ab. Heute zählen Tomaten zu den weltweit am besten verkauften Waren. In Deutschland sind sie die Nummer eins im Gemüseverbrauch.

Die ersten Tomaten, die nach Europa kamen, waren gelb und wurden »pomo d'oro« (goldener Apfel) genannt, was noch heute im italienischen Wort »pomodoro« anklingt. Im deutschsprachigen Raum nannte man sie wegen ihrer liebessteigernden Eigenschaften Paradeiser oder Paradiesäpfel. Heute sind viele verschiedene Tomatensorten im Anbau: von den winzigen Cocktail- oder Kirschtomaten bis zu den großen Fleischtomaten, daneben die italienischen Eiertomaten, die zu den besonders aromatischen Sorten zählen. Tomaten sind kalorienarm und ballaststoffreich, enthalten aber auch reichlich Mineralstoffe wie Kalium sowie Folsäure, Carotin und Vitamin C.

Tomatenmark ist ein dicke rote Paste aus pürierten und eingedickten Tomaten, die Saucen und Suppen mehr Fülle und Aroma verleiht. Die Paste aus sonnengetrockneten Tomaten ist fester in der Konsistenz und konzentrierter im Aroma.

Zucchini

Zucchini gehören zur Familie der Kürbisgewächse und sind meist grüne, aber auch gelbe, fingerförmige Früchte, die nicht länger als 15 cm werden sollten, weil das Fruchtfleisch dann leicht pelzig schmeckt. Zucchini (ital. »zucca« = Kürbis) haben eine zarte, dunkelgrün glänzende Schale. An frisch gepflückten Früchten sitzt manchmal noch die Blüte. Sie ist eßbar, ja, eine echte Delikatesse. In Italien werden vor allem die großen weiblichen Zucchiniblüten gern gefüllt und anschließend in Ausbackteig fritiert.

Der Zucchino stammt von dem in Südamerika, Mexiko und Westindien angebauten Riesenkürbis ab und wurde dort schon vor der Ankunft des Kolumbus kultiviert. Nach Europa gelangte er im 16. Jahrhundert, und heute sind Zucchini beliebter als je zuvor, und das nicht nur bei den Meisterköchen, denn sie sind ein vielseitiges Gemüse.

Zucchini sind kalorienarm, enthalten relativ viel Wasser, aber auch Ballaststoffe, geringe Mengen an Kalium und Calcium, außerdem Carotin sowie die Vitamine C und B_1, wobei letzteres beim Kochen weitgehend zerstört wird.

Herbst

Auberginen

Die Auberginen heißen auch Eierfrüchte. Die ersten Aufzeichnungen über diese buschig wachsende Pflanze sind chinesischen Ursprungs (5. Jahrhundert v. Chr.), wahrscheinlich wird sie schon seit mehr als 4000 Jahren in Indien angebaut. Nach Europa gelangte sie über die Araber, die sie im 4. Jahrhundert in Spanien einführten. Doch allgemein bekannt wurde sie dort erst im 13. Jahrhundert und kultiviert (in Italien) gar erst im 16. Jahrhundert. Der Name »Aubergine« ist abgeleitet von dem katalanischen »alberginia«, was aus dem Arabischen (»al-badingan«) kommt und seinen Ursprung im Sanskrit hat.

Die länglichen Früchte mit der meist dunkelvioletten, glänzenden Schale – es gibt auch heller violette, grüne und sogar weiße Sorten sowie solche mit weißen Streifen – gehören wie die Tomate und die Kartoffel, aber auch die Tollkirsche, zu den Nachtschattengewächsen. Die Früchte entwickeln kaum Aroma, nehmen aber andere Aromen gut auf und dürsten nach Öl. Berühmt wurden sie in Moussaka und Ratatouille. Sie schmecken wunderbar gefüllt und im Ofen gebacken oder in Olivenöl gebraten. In der festen Schale sitzen mehr Aromastoffe und Vitamine als im leicht schwammigen Fruchtfleisch, unter anderem Vitamin B_1, B_2 und B_3 und Vitamin C, außerdem etwas Eisen, Calcium und Kalium. Ein Schriftstück aus dem 14. Jahrhundert warnt vor dem Genuß von Auberginen, da sie angeblich »Männer zu unschicklichem Verhalten« animieren.

Brokkoli

Vom Brokkoli heißt es, er sei von Kreta nach Italien gekommen. 1724 wird er in einem englischen Garten-Lexikon als »Italienischer Spargel« geführt; im Deutschen wird er auch Spargelkohl genannt. Brokkoli ist ein enger Verwandter des Blumenkohls und in vielen Varietäten erhältlich, meist als grüne oder violette Sorten, aber auch in Weiß. Der große grüne Brokkoli mit dem kompakten Blütenkopf heißt auch Kalabrese, weil er aus Kalabrien stammt. Die kleineren violetten Blütenstände sind genauso zart und schmackhaft wie Spargel. Die kleinen Blütenknospen werden ebenso wie Spargel behutsam gekocht, weil sie sonst zerfallen. Brokkoli ist ganzjährig erhältlich und mit seinem hohen Gehalt an Calcium, Kalium, Carotin und Vitaminen der B-Gruppe ein rundum gesundes Gemüse, das zudem noch 5 Prozent Protein enthält.

Buchweizen

Obwohl Buchweizen, auch Heidekorn genannt, als (Frühstücks-) Getreide gegessen wird, ist er eigentlich die Frucht eines in der südrussischen Steppe beheimateten Knöterichgewächses. Im Fernen Osten wird Buchweizen seit mindestens 1500 Jahren angebaut. Nach Europa gelangte die Pflanze im frühen 15. Jahrhundert und erhielt sogleich den Namen »Buchweizen«, weil seine winzigen dreikantigen Früchte den Bucheckern ähnelten. Ein Nationalgericht in Rußland ist die Buchweizengrütze aus meist gerösteten und geschroteten Körnern. Die berühmten russischen Blinis werden dagegen aus Buchweizenmehl zubereitet. Dieses Mehl ist auch die Grundlage der japanischen Soba-Nudeln.

Buchweizen hat einen angenehmen, ausgeprägten Eigengeschmack, der durch das Rösten noch verstärkt wird. Er ist eine köstliche Alternative zu Reis und paßt ausgezeichnet zu kräftig gewürzten Gemüsespeisen, pfannengerührten Gerichten und indischen Currys. Auch als Füllmasse ist er bestens geeignet. Buchweizen enthält Rutin, ein Pflanzenpigment, das erwiesenermaßen vor Bluthochdruck schützt, reichlich Stärke, Protein, Ballaststoffe, Kalium, Eisen und Zink, Vitamin E und Vitamine der B-Gruppe.

Fenchel

Zur Fenchelfamilie gehören drei unterschiedliche Pflanzen: Vom Gartenfenchel wird der Samen verwendet, vom Gewürzfenchel das grüne oder getrocknete Kraut und vom Gemüsefenchel die Knolle. Mit seinem zarten Anisgeschmack paßt das frische Fenchelkraut gut zu Fisch und wird auch gern zum Würzen von Saucen verwendet. Die Fenchelsamen sind unter anderem ein beliebtes Backgewürz. Sie werden manchmal auch gekaut, um quälenden Hunger zu lindern. Der Gemüsefenchel kann geschmort, gedünstet, gebacken, sogar zu Sauce verarbeitet werden und schmeckt auch vorzüglich roh.

Als eines der beliebtesten Kräuter der Alten Welt wurde Fenchel bereits von den Assyrern und Babyloniern angebaut. Die Römer setzten ihn reichlich ein; Plinius pries seine Vorzüge über alle Maßen. Von Italien aus gelangte der Fenchel schließlich auch nach Nordeuropa. Im Mittelmeerraum ist auch wildwachsender Fenchel – als Sizilianischer oder Italienischer Fenchel bekannt – anzutreffen, dessen Anisaroma jedoch weniger stark ausgeprägt ist.

Getreide

Getreide gehört weltweit zu den Grundnahrungsmitteln. Die einzelnen Getreidesorten wurden von den Urvölkern aus wildwachsenden Gräsern gezogen und stellten zu Beginn der Landwirtschaft die wichtigsten Feldfrüchte dar. Sie waren sozusagen die »Samen der Zivilisation«. Noch heute ist Getreide die Grundlage des Lebens – reich an komplexen Kohlenhydraten, pflanzlichem Eiweiß, Ballaststoffen, Vitaminen der B-Gruppe und Vitamin E, das im Keimling enthalten ist. Getreide liefert außerdem reichlich Eisen sowie Kalium, Calcium, Zink, Magnesium, Mangan und Kupfer. Ein Großteil dieser Vitalsubstanzen sitzt in den Randschichten des Getreidekorns, der Kleie. Aus diesem Grund ist Auszugs- oder Weißmehl, bei dem die Randschichten entfernt wurden, auch längst nicht so gesund wie Vollweizenmehl.

Der zuerst in Mesopotamien und später von den Spaniern in die Neue Welt eingeführte Weizen steht heute im Weltgetreideverbrauch an erster Stelle. Der glutenreiche Hartweizen läßt Brotteige gut aufgehen. Weichweizen enthält mehr Kohlenhydrate und ist eher für die Zubereitung von Kuchen und Gebäck geeignet. Bei Bulgur handelt es sich um geschroteten Weizen, der gekocht Grundlage des arabischen Salats *tabbouleh* ist. Der besonders harte Durum-Weizen, verarbeitet zu Hartweizengrieß, ergibt die besten Nudeln. Couscous ist ein grobkörniger Grieß aus Durum-Weizen.

Als wichtige Grundnahrungsmittel sind außerdem Gerste, Hirse, Hafer, Roggen und Zuckermais (Seite 22) zu nennen.

Kürbisse

Die große Kürbisfamilie ist auf dem amerikanischen Kontinent beheimatet und zählte schon in der präkolumbischen Zeit zu den bedeutenden Nahrungsmitteln. Sie umfaßt kriechende und kletternde Pflanzen, die in Sommerkürbisse (Sorten mit weicher Schale) und Winterkürbisse (Sorten mit harter Schale) unterteilt werden. Dazu gehören Gemüse- oder Markkürbis, Riesen-, Moschus-, Gartenkürbis und auch Zucchini (Seite 18). Die raschwüchsigen Ranker, einjährige wie mehrjährige, tragen Früchte in vielen verschiedenen Größen, Farben und Formen. Oft haben die merkwürdigen Formen den Früchten ihren Namen gegeben: Türkenturban, Krummhalskürbis, Birnenkürbis usw. Kürbisse sind wohlschmeckend und vielseitig zu verwenden, obwohl man schon Experte sein muß, um einen geschmacklichen Unterschied zwischen den einzelnen Kürbissorten festzustellen. Sie lassen sich braten, füllen, backen, zu Suppe und Marmelade verarbeiten. Sie schmecken am besten jung und frisch geerntet. Ältere Exemplare sind oft wäßrig und werden mit zunehmender Reife bitter. Kürbisse enthalten viel Wasser, wenig Protein, dazu Ballaststoffe, Mineralstoffe und Betacarotin. Die nährstoffreichen Kerne sind geröstet ein echter Knabbergenuß.

Zu den hartschaligen Winterkürbissen gehören neben dem Eichelkürbis der Butternuß- oder Birnenkürbis, der Spaghettikürbis und der Türkenturban. Der Riesenkürbis, der wohl bekannteste der Winterkürbisse, kommt traditionell zum amerikanischen Erntedankfest (Thanksgiving Day) auf den Tisch, zubereitet als pikante Kürbistorte. Zum Martinstag wurden die Früchte ausgehöhlt, als Gesicht zurechtgeschnitten und von innen mit einer Kerze beleuchtet. Sie können bis zu 50 Kilogramm wiegen, groß genug, um in die Kutsche der Märchenfigur Cinderella, dem amerikanischen Aschenputtel, verwandelt zu werden. Das orangerote Fruchtfleisch mit dem erdigen Geschmack enthält Vitamin A, Folsäure, Kalium, geringe Mengen an Vitaminen der B-Gruppe, Ballaststoffe und Eisen. Riesenkürbisse sind ab September bis in den späten Winter im Angebot und lassen sich zu herrlichen Wintersuppen verarbeiten.

Sommerkürbisse, die Sorten mit dünnerer Schale, die meist mitverzehrt werden kann, werden unreif geerntet. Ihre bekanntesten Vertreter sind die gelben und grünen Zucchini und die Patissons, auch als Squash oder Bischofsmütze bezeichnet.

Okra

Der Okrastrauch zählt zu den Malvengewächsen, ist in Afrika (Äthiopien) beheimatet und gelangte im 13. Jahrhundert über Ägypten in den Mittelmeerraum. Afrikanische Sklaven nahmen die Okraschoten, auch Eßbarer Eibisch genannt, mit in die Karibik, wo sie noch heute ein fester Bestandteil der ethnischen Küche und vor allem eine wichtige Zutat im kreolischen Eintopfgericht *gumbo* sind. Die sechskantigen, fleischigen Sorten werden großflächig im südlichen Teil der Vereinigten Staaten für die Konservenindustrie angebaut. Zu uns kommen sie frisch vom Balkan und aus dem Mittelmeerraum. Okras schmecken leicht erdig und enthalten einen klebrigen Schleim, der sie glitschig werden läßt. Um dies zu verhindern, kann man die Schoten vor dem Kochen einweichen oder der Kochflüssigkeit etwas Zitronensaft oder Essig zusetzen. Dosenware wird am besten vor der Weiterverarbeitung gründlich abgespült. Bei frischen Schoten wird nach dem Waschen nur der Stielansatz wie ein Bleistift angespitzt, ohne die Schoten zu verletzen, so kann der milchige Schleim nicht austreten. Okras schmecken gut in Suppen, geschmort oder mit anderem Gemüse als Curry zubereitet. Die Schoten enthalten Kohlenhydrate in Form von Zucker, Ballaststoffe, etwas Protein, Eisen, Calcium, Magnesium, Kalium sowie kleine Mengen an Vitamin C und Betacarotin.

Reis

Reis ist weltweit das wichtigste Getreide, denn für etwa die Hälfte der Menschheit bedeutet er Nahrung und Leben. Reis ist der Samen eines Rispengrases, das »nasse Füße« liebt, und wird heute in zahlreichen Varietäten – man spricht von über 10 000 – angebaut. Die Haupterzeugerländer sind Indien, China, Indonesien (Java), die Vereinigten Staaten und Europa, dort vor allem die Po-Ebene in Norditalien, wo die Venezianer den Reis im 17. Jahrhundert eingeführt hatten. 90 Prozent der Welternte kommen aus den tropischen und subtropischen Gebieten Asiens und werden auch dort verzehrt.

Der erste Reis wurde vor sehr, sehr langer Zeit im südlichen Asien kultiviert, seit gut 5000 Jahren hat der Reisanbau in Indien und China Tradition. Nach Ägypten gelangte das schlanke Rispengras um 400 bis 300 v. Chr. und fand von dort seinen Weg in den Vorderen Orient. Die Araber brachten den Reis schließlich nach Süditalien und Spanien, aber erst um 1000 n. Chr.

Reis wird als sogenannter brauner oder weißer Reis angeboten. Brauner Reis oder Naturreis ist zwar entspelzt, aber noch von dem Silberhäutchen umgeben, während weißer Reis geschält (vom Silberhäutchen befreit) und poliert und somit nicht mehr vollwertig ist. Reis liefert Kohlenhydrate, relativ viel Eiweiß, Vitamine und Mineralstoffe, Ballaststoffe, jedoch kaum Fett.

Speiserüben

Sie gehören wie die Kohlarten, Chinakohl, Steckrübe, Rettich und Radieschen zu den Brassicaceae (Kreuzblütler). Jung und zart sind sie eine Delikatesse, mit zunehmendem Alter werden sie immer ungenießbarer, weil der zarte Senfgeschmack sich in beißende Schärfe verwandelt und die Rüben strohig werden. Seit den Römern werden überalterte Exemplare als Viehfutter verwendet, was denn auch zu ihrem schlechten Ruf in der Küche beigetragen hat. Da die Rüben auch auf kargem Boden gut gedeihen und selbst extreme Witterung nicht übelnehmen, waren sie lange Zeit als Arme-Leute-Essen – da billig und magenfüllend – verschrien. Ihr zartes Grün schmeckt jedoch gerade im Frühling köstlich als Salat oder gekocht wie Kohl, und das junge Rübenfleisch ist gebraten, pfannengerührt oder knapp gegart und mit Butter serviert ein Gedicht. Roh geraspelte Rüben sind eine erfrischende Salatbeigabe und eine wichtige Zutat im *coleslaw,* dem nordamerikanischen Krautsalat. Gekocht geben Speiserüben Eintöpfen und Suppen und auch pfannengerührten Gerichten zusätzliches Aroma. Sie lassen sich außerdem zu köstlichem Essiggemüse verarbeiten. Die rotköpfigen Herbstrüben verbreiten sich zunehmend; sie sind mit ihrem knackigen Fruchtfleisch und mit ihrem würzigen Geschmack eine beliebte Speiserübensorte. Daneben gibt es auch gelb-, weiß- und grünschalige Varietäten.

Das grüne Kraut der Speiserüben enthält reichlich Vitamin A, B und C. Die Wurzelknollen bestehen zu 95 Prozent aus Wasser und sind somit kalorienarm. Außerdem enthalten sie in geringer Menge Vitamine und Mineralstoffe sowie Ballaststoffe.

Spinat

Die Spinatpflanze stammt aus Mittelasien und wurde zuerst von den Persern angebaut. Ihr Name ist abgeleitet vom persischen *ispanag.* Im 11. Jahrhundert gelangte der Spinat nach Europa und erst im 19. Jahrhundert auf den nordamerikanischen Kontinent. Zu den europäischen Hauptanbauländern zählen heute Italien, Frankreich und Deutschland. Spinat gibt es das ganze Jahr über zu kaufen. Man unterscheidet nach den Aussaatterminen Frühlings-, Sommer- und Winterspinat. Die Blätter können gekocht, aber auch roh als Salat gegessen werden. Spinat ist reich an Ballaststoffen und enthält mehr Protein als viele andere Gemüse, dazu viel Carotin und Riboflavin, Vitamin A, C, E und K sowie Eisen, Calcium, Kalium, Magnesium und Phosphor. Sein hoher Gehalt an Betacarotin soll angeblich vor einigen Krebsarten schützen.

Zuckermais

Mais, bereits vor über 3000 Jahren von den Mexikanern und Peruanern angebaut, wurde erstmalig in den Heiligen Schriften der Quiché erwähnt, einem Indianerstamm der Maya im südlichen Guatemala. Darin steht beschrieben, wie die Götter den Mais aßen, damit die Menschen stark würden. Der Mais wird ferner als »Vater und Mutter« bezeichnet, sozusagen als Quelle des Lebens. Heute gehört Mais für viele Menschen weltweit zu den Grundnahrungsmitteln. Maismehl wird zu dickem Brei oder zu Tortillas verarbeitet. Die Körner enthalten mehr Zucker als Stärke und sind eine wertvolle Energiequelle, die schon die Azteken, Maya- und Inka-Völker zu nutzen wußten, die, man höre und staune, auch das Popcorn erfanden.

Kolumbus entdeckte den Mais zwar schon 1496 auf Kuba, aber erst im 16. Jahrhundert brachten ihn die Spanier mit nach Europa. Von Sizilien aus breitete sich die Pflanze bald in ganz Italien aus. Heute wird Mais weltweit in vielen unterschiedlichen Sorten angebaut, die auch farblich sehr variieren: es gibt roten, blauen, cremefarbenen, weißen, gelben, braunen und sogar mehrfarbigen Mais. Am besten schmecken die Maiskolben, wenn sie im Stadium der Milchreife geerntet werden, bevor der Zucker sich in Stärke umgewandelt hat. Dann werden die Kolben etwa 3 bis 4 Minuten in kochendem Wasser (ohne Salzzugabe) gegart. Längeres Kochen (und Salz) macht die Körner hart. Ganz junge, kleine Maiskolben werden im ganzen gegessen und sind eine besondere Delikatesse.

Große Mengen Zuckermais werden vor allem in Norditalien angebaut, wo man die aus Maisgrieß oder Maismehl zubereitete Polenta überaus schätzt: Maisgrieß oder Maismehl wird mit Wasser zu einem dicken, schnittfesten Brei gekocht und nach dem Erkalten in Scheiben serviert – oft mit Käse oder würziger Sauce. Zuckermais enthält Stärke, hochwertiges Eiweiß und Ballaststoffe, dazu Zucker, viel Phosphor, Kalium und Schwefel und nicht zu vergessen Vitamin A, B, C und E.

Winter

Feldsalat

Der mild-würzige Geschmack des Feldsalats macht ihn zu einem beliebten Wintersalat, obwohl die Pflanze eigentlich kein Salat ist, sondern zu den Baldriangewächsen gehört. Jung und zart geerntet, schmecken die weichen Blätter angenehm nussig. Die in der Türkei und in Osteuropa beheimatete Pflanze gelangte im 19. Jahrhundert auch auf den nordamerikanischen Kontinent, und heute sind die Vereinigten Staaten das Haupterzeugerland für Feldsalat. Die Amerikaner nennen den Feldsalat auch *corn salad;* bei den Franzosen heißt er *mache,* und bei uns wird er auch Ackersalat, Nüßlisalat oder Rapunzel genannt.

Hülsenfrüchte

Als Hülsenfrüchte werden die getrockneten eßbaren Samen von Bohnen, Erbsen und Linsen bezeichnet. Es gibt sie in unterschiedlichen Farben, Formen und Größen. Die ältesten Hinweise auf Bohnen stammen aus Peru und werden auf etwa 8000 v. Chr. datiert. Auf dem nordamerikanischen Kontinent werden sie seit 5000 v. Chr. verwendet. Seit alters her gelten Hülsenfrüchte für Millionen von Menschen als Grundnahrungsmittel, denn sie sind – da getrocknet – gut lagerfähig und darüber hinaus sehr nahrhaft. Sie sind reich an Pflanzeneiweiß (die Sojabohne enthält 40 Prozent), Kohlenhydraten in Form von Stärke, Ballaststoffen und enthalten kaum Fett.

Außerdem finden sich in Hülsenfrüchten Calcium, Vitamine der B-Gruppe, Eisen, Mangan und Carotin sowie die essentielle Aminosäure Lysin. Daß sie die berüchtigten Blähungen verursachen, liegt an ihren unverdaulichen Stärken. Hülsenfrüchte schmecken vorzüglich in Suppen, Pies, Küchlein, Currygerichten und *dals*. Kühl und trocken aufbewahrt, halten sie sich 6 bis 9 Monate.

Die meisten getrockneten Hülsenfrüchte müssen vor dem Kochen mehrere Stunden oder über Nacht eingeweicht werden. Das Einweichwasser ist stets großzügig zu bemessen. Ganze Linsen und große Splittererbsen (geschälte gelbe Erbsen) müssen dagegen nur 2 bis 3 Stunden eingeweicht werden. Bei den kleinen roten Linsen und kleinen Splittererbsen entfällt das Einweichen ganz.

Die eingeweichten Hülsenfrüchte werden abgegossen, abgespült, mit frischem Wasser bedeckt und unter Zugabe von Kräutern und Zwiebeln gekocht. Anschließend kommt noch ein Schuß Olivenöl dazu, und dann läßt man sie zugedeckt entsprechend lange (siehe Packungshinweise) köcheln. Gesalzen werden sie erst am Ende der Kochzeit, denn wird Salz von Beginn an zugegeben, quellen die Hülsenfrüchte nicht richtig auf und bleiben hart.

Hülsenfrüchte aus der Dose sind bereits fertig gekocht und dementsprechend weich. An ein Eintopfgericht zum Beispiel gibt man sie deshalb erst zum Ende der Garzeit, weil sie sonst zerfallen. Dosenware muß vor der Verwendung gut abtropfen und unter fließendem kaltem Wasser abgespült werden.

Beim Einweichen und Kochen verdoppeln getrocknete Hülsenfrüchte ihr Gewicht. Diese Tatsache muß bei der Verwendung von Konserven berücksichtigt werden. Pro 125 Gramm getrocknete Hülsenfrüchte rechnet man also 250 Gramm Dosenware.

Kartoffeln

Die weltweit bekannteste Gemüsepflanze ist an den Ufern des Titicacasees im peruanischen Hochland beheimatet. Daß Kartoffeln ein Grundnahrungsmittel der Inkas waren, davon zeugen Funde aus der Zeit um 4000 v. Chr. In peruanischen Gräbern fand man kartoffelförmige Urnen aus Ton, die dort um 1000 n. Chr. beigesetzt wurden. Sie beweisen, daß die Eingeborenen es schon damals verstanden, die Kartoffeln in den frostigen Höhenlagen durch Einfrieren zu konservieren – ähnlich den Verfahren der heutigen Gefriertrocknung. Die spanischen Eroberer führten die Kartoffel schließlich in Europa ein. 1573 in Sevilla angekommen, gelangte sie über Italien, Österreich und die Schweiz nach Deutschland. Der Dreißigjährige Krieg hatte großes Elend über die Bevölkerung gebracht, und die Menschen hungerten. Damals lernte man in den spanischen Feldküchen die Kartoffel kennen, die sofort in Westfalen und Sachsen angebaut wurde und zunächst die Soldaten ernährte. Aber erst Friedrich II. erreichte den großen Erfolg, indem er 1738 ihren Anbau in Pommern und Schlesien befahl. Dort ereignete sich jedoch folgendes Mißgeschick: Die unerfahrenen Bauern ernteten die oberirdischen kleinen Früchte, die Giftstoffe enthalten und deren Verzehr zu beträchtlichen Nebenwirkungen führte. Erst als man entdeckte, daß die im Erdreich verborgene Knolle das eigentliche Nahrungsmittel ist, konnte die Kartoffel ihren Siegeszug antreten. In den Hungerjahren um 1770 avancierte sie zum unentbehrlichen Volksnahrungsmittel und schaffte anschließend ihren endgültigen Durchbruch in ganz Europa. Mitte des 19. Jahrhunderts vernichteten eine Pilzkrankheit, die Kraut- und Knollenfäule (besonders drastisch in Irland), und dreißig Jahre später der Kartoffelkäfer große Teile der Kartoffelernte, was zu verheerenden Hungersnöten führte. Erst die Erfolge von Züchtung und Pflanzenschutz machten es möglich, daß die Kartoffel heute nach Weizen, Reis und Mais weltweit an vierter Stelle der erzeugten Grundnahrungsmittel steht.

Von dem Nachtschattengewächs gibt es über 400 Varietäten, allein 130 in Deutschland. Die mittelspäten bis späten Sorten werden ab Mitte September bis Mitte/Ende Oktober geerntet und im Laufe der nächsten acht Monate verkauft (Frühkartoffeln siehe Seite 16).

Die Kartoffel ist ein äußerst nahrhaftes »Gemüse«. 500 Gramm gekochte Kartoffeln decken den empfohlenen Tagesbedarf an Vitamin C und einen großen Anteil des Kaliumbedarfs. Die Knollen enthalten 18 Prozent Kohlenhydrate, 2 Prozent Eiweiß, dazu Ballaststoffe und Vitamine der B-Gruppe. Kartoffeln sind entgegen der landläufigen Meinung keine Dickmacher. Bei langer Lagerung und vor allem beim Schälen verlieren sie wertvolle Vitamine und Aromastoffe, denn diese sitzen direkt in der Schale. Deshalb läßt man die Schale am besten daran und schrubbt die Kartoffeln nur gründlich. Sie sind äußerst vielseitig: Man kann sie kochen, braten, backen, fritieren und dämpfen, zu Püree verarbeiten und Gratins sowie Teigkrusten daraus zubereiten.

Kohl

Zur großen Familie der *Brassica oleracea* gehören neben Rot- und Weißkohl auch Blumenkohl, Brokkoli, Rosenkohl und Kohlrabi. Eng verwandt mit diesem Kohlgemüse sind die Steckrübe, die Speiserübe, der Chinakohl und der Raps. Die frühesten schriftlichen Hinweise auf den Anbau von Kohl aus wildwachsenden Arten datieren aus der griechischen Literatur des 6. Jahrhunderts v. Chr. Plinius verwies auf ein dem Kohlrabi ähnliches Gemüse und behauptete gar, daß es kaum ein Gebrechen gäbe, das der Kohl nicht heilen könnte. Die Römer schließlich brachten den Kohl nach Deutschland, wo der Rot- und Weißkohl seit etwa 1150 n. Chr. angebaut werden. Wirsing, der vermutlich aus Italien stammt, war bereits 1543 als eigenständige Kohlart bekannt.

Kohl wird heute das ganze Jahr über angeboten, manche Arten nur im Frühling und Sommer, andere im Herbst und Winter, so daß alle Jahreszeiten abgedeckt sind. Kohl wird als Rohkost und Salat zubereitet, eingelegt, gekocht und mit Butter und Sahne serviert. Die äußeren Blätter sind ideal zum Füllen und in Eintöpfen. In der Volksmedizin galt roher Kohl als Schutz vor Trunkenheit, auch beim Kauen von Kohlsamen sollte man angeblich nüchtern bleiben. Die heilkräftigen Eigenschaften des Kohls sind, wie es scheint, beachtlich: Er vertreibt den Kopfschmerz und stärkt die Abwehrkräfte, so daß man gegen allerlei Krankheiten gefeit ist. Eine alte Bauernregel besagt: »Wer Kohl sät und ein Schwein mästet, der kommt gut durch den Winter.« Versuche in den dreißiger Jahren kamen zu dem Ergebnis, daß radioaktiv verseuchte Kaninchen, die vor der Bestrahlung Kohlblätter gefressen hatten, den Versuch überlebten. Neuere Forschungen belegen, daß Weißkohl wirksam vor Darmkrebs schützt. Sein hoher Gehalt an Vitamin C war bereits in der Vergangenheit hinreichend bekannt: Schon Kapitän Cook nahm auf seinen Seereisen Sauerkraut als Proviant mit und behauptete zu Recht, daß es vor Skorbut schützen und seine Mannschaft gesund erhalten würde. Kohlgemüse enthält außerdem Kalium, Folsäure, Calcium, Eisen, Vitamine der B-Gruppe sowie Vitamin A und D.

Kohlrübe

Die Kohl- oder Steckrübe ist größer als die Speiserübe und wurde vermutlich im 17. Jahrhundert in Böhmen in Kultur genommen. Ihre dicke Schale ist weißlich-gelb bis braun-rötlich, das Fleisch weiß bis gelb; gelbfleischige Sorten haben oft grün oder violett gefärbte Köpfe. Das Fruchtfleisch ist süßer und trockener als das der Speiserübe und hat einen würzigen, ja nussigen Geschmack. Das kalorienarme Gemüse enthält Zucker, geringe Mengen an Ballaststoffen, reichlich Calcium, Vitamine der B-Gruppe und Vitamin C. Im Ersten Weltkrieg erlangte die Rübe im sogenannten Steckrübenwinter (1917/1918) Berühmtheit, als sie den Hunger der Bevölkerung stillen mußte. Von diesem »Schock« hat sie sich noch nicht erholt und findet nur langsam auf den Speiseplan zurück.

Lauch

Bei Ausgrabungen in Jericho stieß man auf wilden Lauch, sogenannten Levantiner Knoblauch, der aus der Zeit um 7000 v. Chr. stammt. Die ersten schriftlichen Aufzeichnungen über seinen Anbau stammen jedoch aus Ägypten und sind gut 5200 Jahre alt. Auch die Römer liebten den Lauch, auch Porree genannt. Von Nero wird berichtet, daß er jeden Monat einige Porreetage einlegte, um seine Rhetorik zu verbessern. Er glaubte nämlich, Lauch verleihe eine klare, kräftige Stimme. Im Volksglauben fest verankert ist seine lungenreinigende Wirkung. Die Römer brachten den Lauch in den Norden Europas, wo er zunächst von Mönchen kultiviert wurde. Im Mittelalter erfreute sich Lauch allgemeiner Beliebtheit. Er wurde gar ins Landeswappen von Schottland aufgenommen zum Gedenken an einen historischen Sieg, bei dem die Soldaten sich Lauchstangen als Federn an die Helme gesteckt hatten.

Der Porree ist mit der Zwiebel und dem Knoblauch verwandt und ist ein nährstoffreiches Gemüse. In ihm stecken Vitamine der B-Gruppe, Vitamin C und E, außerdem Carotin, Calcium, Eisen, Phosphor, Kalium, Natrium, Schwefel und Spuren von Kupfer. Die langen, aromatischen Stangen enthalten darüber hinaus antiseptische Öle und reichlich Protein. Lauch ist ein sehr vielseitiges Gemüse, das in Suppen, Eintöpfen oder Quiches verwendet wird. Mit Walnüssen und Walnußöldressing ergibt er eine delikate kalte Vorspeise. Junger Lauch, sehr fein geschnitten, ist beliebt in pfannengerührten Gerichten und Salaten – letztere zählten zu den Lieblingsspeisen der Römer. Porree hat dreimal im Jahr Saison: der Sommerlauch aus dem Freiland von Juni bis September, der Herbstlauch bis November und der Winterlauch bis ins nächste Frühjahr. Im Winter schmeckt er am kräftigsten, besser, als wenn man sein Wachstum unter Glas oder Folie forciert. Das gilt für jedes Gemüse: Natürlich gereift, ist der Geschmack ungleich intensiver.

Pastinake

Entweder man mag ihn oder man mag ihn nicht: den unverkennbaren Geschmack der Pastinake. Die lange, möhrenähnliche Wurzel mit dem cremig-weißen Fleisch ist das Zuchtergebnis einer im Kaukasus beheimateten wilden Pastinake. Vermutlich wurde sie schon von den Griechen und Römern kultiviert, die sie zusammen mit der Möhre und dem Rettich nach England brachten, heute eines der Hauptanbauländer. Dort gedieh die Wurzel prächtig, denn sie ist robust und übersteht selbst harte Winter. Wie aus sicheren Quellen hervorgeht, wird sie auch in Deutschland seit Mitte des 16. Jahrhunderts angebaut, geriet hier aber wieder in Vergessenheit. 1564 hatte die Pastinake die Westindischen Inseln, 1609 Virginia erreicht, und hundert Jahre später wurde sie von den Indianern kultiviert.

Bevor die Kartoffel nach Europa kam, wurden die wegen ihres süßen Aromas geschätzten Pastinaken gern zusammen mit Fleisch gebraten oder zu Küchlein verarbeitet. Sie können wie Kartoffeln zubereitet werden – wie Bratkartoffeln oder fritiert wie Pommes frites oder Chips. Mit Butter als Püree zubereitet, sind sie nicht minder köstlich. Gekochte Pastinaken schmecken auch gut im Salat. Aufgrund des hohen Zuckergehalts wurden die Wurzeln früher zu einem delikaten Wein, zu Marmelade und einer Art Honig, besser gesagt, zu einem Sirup mit Pastinakengeschmack verarbeitet. Neben Zucker enthalten Pastinaken Stärke, Ballaststoffe, Folsäure, Vitamine der B-Gruppe und Vitamin C.

Rote Bete

Die Rote Rübe oder Rote Bete gehört zu einer Familie, die neben der Zuckerrübe (aus der unser Haushaltszucker überwiegend gewonnen wird) auch die Futterrübe und den Mangold umfaßt. Der rotstielige Mangold wurde bereits von Aristoteles erwähnt und anscheinend zuerst von den Griechen angebaut, während die Roten Beten eine Züchtung der Römer sind und im späten Mittelalter auch als »Römische Rüben« bezeichnet wurden. Schon Apicius empfahl einen Salat aus Roten Beten, angemacht mit Essig, Öl und Senf. In Gerards Kräuterbuch von 1597 wird das Wurzelgemüse dagegen mit großem Argwohn betrachtet.

Rote Bete ist vor allem in der polnischen und russischen Küche beliebt und in der Borschtsch, der berühmten russischen Suppenspezialität, unverzichtbar. Aus roh geraspelten Rüben lassen sich köstliche Salate bereiten. Junge Rüben schmecken ausgezeichnet gekocht und in Butter geschwenkt. Und süß-sauer eingelegt sind Rote Beten ein Genuß. Die Blätter der Pflanze, die ebenfalls als Gemüse zubereitet werden können, sind reich an Vitamin A und enthalten mehr Eisen, Calcium und Vitamin C als Spinat, außerdem reichlich Kalium, Ballaststoffe und Oxalsäure. Der rote Saft ist ideal zum Färben von Lebensmitteln.

Sojabohnenprodukte

Die Sojabohne ist der Samen der Sojapflanze und seit über 4000 Jahren ein Grundnahrungsmittel der Chinesen.

Tofu, auch Sojabohnenkäse oder -quark genannt, ist geronnene und in Form (Blöcke) gepreßte Sojamilch. Sie entsteht, wenn eingeweichte Sojabohnen fein zerkleinert, in Wasser gekocht und abgepreßt werden und die so gewonnene Flüssigkeit zum Gerinnen gebracht wird. Tofu macht Suppen dick und cremig, eignet sich aber auch für Frikadellen, Füllungen, Saucen, Cremes und Salate.

Tempeh ist ein eiweiß- und Vitamin-B_{12}-reiches Produkt aus gekochten und mit einem Schimmelpilz geimpften Sojabohnen. Die Schimmelbakterien bewirken, daß die Sojabohnen zu einem festen Kuchen zusammenwachsen.

Miso ist eine milchsauer vergorene Würzpaste aus Sojabohnen, Getreide (Reis oder Gerste), Salz und Wasser.

Tamari ist eine dickflüssigere, dunkle Sojasauce ohne Weizen, die als Nebenprodukt bei der Miso-Herstellung entsteht.

Sojasauce (Shoyu) wird durch Fermentation aus Sojabohnen, geröstetem Weizenschrot, Salz und Wasser gewonnen und ist eine beliebte Würzflüssigkeit im fernöstlichen Raum.
Sojamilch ist die Flüssigkeit, die übrigbleibt, wenn eingeweichte und in Wasser gekochte Sojabohnen abgepreßt werden. Sie enthält keinen Zucker und kaum Fett. In den meisten Rezepten kann anstelle von Kuhmilch sehr gut Sojamilch verwendet werden.
Sojasahne ist eine milcheiweißfreie Alternative zu Sahne, sie wird aus Sojamilch und Maissirup hergestellt. Sie läßt sich – ähnlich wie Kaffeesahne – nicht steif schlagen.
Sojakäse ist ein käseähnliches Produkt aus Sojamilch, Zwiebeln, Knoblauch, Kräutern, Pfeffer und Chilipulver.
Sojaöl und -margarine sind überall erhältliche Produkte mit reichlich ungesättigten und nur einem geringen Anteil an gesättigten Fettsäuren.
TSP – Texturierte Sojaproteine (»Sojafleisch«) bestehen aus entfettetem Sojamehl, das durch Zusätze von Bindemitteln, Aroma- und Farbstoffen in Konsistenz, Aussehen und Aroma in zahlreichen Verarbeitungsschritten bis zu einem gewissen Grad eine fleischähnliche Struktur erhält. Diese Produkte enthalten wertvolles Eiweiß und Ballaststoffe und sind mit Vitamin B_{12} angereichert.
Seitang hat eine größere Ähnlichkeit mit Fleisch und wird daher oft als Fleischersatz verwendet. Das aus Weizengluten gewonnene **TVP** (textured vegetable proteins) hat die Konsistenz von einem Schwamm und wird durch Kochen in mit Sojasauce gewürztem Wasser zu Seitang.

Staudensellerie und Knollensellerie

Der Stauden- und der Knollensellerie sind nah miteinander verwandt. In Europa und Asien findet man den Staudensellerie – auch Bleichsellerie genannt – wild wachsend in Sumpfgebieten oder an Flußläufen. Dieser wilde Sellerie verleiht in der ländlichen Küche Europas Suppen und Eintöpfen einen intensiven Selleriegeschmack. Staudensellerie wurde bereits im 16. Jahrhundert in Italien kultiviert. Er schmeckt ausgezeichnet gedünstet, als Gemüsebeilage oder in Schmorgerichten, wird aber vorwiegend als Rohkost und Salat zubereitet. Sein Kaloriengehalt ist eher gering, dafür enthält er reichlich Mineralstoffe, vor allem Phosphor, Kalium, Calcium und Natrium, und geringe Mengen Ballaststoffe.

Der Knollensellerie dagegen ist reich an Kohlenhydraten und enthält Vitamin C und geringe Mengen Vitamine der B-Gruppe, außerdem reichlich Eisen sowie andere Spurenelemente. Bis etwa 1720 war er in Europa unbekannt. Ein gewisser Stephen Switzer führte die Pflanze aus Alexandria ein und offerierte sie in seinem Pflanzenkatalog. Beim Knollensellerie handelt es sich um eine verdickte Wurzel. Die Knolle schmeckt ausgezeichnet in Suppen und Salaten und ergibt ein delikates Püree, genau das Richtige an kalten Wintertagen.

Topinambur

Der nussige Geschmack der auch Jerusalem- oder Erdartischocke genannten Knolle erinnert in der Tat an Artischocken, was die Namengebung erklärt. Topinambur ist ein in Nordamerika beheimatetes Gemüse, das der Sonnenblume ähnelt, die im Italienischen »girasole« heißt. Der Volkmund machte daraus im Laufe der Zeit »Jerusalem«. Die Sonnenblume wurde von John Goodyer, einem Herbalisten des 17. Jahrhunderts, als »Peruanische Ringelblume« bezeichnet, was einige Verwirrung über die Herkunft von Topinambur stiftete. Die Heimat ist jedoch Nordamerika, wo dieses Gemüse schon vor dem 16. Jahrhundert von den Indianern angebaut wurde und »Topinambus« hieß.

Die Begeisterung über seine Ankunft in Europa (Frankreich) hielt sich in Grenzen. Der oben zitierte Herbalist merkte an, daß die Knollen »schmertzliche Magenwehe von Winden verursachen«. Leider stimmt es, daß Topinambur fürchterlich bläht, und das liegt an der enthaltenen Stärke, die für die meisten Mägen unverdaulich ist. Mit seinem süßlichen, nussigen Geschmack und der knackigen Konsistenz ist das Gemüse trotzdem sehr köstlich, insbesondere gebraten, in Ausbackteig fritiert, püriert oder als Suppe. Gekochte Knollen schmecken vorzüglich in Butter geschwenkt oder in einer Sauce. Topinamburs sind reich an Kalium, enthalten Eiweiß und Ballaststoffe. Schmackhafter sind sie in der Schale, deshalb reicht es, wenn man sie gründlich schrubbt. Wer die Knollen lieber schält, muß dem Kochwasser etwas Essig oder Zitronensaft zugeben, weil sie sich sonst unschön verfärben.

Zwiebeln

Die bereits seit undenklichen Zeiten in China und Japan kultivierten Zwiebeln sind das meistangebaute Gemüse der Welt. Sie gehören in die Familie der Liliengewächse, wozu auch Lauch, Knoblauch, Schnittlauch und Schalotten zählen, allesamt *Allium*-Arten. Frühlingszwiebeln oder Lauchzwiebeln sind junge, schlanke Winterzwiebeln, deren Bulbe kaum entwickelt ist und die sich im Vergleich zur ausgewachsenen Zwiebel durch einen feineren Geschmack und einen höheren Nährstoffgehalt auszeichnen. Doch selbst diese hat noch jede Menge wertvolle Inhaltsstoffe: Vitamine der B-Gruppe, Vitamin C und E, Carotin, Calcium, Eisen, Phosphor, Kalium, Natrium, Schwefel und Spuren von Kupfer. Außerdem enthalten Zwiebeln ein antiseptisches Öl, das beim Kochen nicht zerstört wird und das vor Herzinfarkt schützt. Schon 1 Teelöffel Zwiebel pro Tag senkt den Cholesterinspiegel. Zwiebeln gehören in Eintöpfe und Schmorgerichte, in Suppen, Gemüsegerichte, Buletten, Küchlein und Quiches. Gar köstlich sind Zwiebelringe, die durch Ausbackteig gezogen und fritiert werden, dünne Zwiebelringe im Salat sowie die eingelegten Perlzwiebeln. Aus der Mittelmeerküche sind Zwiebeln nicht wegzudenken; im Winter werden sie dort auf Schnur gezogen und verkauft. Zwiebeln kommen in verschiedenen Größen, Formen und Farben in den Handel und variieren auch geschmacklich. Die gebräuchlichsten Zwiebeln sind die mit einer dünnen hellbraunen Schale. Daneben gibt es Speisezwiebeln mit weißer, mattgelber oder roter Schale. Die roten sind milder im Geschmack, leicht süßlich und gut für Salate.

Zwiebeln wurden bereits in der Bibel als die Leibspeise der Israeliten erwähnt, nach der sie sich in der Wüste so sehnten. Laut einer Inschrift auf der Cheops-Pyramide wurden 1600 Talente (altgriech. Geldeinheit) für Zwiebeln, Rettiche und Knoblauch als Proviant für die Arbeiter ausgegeben, allesamt Gemüse, die seit jeher in dem Ruf standen, Kraft und Ausdauer zu verleihen. Religionsführer unterstellten der Zwiebel, sie würde die Fleischeslust wecken, und verboten sie deshalb. Der Sage nach sollen Zwiebeln dort wachsen, wo Satan nach der Vertreibung aus dem Paradies seinen rechten Fuß auf die Erde setzte.

Einkauf und Lagerung

Regionale Erzeugnisse

Gemüse kauft man am besten erntefrisch in ihrer jeweiligen Saison. Wohl dem, der eine Einkaufsquelle findet, wo die Erzeugnisse aus dem Schrebergarten oder aus kontrolliert-ökologischem Anbau kommen, diese Produkte sind an Frische und Geschmack kaum zu überbieten. Zur Erntezeit ist so mancher Hobbygärtner mehr als froh, wenn er seinen Überschuß verkaufen kann – meist zu einem sehr günstigen Preis. Und dieses Gemüse schmeckt einfach unvergleichlich besser als die Massen- und Treibhausware, die vielerorts angeboten wird.

Wochenmärkte, speziell Bauernmärkte, bieten in der Regel gutes, frisches Gemüse an und oft billiger als in den Supermärkten. Auch der örtliche Gemüsehändler verkauft manchmal einheimische Erzeugnisse, die der Chemiespritze entkommen sind, ohne die die Massenproduktion aber nicht möglich ist.

Kontrolliert-ökologischer Anbau

Bei der Auswahl von Obst und Gemüse sollten jene bevorzugt werden, die aus kontrolliert-ökologischem Anbau stammen. Hier wird auf den Einsatz chemischer Pflanzenschutzmittel verzichtet und nur mit natürlichem Dünger aus einer vielseitigen Tierzucht, aufgewertet durch die Beigabe von Gesteinsmehl, gearbeitet. Nur so ist gewährleistet, daß die Erzeugnisse auch wirklich schmecken und weitestgehend naturbelassen sind, das heißt, frei von Schadstoffen wie Kunstdünger, Pestiziden und Hormonen, die im gewerblichen Anbau häufig eingesetzt werden. Die Umweltbelastungen mit Schwefel und Schwermetallen sind allerdings auch hier nicht auszuschalten. Ökologisch angebautes Gemüse schmeckt einfach köstlich: Es ist eine Wohltat, in eine solche Möhre oder Kartoffel hineinzubeißen. Je mehr wir, die Verbraucher, nach diesem wohlschmeckenden, naturbelassenen Gemüse verlangen, desto besser kann der ökologische Markt wachsen. Diese Lebensmittel sind zwar teurer, aber Qualität sollte für uns mehr zählen als Quantität.

Ausländische Lebensmittelläden

Zu den wirklichen Freuden des Einkaufens gehört der Besuch eines ausländischen Lebensmittelladens. Diese Läden sind mittlerweile in jeder größeren Stadt anzutreffen, und je nach Nationalität des Besitzers werden türkische, griechische, indische, chinesische, thailändische, malaysische oder japanische Produkte angeboten. Hier findet man nicht nur interessante und ausgefallene Zutaten (einige davon hat man womöglich nie zuvor probiert), sondern auch relativ preiswerte und erstaunlich gute Ware. Ich rate jedem, sich mit einem Sortiment an landestypischen Produkten, die einem zusagen, einzudecken (ich bevorzuge eine Auswahl an Nudeln, die Schwarze-Bohnen-Sauce, die Chili-Knoblauch-Sauce und dunkles Sesamöl). Sie sind allesamt eine große Bereicherung für den täglichen Küchenzettel.

Einkauf im Supermarkt

Die größeren Supermärkte bieten meist auch Waren an, die es sonst nur in orientalischen Läden zu kaufen gibt, jedoch nicht immer die besten, oder die, die unter einem Markennamen firmieren. Auf jeden Fall sind die Produkte aus dem Supermarkt in der Regel teurer.

Manche Supermärkte haben auch Obst und Gemüse aus ökologischem Anbau im Angebot. Wer sie nicht gleich findet, sollte danach fragen. Trotz des etwas höheren Preises lohnt sich der Kauf, denn sie sind besser im Geschmack und gesünder.

Und noch ein Hinweis allgemeiner Art: Stets die Etiketten von industriell verarbeiteten Lebensmitteln sorgfältig lesen. Diese Produkte enthalten oft mehr Zusatz- und Konservierungsstoffe, als man seinem Körper zuführen will, nicht wenige davon stammen von tierischen Erzeugnissen ab.

Für den Vorratsschrank

Die nachfolgende Liste enthält die wichtigsten Produkte, die man zu Hause vorrätig haben sollte. Daraus lassen sich auch komplette Menüs sehr einfach und schnell zubereiten. Alle Vorräte sind kühl, trocken und luftdicht verpackt aufzubewahren.

Konserven: Tomaten, gebackene Bohnen und andere Bohnen (grüne Bohnen, Limabohnen, rote Kidney-Bohnen, Flageolet-Bohnen usw.)
Saucen und Würzmittel: Verschiedene Senfsorten (Seite 170), Gemüsebrühe in Würfelform oder granuliert, Marmite (Würzpaste aus Brauhefe), Currypulver, Tomatenmark, Sojasauce (Shoyu und Tamari), Kokosmilchpulver (Nestlé), Schwarze-Bohnen-Sauce und Knoblauchsauce, Gelbe-Bohnen-Sauce, Chili-Knoblauch-Sauce usw., Taco-Saucen und scharfe Relishes (aus der mexikanischen Abteilung), Pesto und bevorzugte Pasta-Saucen.
Öle: Olivenöl, Sonnenblumenöl, Traubenkernöl, Erdnußöl, dunkles Sesamöl (aus gerösteten Sesamsamen) und Walnußöl.
Essige: Rot- und/oder Weißweinessig, Estragonessig, Himbeeressig, Sherryessig und Balsamessig (Aceto Balsamico).
Nüsse und Samen: Mandeln, Kokosflocken, Haselnüsse, Erdnüsse, Pinienkerne, Walnüsse, Kürbiskerne, Sesamsamen und Sonnenblumenkerne.
Getrocknete Hülsenfrüchte: Schwarze Bohnen, Augenbohnen, Borlotti-Bohnen, Linsen (rote, grüne und braune), Limabohnen, Cannellini-Bohnen, Flageolets, Mungobohnen, rote Kidney-Bohnen, gelbe Splittererbsen und Kichererbsen.
Getreide: Gerösteter Buchweizen, Maisgrieß (Polenta), Haferflocken, Reis, Wildreis, chinesische Nudeln, Reisnudeln, Pasta in verschiedenen Formen aus Vollkorn- und Auszugsmehl.
Kräuter und Gewürze: Das ganze Sortiment, jedoch nur kleine Mengen, da sie rasch ihr Aroma einbüßen.
Milchprodukte: Milch, Butter, Käse, insbesondere Cheddar, Parmesan und Pecorino.
Eier von freilaufenden Hühnern
Frisches Obst und **Gemüse** der Saison, wenn möglich, aus ökologischem Anbau.

Wichtige Küchengeräte

Ein guter Handwerker, der nie über sein Werkzeug schimpft, hat vermutlich stets in gute Ware investiert. Qualität macht sich immer bezahlt. Mit gutem Werkzeug läßt sich nicht nur besser arbeiten, es hält auch wesentlich länger. Wer sich eine qualitativ hochwertige Küchenausstattung nicht auf einmal leisten kann, sollte sie sich nach und nach anschaffen oder vielleicht auch zu Weihnachten oder zum Geburtstag schenken lassen.

Küchenmaschine: Dies ist wahrscheinlich die teuerste Anschaffung und vermutlich das meistgebrauchte elektrische Gerät in der Küche. Man kann wählen zwischen einem Standgerät und einem Handgerät. Beide Geräte können in Sekundenschnelle hacken, schneiden, raspeln, pürieren und mixen. Auch Semmelbrösel und Mayonnaise sind innerhalb von wenigen Minuten fertig. Ein schönes und praktisches Geschenk, über das sich jeder Hobbykoch freut.
Qualitätsmesser: Kaufen Sie die besten Messer, die Sie sich leisten können. Sie werden es nie bereuen (oder lassen Sie sich welche zu Weihnachten schenken). Messer sind die wichtigsten Werkzeuge in der Küche, und es macht einen großen Unterschied, ob man mit guten oder schlechten Messern arbeitet. Stabile Messer mit feiner, scharfer Klinge leisten jahrelang gute Dienste beim Schneiden und Hacken. Wichtig ist auch ein guter Messerschärfer.
Mikrowellengerät: Eine Mikrowelle ist zwar nicht zwingend notwendig, wer aber eine besitzt, für den ist sie es. Gemüse wird in der Mikrowelle perfekt »gedämpft«, ohne an Geschmack, Konsistenz oder Farbe zu verlieren, wie es beim herkömmlichen Garen auf dem Herd oft genug passiert. Besonders geeignet ist das Mikrowellengerät zum Aufwärmen von Gerichten; die fertigen Speisen trocknen dabei nicht aus und bleiben appetitlich frisch. Ein weiterer Vorteil: Das Spülen der Töpfe entfällt, denn man kann Gemüse direkt auf dem Servierteller garen.
Gutes Kochgeschirr: Qualitativ hochwertige Töpfe und Pfannen sind das A und O in der Küche. In einem Kochgeschirr mit schwerem Boden garen die Speisen gleichmäßig und beständig, ob man sie nun auf kleiner Flamme köcheln läßt oder brät. Ein kleiner, schwerer Topf ist unverzichtbar für die Zubereitung einer feinen Sauce. Gutes Kochgeschirr ist zwar etwas teurer, aber die Anschaffung lohnt sich allemal, denn Qualitätsware hält jahrelang, wenn nicht sogar ein Leben lang.
Elektrisches Handrührgerät: Es ist ideal zum Quirlen von Eiern, zum Rühren von leichtem Kuchenteig und zum Sahneschlagen.
Andere unentbehrliche Küchenhelfer:
- Arbeitsbrett(er) aus Holz
- Wok
- Sortiment an Holzlöffeln
- Reibe mit feinen und groben Reibflächen und Schneidflächen
- Elektrischer Mixstab
- Rühr- oder Schneebesen
- Zesteur oder Juliennereißer
- Salatschleuder
- Küchenwaage (mit Wandbefestigung, falls es in der Küche an Platz mangelt)
- Rührlöffel und Spatel in verschiedenen Größen
- Meßbecher
- Rührschüsseln
- Backbleche, verschiedene Kuchen- und Backformen (Kastenform, Springform, Ringform usw.)
- Großes Sieb, kleines Sieb
- Backpinsel
- Schaumlöffel
- Pfeffermühle
- Spezialthermometer für Lebensmittel

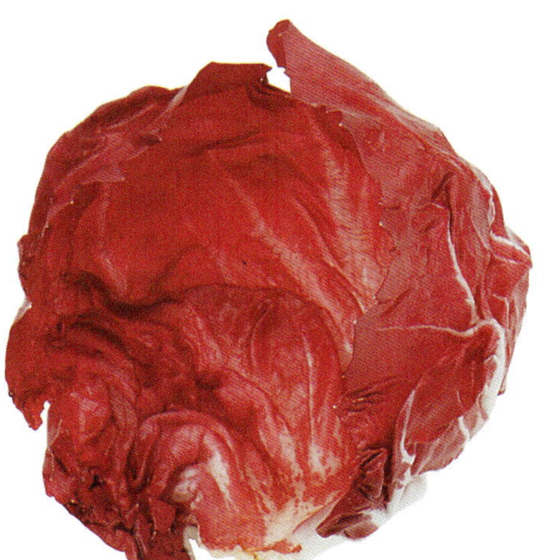

KLEINE KÜCHENPRAXIS

DÄMPFEN

Das Garen im Wasserdampf ist die sanfteste Zubereitungsart für Gemüse, denn so bleiben Aroma und Konsistenz erhalten, und das Gemüse trocknet nicht aus.

Zum Dämpfen nimmt man am besten einen Dämpfer oder einen Topf mit Dämpfeinsatz (oder Siebeinsatz, der in den Topf eingehängt wird), füllt den Topf mit Wasser und bringt es zum Kochen. Dann gibt man das Gemüse in den Dämpfeinsatz, setzt den Einsatz auf den Topf über das siedende Wasser und legt einen gut schließenden Deckel auf. Das Gemüse wird nun nach Rezeptanweisung gedämpft. Kurz vor Ende der angegebenen Garzeit macht man die Messerprobe, um sicherzugehen, daß das Gemüse nicht übergart wird. Fast jedes Gemüse schmeckt besser, wenn es noch ein wenig Biß hat.

Wer keinen entsprechenden Topf mit Dämpfeinsatz besitzt, nimmt einen gewöhnlichen Topf oder eine Pfanne, füllt 1 cm hoch Wasser ein, bringt es zum Kochen und legt dann das Gemüse ein. Anschließend wird die Hitzezufuhr auf ein Minimum reduziert und die Pfanne fest verschlossen, damit möglichst wenig Dampf entweicht. Der Inhalt muß hin und wieder gründlich durchgerüttelt werden. Nach 5 Minuten kann junges, zartes Gemüse auf seinen Gargrad hin getestet werden, größere Stücke nach etwa 8 Minuten.

Gemüse läßt sich auch sehr gut in der Mikrowelle dämpfen. Dazu füllt man es mit wenig Wasser in eine Schüssel, legt einen Deckel oder Teller auf (Achtung: Nichts Metallenes in die Mikrowelle legen!) und gart das Ganze auf höchster Stufe für die Dauer der im Rezept angegebenen Zeit. Vor dem Servieren läßt man die Speisen im abgeschalteten Gerät noch ein paar Minuten ruhen, damit sie nachgaren.

FRITIEREN

Braten bei sehr hohen Temperaturen »versiegelt« Lebensmittel und gart sie – dämpft sie – im Inneren.

Zum Fritieren wird das Öl – vorzugsweise Erdnuß- oder Sojaöl, da es relativ geschmacksneutral ist – in einem Wok oder in einer Friteuse auf etwa 180 °C erhitzt. Bei zu hoher Temperatur bräunt das Gargut zu schnell, ohne innen gar zu werden; bei zu niedriger Temperatur saugt sich das Gargut voll und hat eine viel zu lange Garzeit. Die richtige Temperatur läßt sich am besten mit einem Fett-Thermometer messen, oder aber man läßt ein Probestück ins heiße Öl gleiten. Wenn sich rundherum Bläschen bilden und das Fritiergut rasch eine knusprige Oberfläche bekommt, hat das Öl die richtige Temperatur zum Fritieren.

Nicht zu viele Stücke auf einmal ins heiße Öl geben, weil die Temperatur sonst abfällt. Auch muß das Fritiergut beim Eintauchen in das Fett trocken sein, weil das Fett sonst spritzt. Wenn das Fritiergut gar ist – meist erkennbar an der goldgelben Farbe –, wird es mit einem Schaumlöffel herausgehoben und zum Abtropfen auf saugfähiges Küchenpapier gelegt. Vorsicht, daß kein heißes Fett auf die Herdplatte spritzt und Feuer fängt.

Nach dem Fritieren läßt man das heiße Öl abkühlen, gießt es durch ein mit Küchenpapier ausgelegtes Sieb oder einen Papierfilter in ein sauberes Glas und verschließt es. Das Öl kann drei- bis viermal wiederverwendet werden.

BLINDBACKEN

Blindbacken ist das Vorbacken oder vollständige Backen eines Teigbodens ohne Füllung. Dafür den Teig auf einer leicht bemehlten Arbeitsfläche ausrollen und in eine gefettete Springform oder Tortenbodenform (mit losem Boden) legen. Anschließend den Teig vorsichtig am Boden und an den gewellten Rand andrücken und überstehenden Teig am oberen Rand gerade abschneiden. Den Teigboden mehrmals mit einer Gabel einstechen. Ein Stück Backpapier (oder Alufolie), etwa5 cm größer als die Form, glatt auf den Teig legen und getrocknete Bohnen einfüllen – es können auch Keramikbohnen sein oder getrocknete Kidney-Bohnen, die man speziell zum Blindbacken beiseite legt; denn einmal gebacken, sind sie für andere Zubereitungen nicht mehr zu gebrauchen. Am besten bewahrt man sie in einem Marmeladenglas mit Schraubdeckel auf, ordentlich beschriftet als Backbohnen, weil man sie sonst leicht verwechselt.

Die so vorbereitete Form in den auf 200 °C vorgeheizten Ofen schieben und den Teigboden 20 Minuten backen. Den Ofen abschalten, die Bohnen und das Papier entfernen und den Boden weitere 10 Minuten in den Ofen stellen, bis er durchgebacken und leicht gebräunt ist. Auf einem Kuchengitter auskühlen lassen.

PAPRIKASCHOTEN ENTHÄUTEN

Die Paprikaschoten vierteln und die Samen und Scheidewände herausschneiden. Jedes Viertel in 2 oder 3 Streifen schneiden und mit der Haut nach oben 5 bis 6 Minuten unter den heißen Grill legen. Wenn die Haut Blasen wirft und schwarz ist, die Paprikastücke herausnehmen und abkühlen lassen. Die Haut läßt sich nun mühelos abziehen.

Oder man bedient sich der Mikrowelle: Die Paprikaschoten mit einem scharfen Messer einritzen und 3 bis 4 Minuten, je nach Größe der Schoten, auf höchster Stufe in der Mikrowelle garen. Abkühlen lassen und vierteln. Die Haut läßt sich leicht abziehen.

TOMATEN (UND PFIRSICHE) ENTHÄUTEN

Tomaten in eine große Schüssel legen, mit kochendem Wasser übergießen und etwa 5 Minuten stehen lassen. Jede Tomate einzeln herausnehmen und mit einem scharfen Messer einritzen. Die Haut läßt sich problemlos abziehen.

Diese Technik funktioniert auch bei Pfirsichen.

MAISKÖRNER VOM KOLBEN TRENNEN

Die Hüllblätter und Narbenfäden vom Maiskolben entfernen. Den Kolben am Stielansatz anfassen und mit der Spitze auf ein Arbeitsbrett stellen. Mit einem scharfen Messer von oben nach unten am Kolben entlangschneiden und dabei die Maiskörner abtrennen.

SALAT FRISCH HALTEN

Bereits geschnittene oder zerpflückte Salatblätter, gewaschen und in der Salatschleuder getrocknet, bleiben länger knackig und frisch, wenn sie luftdicht verpackt (in einer Tüte oder einer Tupper-Dose) im Kühlschrank aufbewahrt werden. Allerdings gilt es auch zu beachten, daß Salat oder Gemüse bei längerer Lagerung wertvolle Inhaltsstoffe verliert, welk wird und an Geschmack einbüßt.

Zwiebeln verarbeiten

Um die Tränenflut beim Schälen und Schneiden von Zwiebeln zu stoppen, ist es praktisch, in der Nähe des geöffneten Wasserhahns zu arbeiten. Falls die Tränen zu arg fließen, kaltes Wasser über die Hände laufen lassen und dann erst weiterarbeiten.

Wenn Zwiebeln in Öl oder Butter glasig gedünstet werden sollen, ein Arbeitsschritt, der in so vielen Rezepten verlangt wird, geschieht das folgendermaßen: Die kleingeschnittenen Zwiebeln bei mittlerer Hitze unter Rühren in Öl oder Butter anbraten, bis sie gleichmäßig von einem Fettfilm überzogen sind. Die Temperatur herunterschalten und die Zwiebeln bei geschlossenem Topf etwa 10 bis 12 Minuten sanft dünsten. Danach sollten sie weich und süßlich sein, denn bei dieser Methode werden sie eher gedämpft als gebräunt. Zwischendurch ein- oder zweimal umrühren.

Das Bräunen beziehungsweise Rösten von Zwiebeln erfordert weniger Zeit und erfolgt bei stärkerer Hitze ohne aufliegenden Deckel. Gebräunte Zwiebeln haben einen intensiveren Geschmack als glasig gedünstete.

Pfannenrühren

Diese schnelle und schmackhafte Garmethode für Gemüse gelingt am besten in einem Wok, dem traditionellen chinesischen Kochgeschirr mit rundem Boden. Zur Not tut es auch eine große Bratpfanne. Das frische Gemüse wird in gleichmäßige, mundgerechte Streifen oder kleinste Stücke geschnitten, nach Belieben auch schräg, oder es wird mit der Küchenmaschine in Scheiben geschnitten oder grob geraspelt (siehe Gemüse schneiden).

Zum Pfannenrühren eignet sich Erdnußöl am besten, weil es geschmacksneutral ist und sich stark erhitzen läßt, ohne zu verbrennen. Geschmacksintensive Öle wie Sesamöl (aus geröstetem Sesam) werden erst am Ende der Garzeit zugegeben. Beim Pfannenrühren nur so viel Öl in Wok oder Pfanne erhitzen, daß der Boden bedeckt ist. Das Öl und das Kochgeschirr müssen sehr heiß sein, bevor das Gemüse darin unter ständigem Rühren und Wenden gebraten wird. Sobald das Gemüse durch und durch heiß ist und anfängt zu garen, die Hitze ein wenig reduzieren und kräftig weiterrühren, bis das Gemüse gar, aber noch bißfest ist. Jetzt die im Rezept geforderten Würzmittel einrühren. In manchen Fällen empfiehlt es sich, den Herd dann abzuschalten, etwas Wasser zuzugießen, den Deckel aufzulegen und das Gemüse im Dampf nachgaren zu lassen.

Pfannengerührtes Gemüse immer sofort servieren, denn nur direkt aus der Pfanne ist es knackig-frisch und dampfend heiß.

Gemüse schneiden

Gemüse kann von Hand auf vielerlei Art vorbereitet werden. Voraussetzung ist ein scharfes Messer (Seite 29) und ein Holzbrett als Unterlage. Auf einer Marmorplatte werden Messer schnell stumpf.

Gemüse als Zutat in Eintöpfen und dergleichen werden am besten grob gehackt. Für Suppen und Saucen, die nicht abgeseiht werden, oder für ein dekoratives Gericht wird Gemüse je nach Rezeptanweisung zuerst in dünne Scheiben und dann in kleine Würfel oder in dickere Scheiben und grobere Würfel geschnitten.

Wenn von gewürfeltem Gemüse die Rede ist, sind im allgemeinen 1 cm dicke Scheiben gemeint, die in Würfel geschnitten werden.

In Scheiben geschnittenes Gemüse läßt sich in quadratische oder rechteckige Stücke schneiden. Zum Pfannenrühren oder Dämpfen sieht es schöner aus, wenn die Stücke schräg geschnitten werden. Für Gemüsejulienne wird Gemüse in dünne Scheiben und anschließend in feine Streifen von Streichholzlänge geschnitten. Die meisten Küchenmaschinen sind mit einer feinen Schneidescheibe ausgerüstet, so daß die feinen Streifen wunderbar gelingen.

Blattgemüse läßt sich gut in Streifen schneiden. Dazu werden mehrere Blätter aufeinandergelegt, zusammengerollt und mit einem scharfen Messer in beliebig breite Streifen geschnitten.

Vorspeisen

Mit der Vielfalt schmackhafter und farbenfroher Vorspeisen können Sie einer Mahlzeit zu einem guten Start verhelfen, bereiten sozusagen auf den kommenden Genuß vor. Eine appetitliche Bruschetta mit geschmolzenem Ziegenkäse und sonnengetrockneten Tomaten, ein schlichter Salat aus gelben Paprikaschoten mit Mozzarella oder pfannengerührter Blumenkohl mit Ingwer und Knoblauch – all das sorgt für Stimmung beim Essen. Unter den kleinen Gerichten dieses Kapitels sind allerlei raffinierte Zubereitungen aus Ost und West, darunter auch einige, die durchaus eine Hauptmahlzeit ersetzen können.

Salat von gegrillten gelben Paprikaschoten und Mozzarella

Ein köstlicher Salat, ideal als Menüauftakt. Zu besonderen Anlässen reicht man dazu einen frischen Hefezopf (Seite 81).

FÜR 4 PERSONEN

3 große gelbe Paprikaschoten, geviertelt, geputzt, Samen und Scheidewände entfernt
75 g Mozzarella, in Scheiben geschnitten
2 TL Dijon-Senf
4 EL Balsamessig
4 EL Olivenöl
Fein gehackter frischer Dill zum Garnieren

Die Paprikaviertel mit der Hautseite nach oben auf ein Backblech legen und 7–8 Minuten unter den sehr heißen Grill schieben, bis die Haut Blasen wirft und schwarz wird. Abkühlen lassen, die Haut abziehen, das Fruchtfleisch in lange, dünne Streifen schneiden. Die Paprikastreifen mit den Mozzarellascheiben auf einem Servierteller anrichten.

In einer Schüssel den Senf mit dem Essig verrühren, dann tropfenweise das Öl hinzufügen, so daß eine cremige Sauce entsteht. Über den Salat gießen und gut vermengen. Mit fein gehacktem Dill bestreuen und bei Raumtemperatur servieren.

Thailändische Gemüseküchlein mit Zitronengras und verschiedenen Dips

Diese knusprigen Häppchen mit einem Hauch Exotik zergehen auf der Zunge und schmecken nach mehr. Sie sind gut mit den Fingern zu essen und ideal zum Dippen in ostasiatische Saucen.

ERGIBT 20 KLEINE KÜCHLEIN

350 g Zucchini
250 g Blumenkohl
250 g Möhren
50 g Erdnüsse, fein gehackt
10–12,5 cm frisches Zitronengras, angedrückt und sehr fein gehackt
1 frische rote Chilischote, sehr fein gehackt
4 cm frische Ingwerwurzel, geschält und fein gerieben
1 TL Salz
1 ganzes Ei und 2 Eigelb
100 g frische Brotkrumen (Seite 42)
Reismehl oder Auszugsmehl zum Wenden der Küchlein
Erdnuß- oder Sonnenblumenöl zum Braten

Die Zucchini, den Blumenkohl und die Möhren entweder mit der groben Raspelscheibe der Küchenmaschine oder von Hand raspeln. Das Gemüse mit Erdnüssen, Zitronengras, Chili, Ingwer und Salz vermischen.

Das ganze Ei und die Eigelbe in einer Schüssel verquirlen. Die Brotkrumen unterrühren, dann das Gemüse vorsichtig unterheben.

Aus der Masse mit den Händen kleine Küchlein formen, diese etwas flach drücken und in Reismehl wenden (Reismehl ist leichter als herkömmliches Weizenmehl), so daß die Küchlein gleichmäßig davon bedeckt sind.

Etwas Öl in einer Pfanne erhitzen und die Küchlein darin bei mittlerer Hitze auf beiden Seiten in je 5–6 Minuten goldgelb und knusprig braten. Auf Küchenpapier abtropfen lassen und im vorgewärmten Ofen warm halten, bis alle Küchlein fertig sind.

Auf zerpflücktem Kopfsalat anrichten und die Dipsaucen dazu reichen.

DIPSAUCEN

FRÜHLINGSZWIEBEL-INGWER-DIP

2 EL Frühlingszwiebeln, sehr fein gehackt
2 TL frisch geriebener Ingwer
1 EL Sojasauce
4 EL Sesamöl

Vermischen. Sofort servieren oder 2–3 Tage im Kühlschrank aufbewahren.

CHILIDIP

3 EL Chiliöl
1 EL Sojasauce

Verrühren. Sofort verwenden oder bis zu 1 Monat im Kühlschrank aufbewahren.

KNOBLAUCH-HIMBEERESSIG-DIP

2 EL Sojasauce
1 EL Himbeeressig (Seite 188)
1 Knoblauchzehe, geschält und zerdrückt

Sojasauce und Essig verrühren und nach Geschmack mit Knoblauch würzen. Sofort servieren oder 2–3 Tage im Kühlschrank aufbewahren.

SHERRY-INGWER-DIP

75 ml Sherry
2 EL frisch geriebener Ingwer

Vermischen. Sofort servieren oder 2–3 Tage im Kühlschrank aufbewahren.

SATAYSAUCE (ERDNUSSSAUCE)

Diese mit Chillies angereicherte Erdnußsauce aus Indonesien ist einer meiner Favoriten und gehört in jeden Vorratsschrank.

Sataysauce ist in asiatischen Lebensmittelläden und gut sortierten Supermärkten erhältlich, aber achten Sie beim Einkauf auf Markenware. Im Angebot ist auch ein vorzügliches Trockenprodukt, das mit Wasser zur gewünschten Konsistenz angerührt werden kann.

Sataysauce schmeckt phantastisch zu den Küchlein oben. Zum Dippen wird die Sauce mit dunklem Sesamöl (aus gerösteten Sesamsamen) und etwas Sojasauce verdünnt.

Bruschetta mit Ziegenkäse und sonnengetrockneten Tomaten

Die sonnengetrockneten Tomaten mit ihrer Aromafülle machen diese Vorspeise zu einem echten Geschmackserlebnis. Die Tomaten werden getrocknet (1–2 Stunden vor der Weiterverarbeitung in Wasser einweichen) oder in Öl angeboten. Da ich letztere bevorzuge, sind sie auch in der Zutatenliste aufgeführt.

Ergibt 12 kleine Bruschettas

Zum servieren

Gemischte Salatblätter, angemacht mit einer Vinaigrette (Seite 204)
1 Handvoll Alfalfasprossen (Seite 12)

Für die Bruschettas

12 kleine oder 6 große Scheiben Vollweizenbrot
Olivenöl zum Einpinseln
175 g runder Ziegenkäse, in 12 Scheiben geschnitten
6 sonnengetrocknete Tomaten in Öl, halbiert
Frisch gemahlener schwarzer Pfeffer
4 Zweige Petersilie oder Kerbel zum Garnieren

Die durch die Vinaigrette gezogenen Salatblätter auf 4 mittelgroßen Serviertellern anrichten und die Sprossen darüber streuen.

Mit runden Ausstechförmchen – 6,5 cm Durchmesser und gewellter Rand – 12 Brotscheiben ausstechen. Die Scheiben von beiden Seiten mit Olivenöl bestreichen und unter dem Grill goldgelb rösten. Je eine Scheibe Ziegenkäse auf jede Brotscheibe und darauf eine Tomatenhälfte legen.

Die belegten Brotscheiben bei 220 °C im Ofen 15 Minuten überbacken, bis der Käse geschmolzen und goldbraun ist. Die fertigen Brotscheiben mit frisch gemahlenem schwarzem Pfeffer würzen.

Je 3 Bruschettas auf den Salatblättern anrichten, mit den Kräuterzweigen garnieren und sofort zu Tisch bringen.

Würzige Auberginenstreifen

Diese pfannengerührten Auberginen mit gemahlenen Gewürzen sind einfach zuzubereiten und schmecken wunderbar, ob heiß, warm oder kalt. Wenn Sie das Gericht lieber heiß essen möchten, reichen Sie dazu duftenden Jasmin-Reis (Seite 143). Warm oder kalt schmecken die Auberginen gut, wenn sie auf weichen Salatblättern, angemacht mit einer Vinaigrette, serviert werden.

Für 3–4 Personen

V

2 große Auberginen, in Scheiben geschnitten
3 EL Olivenöl
Je 2 TL Kreuzkümmel, Koriander, Kurkuma und Kardamom, gemahlen
1 TL Meersalz
1 EL Zitronensaft
150 ml Gemüsebrühe (Seite 218)

Die Auberginenscheiben in 1 cm breite Streifen schneiden. Das Öl in einem Wok erhitzen und die Auberginenstreifen darin bei mittlerer Hitze 5 Minuten pfannenrühren, bis sie weich sind.

Die Gewürze und das Salz über die Auberginen streuen und weitere 1–2 Minuten pfannenrühren. Dann den Zitronensaft und die Gemüsebrühe zugießen und den Wok mit einem Deckel verschließen. Die Auberginen bei kleinster Hitze unter gelegentlichem Rühren 20–25 Minuten köcheln lassen, bis sie ganz weich sind und fast schon zerfallen.

Pfannengerührter Blumenkohl mit Ingwer und Knoblauch

Wie die meisten einfachen Gerichte schmeckt auch dieses ganz phantastisch. Der Ingwer kitzelt den Gaumen, und die Gelbe-Bohnen-Sauce und das würzige Sesamöl verzaubern den Blumenkohl geradezu. Darüber hinaus ist diese Gaumenfreude in Minutenschnelle zubereitet.

FÜR 3–4 PERSONEN

V

1 mittelgroßer Blumenkohl, in Röschen zerteilt
3 EL Erdnuß- oder Sonnenblumenöl
2,5 cm frische Ingwerwurzel, geschält und in hauchdünne Scheiben geschnitten
1–2 Knoblauchzehen, geschält und in hauchdünne Scheiben geschnitten
1 frische rote Chilischote, in hauchdünne Scheiben geschnitten (nach Belieben)
2 EL Gelbe-Bohnen-Sauce
1 EL geröstetes Sesamöl
Sojasauce nach Geschmack
3 EL gehackter Kerbel oder Koriandergrün

Die Blumenkohlröschen in dünne Scheiben schneiden. Das Öl in einem Wok erhitzen und den Blumenkohl mit Ingwer, Knoblauch und Chilischote, falls verwendet, 3 Minuten unter Rühren braten. Zwei Eßlöffel Wasser zugeben und die Temperatur herunterschalten. Einen Deckel auflegen und das Gemüse 5–6 Minuten im geschlossenen Wok dämpfen; den Topfinhalt hin und wieder kräftig durchrütteln oder umrühren.

Die Gelbe-Bohnen-Sauce und das Sesamöl unterrühren und den Blumenkohl mit Sojasauce abschmecken. Mit Kerbel oder Koriandergrün bestreuen und sofort servieren.

Mit Guacamole gefüllte Tomaten

Tomaten, gefüllt mit der traditionellen mexikanischen Guacamole, einer mit Knoblauch und Zitronensaft gewürzten Avocadocreme, sind eine erlesene Köstlichkeit als Auftakt eines Menüs und außerdem im Handumdrehen zubereitet. Reichen Sie dazu Pittabrot oder – wenn Sie es mexikanisch mögen – das selbst gebackene Maisbrot von Seite 80 – es schmeckt einfach göttlich!

FÜR 4–6 PERSONEN

FÜR DIE GUACAMOLE-TOMATEN

12 mittelgroße Tomaten
2 reife Avocados, halbiert und entsteint
1 Knoblauchzehe, geschält und zerdrückt
2 EL Zitronensaft
2 EL Naturjoghurt
2 EL sehr fein gehackte grüne Pfefferkörner
2 EL sehr fein gehackter Staudensellerie
1 EL gehackte Petersilie
1 TL Cayennepfeffer (oder 1/4 TL Chilipulver für alle, die gern scharf essen)
Salz
Schnittlauchröllchen zum Garnieren

ZUM SERVIEREN

1 Handvoll Feldsalat
Vinaigrette (Seite 204)

Mit einem scharfen Messer einen Deckel von den Tomaten abschneiden und die Früchte mit einem Teelöffel aushöhlen. Zum Abtropfen mit der Öffnung nach unten auf Küchenpapier legen.

Das Fruchtfleisch der Avocados auslösen und mit einer Gabel zerdrücken. Mit dem Knoblauch, Zitronensaft, Joghurt, grünem Pfeffer, Staudensellerie und der Petersilie gründlich vermischen und mit Cayennepfeffer und Salz abschmecken. ◈

Die Avocadocreme in die Tomaten füllen und mit Schnittlauch bestreuen, die abgeschnittenen Deckel schräg auflegen. Die gefüllten Tomaten – pro Person 2–3 Stück – auf den durch die Vinaigrette gezogenen Feldsalatblättern anrichten.

GEGENÜBERLIEGENDE SEITE: Pfannengerührter Blumenkohl mit Ingwer und Knoblauch, dazu selbst gebackenes Maisbrot (Seite 80).

Phyllowaffeln mit Zucchini-Ricotta-Füllung und Pinienkernen

Die Zubereitung dieses Rezepts ist der Mühe wert, denn das Resultat sind knusprige gefüllte Waffeln aus hauchdünnem Phylloteig.

ERGIBT 12 WAFFELN

PHYLLOTEIG VERWENDEN

Tiefgefrorenen Phylloteig, unserem Strudelteig vergleichbar, sollte man stets vorrätig haben. Allerdings muß er vor der Weiterverarbeitung vollständig aufgetaut sein.

Teig, der nicht unmittelbar verarbeitet wird, gehört in Frischhaltefolie oder unter ein feuchtes Tuch, damit die Oberfläche nicht austrocknet und der Teig nicht reißt.

Beim Bestreichen des Teigs nur so viel Olivenöl verwenden, daß die Teigoberseite von einem dünnen Ölfilm überzogen ist und nicht austrocknet. Zuviel Öl macht die Gebäckstücke matschig.

Teigabschnitte zum Garnieren verwenden. Dazu die Teigreste mit Olivenöl einpinseln, mit den Fingern leicht in Form bringen und auf ein geöltes Backblech setzen. Bei 200 °C etwa 10–15 Minuten backen, bis die Oberfläche goldbraun ist.

PINIENKERNE

Pinienkerne sind eigentlich keine Nüsse, sondern die Samen der im Mittelmeerraum beheimateten Pinie. Diese stark ölhaltigen Kerne haben einen feinen, harzähnlichen Geschmack und sind sowohl roh als auch leicht geröstet eine köstliche Knabberei.

FÜR DIE WAFFELN

500 g mittelgroße Zucchini
1 EL Olivenöl
4 Frühlingszwiebeln, in Scheiben geschnitten
3–4 Knoblauchzehen, geschält und zerdrückt
2 EL gehacktes Basilikum
3 EL gehackte Petersilie oder Kerbel
175 g Ricotta
Meersalz und frisch gemahlener Pfeffer
200 g Phylloteig, ersatzweise Strudelteig
75 g Pinienkerne, leicht geröstet unter dem Grill
Olivenöl zum Bestreichen

ZUM SERVIEREN

Salatblätter
Limettenvinaigrette (Seite 205)
Sonnengetrocknete Tomaten

Die Zucchini auf einer Reibe grob raspeln und mit Küchenpapier trockentupfen. In einer Schwenkkasserolle das Olivenöl erhitzen und darin die Frühlingszwiebeln bei schwacher Hitze etwa 2 Minuten anschwitzen. Die geraspelten Zucchini sorgfältig unterrühren und bei mittlerer Hitze 3–4 Minuten dünsten. Den Knoblauch und die Kräuter unter ständigem Rühren 4–5 Minuten mitdünsten. Die Kasserolle vom Herd nehmen, das Gemüse ein paar Minuten abkühlen lassen und den Käse unterrühren. Die Masse mit Salz und Pfeffer abschmecken. ◈

Den Phylloteig in Quadrate von 8,5 cm Seitenlänge schneiden. Die Teigblätter mit Olivenöl bestreichen, jeweils 5 geölte Teigblätter aufeinanderlegen und mit einem Kreis aus Pinienkernen belegen. Mit einem Teigblatt bedecken, mit Olivenöl bestreichen und einen Eßlöffel von der Füllung in die Mitte setzen. Mit einem weiteren Teigblatt abdecken, mit Öl bestreichen und die Teigränder leicht zusammendrücken. Mit dem Finger eine Vertiefung in die Mitte drücken und 4 oder 5 Pinienkerne hineinlegen. Mit 3 Teigblättern bedecken, dabei jede einzelne Lage mit Öl einpinseln.

Die gefüllten Waffeln auf ein geöltes Backblech setzen und 25–30 Minuten bei 200 °C im Ofen backen, bis sie goldbraun und knusprig sind.

Heiß oder warm servieren, angerichtet auf Salatblättern mit einer Limettenvinaigrette. Mit sonnengetrockneten Tomaten garnieren.

Würziges Gemüse mit Gelber-Bohnen-Sauce »Mu-Choo«

Fein gewürztes Gemüse, eingehüllt in hauchdünne Pfannkuchen – bei dieser Speise, die traditionell zu Peking-Ente serviert wird, läuft einem das Wasser im Mund zusammen. Dazu paßt Zitronenreis (Seite 144).

FÜR 4 PERSONEN

V

175 g Blumenkohl
250 g Brokkoli
100 g Zucchini oder ein anderer Sommerkürbis (z. B. Squash), geschält
100 g Zuckerschoten
2 große Frühlingszwiebeln
½ gelbe Paprikaschote
75 g Bohnensprossen
75 g Wasserkastanien, in dünne Scheiben geschnitten
6 Blätter Chinakohl, in feine Streifen geschnitten
3 EL Gelbe-Bohnen-Sauce
1–2 TL Chilisauce
Sojasauce
12–15 chinesische Pfannkuchen (siehe Kasten)

CHINESISCHE PFANNKUCHEN

Diese kleinen, hauchdünnen Pfannkuchen mit einem Durchmesser von etwa 10 cm werden abgepackt in asiatischen Lebensmittelläden und gut sortierten Supermärkten angeboten.

Die ersten sechs Gemüse fein hacken und mit den Bohnensprossen, den in Scheiben geschnittenen Wasserkastanien und dem feinstreifig geschnittenen Chinakohl mischen. Das Gemüse in einem Dämpfeinsatz oder in der Mikrowelle dämpfen, bis es gar ist. Kurz abkühlen lassen. Die Gelbe-Bohnen-Sauce und die Chilisauce untermischen und mit Sojasauce abschmecken. ◈

Die Pfannkuchen im Dämpfeinsatz 1 Minute erwärmen, dann mit einem feuchten Geschirrtuch abdecken, um die Wärme zu halten.

Pro Person 3 oder 4 Pfannkuchen mit 1 oder 2 Eßlöffeln Gemüse belegen, zusammenrollen und mit den Fingern essen. Ganz ohne Kleckern geht dies in der Regel nicht vonstatten, aber dafür bleibt dieses schlichte und doch so köstliche Essen in guter Erinnerung.

Sellerie-Tomaten-Salat mit Senfdressing

Der herzhafte Salat mit dem kräftig nach Senf schmeckenden Dressing ist genau das Richtige an kalten Tagen – er wärmt wunderbar den Magen.

FÜR 6 PERSONEN

V

FÜR DAS DRESSING
2 EL Dijon-Senf
2 EL Balsamessig
5 EL Olivenöl

FÜR DEN SALAT
250 g Knollensellerie, geschält und in feinste Streifen geschnitten
250 g Staudensellerie, sehr fein gehackt
300 g kleine Tomaten, in dünne Scheiben geschnitten
Fein gehackter Estragon zum Garnieren (nach Belieben)

BALSAMESSIG

Dieser dunkelbraune Essig mit der samtigen Konsistenz wird aus eingekochtem Traubenmost hergestellt und hat ein feines, ausgewogenes Aroma. Echter Balsamessig kommt aus dem norditalienischen Modena, wo er viele Monate, ja Jahre, in Holzfässern heranreift. Mit seinem schweren, beinahe süßen Geschmack verleiht er Salatsaucen eine unvergleichliche Note.

Den Senf mit dem Essig glatt rühren. Tropfenweise das Öl unterrühren, bis eine cremige Sauce entstanden ist.

Den Knollensellerie mit dem Staudensellerie vermengen und das Dressing unterrühren. Einige Tomatenscheiben in die Mitte eines Serviertellers legen, die Selleriemischung rundherum verteilen und mit einem Kranz aus Tomatenscheiben abschließen.

Den Salat mit gehacktem Estragon (oder Sellerieblättern) bestreuen und mit warmem Brot servieren.

Fenchel-Bohnen-Salat mit Croûtons

Verwenden Sie nach Möglichkeit gelbe Zucchini für diesen Salat; sie sind ein schöner Kontrast zu den grünen Bohnen. Wenn Sie dazu das Basilikum-Knoblauch-Brot von Seite 81 reichen, haben Sie eine exquisite Vorspeise, in der die verschiedenen Aromen eine wundervolle Verbindung eingehen.

FÜR 6 PERSONEN

V

FÜR DEN SALAT

2 große Brotscheiben, gewürfelt
Erdnußöl zum Fritieren
2 Fenchelknollen, geputzt und in dünne Scheiben geschnitten
2 EL Olivenöl
1 großer gelber Zucchino, geputzt
1 große gelbe Paprikaschote, geviertelt, Samen und Scheidewände entfernt
300 g Prinzeßbohnen, al dente *gekocht*
6 Frühlingszwiebeln, fein gehackt
Saft von ½ Zitrone
Etwas gehackter Estragon

FÜR DAS DRESSING

2 EL geröstetes Sesamöl
1 EL Himbeeressig (Seite 188)

Die Brotwürfel in Erdnußöl goldbraun fritieren, auf Küchenpapier abtropfen lassen und bei kleinster Hitze im Ofen warm halten.

Die Fenchelscheiben bei mittlerer Hitze im Olivenöl dünsten, bis das Gemüse so eben gar, aber noch fest ist – etwa 4 Minuten. Aus dem Topf nehmen und abkühlen lassen. Den Zucchino im Dämpfeinsatz oder in der Mikrowelle bißfest garen. Abkühlen lassen und in Scheiben schneiden.

Die Paprikaviertel mit der Haut nach oben auf ein Backblech legen und unter den heißen Grill schieben, bis die Haut Blasen wirft und schwarz wird. Die Paprikastücke umdrehen und weitere 1 oder 2 Minuten auf der Innenseite grillen. Nach kurzem Abkühlen die Haut abziehen und das Fruchtfleisch in Streifen schneiden. Das vorbereitete Gemüse mit den Bohnen und Frühlingszwiebeln in einer Schüssel anrichten und mit dem Zitronensaft vermischen.

Für das Dressing das Sesamöl in einem kleinen Topf erhitzen und den Essig unterrühren. Kurz zischen lassen, sofort über den Salat gießen und rasch unterheben. Den Salat mit gehacktem Estragon und den Croûtons bestreuen und sofort servieren.

Griechische Spinattaschen

Diese kleinen, knusprigen Dreiecke aus Phylloteig sind mit einer reichhaltigen Spinat-Dill-Masse gefüllt und goldgelb gebacken. Die appetitlichen Häppchen lassen sich bequem mit den Fingern verspeisen und sind als Auftakt eines Menüs stets willkommen.

ERGIBT 14 TASCHEN

500 g frischer Spinat
6 Frühlingszwiebeln, geputzt und in hauchdünne Scheiben geschnitten
2 EL Olivenöl
3 EL gehackter Dill
2 EL gehackte Petersilie
Salz, Pfeffer und Muskatnuß
2 Eier, verquirlt
100 g Feta, zerkrümelt
100 g Phylloteig, ersatzweise Strudelteig
Olivenöl zum Bestreichen

Den Spinat waschen, tropfnaß in einen Topf füllen und 3–4 Minuten garen, bis er zusammenfällt. Gründlich abtropfen lassen und fein hacken. Die Frühlingszwiebeln im Olivenöl 4–5 Minuten dünsten, bis sie weich sind. Den Spinat unterrühren und bei schwacher Hitze 5 Minuten dünsten. Die Kräuter

unterrühren und abschmecken. Überschüssige Flüssigkeit abgießen. Die verquirlten Eier unterrühren. Zuletzt den Schafskäse unterheben. ◈

Den Phylloteig der Länge nach halbieren, so daß Teigplatten in der Größe 8,5 × 30 cm entstehen. Eine Teigplatte mit Olivenöl bestreichen, eine zweite darauflegen und ebenfalls mit Öl bestreichen. 1 Eßlöffel von der Spinatmasse in die obere linke Ecke des Teigstreifens setzen. Den restlichen Teigstreifen diagonal so über die Füllung schlagen, daß ein Dreieck entsteht, und die offenen Ränder gut zusammendrücken. Dieses Dreieck weiterfalten, bis der Teigstreifen aufgebraucht und eine pralle dreieckige Teigtasche entstanden ist. Die Oberfläche mit Öl einpinseln. Alle Teigstreifen auf diese Weise zu Taschen formen und die fertigen Dreiecke auf ein geöltes Backblech legen.

20–25 Minuten bei 190 °C im Ofen backen, bis sie goldbraun und knusprig sind. Die fertigen Taschen auf einem Kuchengitter etwas abkühlen lassen und warm servieren.

Überbackene Auberginen mit einer leichten Tomaten-Pecorino-Sauce

So zubereitet, schmecken Auberginen einfach göttlich. Sie werden zusammen mit dem knusprigen Belag, der so herrlich nach Knoblauch duftet, und Käse überbacken und, mit der sahnigen Tomatensauce umgossen, serviert.

FÜR 6 PERSONEN

BROTKRUMEN HERSTELLEN

Brotkrumen lassen sich am einfachsten wie folgt herstellen: Brot vom Vortag (oder älter) portionsweise in der Küchenmaschine zerkleinern. (Frisches Brot ist dafür ungeeignet, weil es zuviel Feuchtigkeit enthält, so daß die Krumen leicht zusammenkleben.)

Die Brotkrumen möglichst frisch verwenden oder auf einem Backblech 40–50 Minuten bei kleinster Hitze im Ofen trocknen lassen; das Blech hin und wieder rütteln. Auf einem kalten Blech abkühlen lassen, anschließend luftdicht verpackt aufbewahren.

1 Aubergine (etwa 350 g), in Scheiben geschnitten und mit Salz bestreut
Olivenöl
3 Knoblauchzehen, geschält und zerdrückt
100 g frische Brotkrumen (siehe Kasten)
100 g Greyerzer, in dünne Scheiben geschnitten
6 Zweige Petersilie zum Garnieren
Leichte Tomaten-Pecorino-Sauce (Seite 179)

Die gesalzenen Auberginenscheiben 20 Minuten Wasser ziehen lassen, anschließend mit Küchenpapier trockentupfen und mit etwas Öl bestreichen. Die zerdrückten Knoblauchzehen mit den Brotkrumen vermengen, zwei Eßlöffel Öl unterrühren und alles gründlich mischen. Die Auberginenscheiben auf ein Backblech legen und die Brotmischung darauf verteilen.

25–30 Minuten bei 190 °C backen, bis die Auberginen weich sind. Mit den Käsescheiben belegen und weitere 3 Minuten in den Ofen schieben, bis der Käse schmilzt.

Die überbackenen Auberginen heiß servieren. Jede Portion mit einem Petersilienzweig garnieren und mit Tomaten-Pecorino-Sauce umgießen.

Gedämpfte Zucchini mit knusprigen Walnüssen und Crème fraîche

Dies ist eine meiner Leibspeisen, denn erstens liebe ich einfaches Essen, und zweitens habe ich eine Schwäche für Zucchini. Eine unkomplizierte und doch perfekte Vorspeise im Sommer, zu der kleine Sesamtoasts (Seite 78) ausgezeichnet passen.

FÜR 3–4 PERSONEN

500 g Zucchini, geputzt
50 g Walnüsse, grob gehackt
175 g Crème fraîche
Etwas fein gehackter Dill zum Garnieren

Die Zucchini bißfest dämpfen, in kaltem Wasser abschrecken und in dünne Scheiben schneiden.

Die gehackten Walnüsse rösten. Dafür die Nußstückchen auf einem Blech ausbreiten und 2–3 Minuten unter den heißen Grill schieben; das Blech hin und wieder rütteln. Darauf achten, daß die Nüsse nicht verbrennen. Abkühlen lassen.

Die Walnüsse mit den Zucchinischeibchen mischen und die Crème fraîche unterziehen. Mit gehacktem Dill bestreuen.

Guten Appetit!

Provenzalische Olivenpaste

Die Anregung zu diesem Rezept stammt aus der Provence, der französischen Landschaft mit den sonnenverwöhnten Olivenhainen und dem ewig blauen Himmel. Servieren Sie die Paste mit dünnen Toastscheiben oder Crackers und Rohkost – frischen Möhren, Champignons, Zucchini und Staudensellerie.

FÜR 4–6 PERSONEN

FÜR DIE PASTE

100 g schwarze Oliven, entsteint
50 g ganze, ungeschälte Mandeln, gehackt
2 weich gekochte Eier (2 Minuten), abgekühlt und gepellt
1 Scheibchen grüne Chilischote
1 Knoblauchzehe, geschält und in Scheiben geschnitten
1 EL Sojasauce
1 EL Weiß- oder Rotweinessig
Etwa 50 ml Olivenöl
1 Prise getrockneter Estragon
Meersalz
Frisch gemahlener schwarzer Pfeffer

ZUM SERVIEREN

Salatblätter
Tomatenscheiben

Die sieben erstgenannten Zutaten in die Küchenmaschine füllen und unter langsamer Zugabe von Olivenöl zu einer glatten, streichfähigen Paste verarbeiten. Mit Estragon, Salz und Pfeffer abschmecken.

Die Paste portionsweise auf einem knackigen Salatblatt anrichten und mit Tomatenscheiben garnieren.

Gefüllte Pilzhüte auf gebratenen Brotscheiben

Ein köstlicher Auftakt eines Menüs: ein großer Pilzhut, gefüllt mit einer würzigen Nuß-Mozzarella-Mischung und anschließend im Ofen überbacken. Dazu schmeckt ein Glas vollmundiger Rotwein.

FÜR 4 PERSONEN

5 große Speisepilze (Champignons) mit flachem Hut
2 Knoblauchzehen, geschält und fein gehackt
50 g Walnüsse, fein gehackt
2 EL Olivenöl
175 g Mozzarella, in feine Streifen geschnitten
Meersalz, frisch gemahlener schwarzer Pfeffer
Gemahlene Muskatblüte
1 EL gehackte Petersilie
1 EL gehacktes Basilikum oder Estragon
1 Ei, verquirlt
25 g frische Brotkrumen (Seite 42)
4 gebratene runde Brotscheiben (Seite 75)
4 Basilikum- oder Estragonblättchen zum Garnieren

Die Stiele vorsichtig von den Pilzen abtrennen und vier Pilzhüte zum Füllen zurückbehalten. Die Stiele und den verbliebenen Pilz fein hacken und zusammen mit dem Knoblauch und den Walnüssen im Olivenöl dünsten. Von der Kochstelle nehmen und die Mozzarellastreifen unterheben. Mit Salz, Pfeffer und Muskatblüte abschmecken, die Kräuter und das verquirlte Ei unterrühren. Die Brotkrumen zugeben und alles gründlich verrühren. Die Masse auf die vier Pilzhüte verteilen und die Hüte auf ein gefettetes Backblech setzen.

In den Ofen schieben und bei 200 °C 15 Minuten backen. (Oder die Pilzhüte auf einen Teller legen, mit einem zweiten Teller abdecken und in der Mikrowelle 2 Minuten auf höchster Stufe garen.)

Die gefüllten Pilze auf die gebratenen Brotscheiben setzen und dampfendheiß servieren, garniert mit einem Basilikum- oder Estragonblatt.

MOZZARELLA

Dieser italienische Frischkäse aus Kuhmilch (seltener aus Büffelmilch) wird gelegentlich auch ohne tierisches Lab hergestellt (Seite 66). Mozzarella ist weiß, weich und feucht (in Salzlake) und kommt als kleines, eiförmiges Bällchen eingeschweißt in den Handel. Frisch, das heißt ein bis zwei Tage nach dem Kauf, schmeckt Mozzarella am besten. Mittlerweile wird auch geräucherte Mozzarella angeboten – eine echte Delikatesse, die Sie für das nebenstehende Rezept unbedingt probieren sollten.

Spinat-Austernpilz-Salat mit Provolone und warmem Sesamdressing

Diese außergewöhnliche und exquisite Vorspeise übertrifft alles: Liebliche Aromen und feine Texturen verbinden sich hier zu einer ganz besonderen Salatdelikatesse. Dazu paßt ein Basilikum-Knoblauch-Brot (Seite 81).

FÜR 4 PERSONEN

3 EL Gelbe-Bohnen-Sauce
1 EL Currypulver
250 g Austernpilze, geputzt
250 g kleine Spinatblätter
2 gelbe Paprikaschoten, enthäutet (Seite 30)
100 g Provolone oder Pecorino (Seite 135 und 122)

FÜR DAS DRESSING
5 EL geröstetes Sesamöl
60 ml Himbeeressig (Seite 188)

Die Gelbe-Bohnen-Sauce mit dem Currypulver verrühren, über die Austernpilze gießen und 1 Stunde marinieren.

Die Spinatblätter in einer großen, flachen Salatschüssel anrichten. Die enthäuteten Paprikaschoten in nicht zu lange Streifen schneiden und auf den Spinatblättern verteilen.

Kurz vor dem Servieren die Austernpilze 3 Minuten in der Mikrowelle garen. Mit einem scharfen Messer dünne Scheibchen von dem Käse schneiden oder auf der Messerseite einer Gemüsereibe Käsespäne hobeln. Die Pilze mitsamt dem Saft zum Salat geben.

Das Sesamöl in einem kleinen Topf erhitzen. Sobald es heiß ist, den Essig unterrühren. Die gut durchgewärmte Sauce über den Salat gießen. Schnell vermischen, mit den Käsescheibchen bestreuen und sofort servieren.

Fernöstlicher Brokkolisalat

Schlichtheit par excellence: Dieser würzige Salat mit einem Hauch Fernost gehört mit Sicherheit bald zu den Gerichten, auf die Sie immer wieder gern zurückkommen. Wenn der violette Brokkoli gerade Saison hat, um so besser. Er ist ein prima Ersatz für den grünen Kalabrese. Geröstetes Sesamöl ist in asiatischen Lebensmittelläden erhältlich. Ein Stück frische Ingwerwurzel sollten Sie stets im Gefrierschrank vorrätig haben: Gefroren läßt sich Ingwer bequem reiben und ist zudem lange haltbar.

FÜR 4 PERSONEN

V

2,5 cm frische Ingwerwurzel, geschält und fein gerieben
1 kleines Bund frisches Koriandergrün, fein gehackt
5 EL geröstetes Sesamöl
1 kg Brokkoli
1 Zweig frisches Koriandergrün zum Garnieren

Für das Dressing den fein geriebenen Ingwer mit dem Koriandergrün und dem Öl mischen und beiseite stellen.

Vom Brokkoli die dicken Stiele abtrennen und für andere Zwecke zurückbehalten, zum Beispiel für Suppe oder Gemüsebrühe. Die Köpfe in Röschen zerteilen oder in Scheiben schneiden und 1–2 Minuten dämpfen, bis sie weich sind, aber noch nicht zerfallen. Von der Kochstelle nehmen und abkühlen lassen. Bei Verwendung von violettem Brokkoli die Röschen mitsamt dem Stiel 2–3 Minuten dämpfen und abkühlen lassen. ◈

Den kalten Brokkoli in dem Dressing wenden und auf einem Servierteller anrichten. Mit frischem Koriandergrün garnieren und bei Raumtemperatur servieren.

Suppen

Im Winter wärmen Suppen wunderbar den Magen, doch auch zu den übrigen Jahreszeiten sind sie nicht zu verachten. Deshalb enthält dieses Kapitel auch eine phantastische Frühlingssuppe sowie gleich mehrere Sommersuppen. Suppen lassen sich hervorragend einfrieren, und so koche ich immer gleich große Portionen auf einmal, wenn erntefrisches Gemüse angeboten wird, damit ich einen Vorrat für später habe. Große Joghurtbecher sind ideale Behältnisse zum Tiefgefrieren, da jeder Becher gut eine Portion Suppe faßt. Genießen Sie also die Vielfalt der jahreszeitlichen Genüsse, und verarbeiten Sie möglichst viel Gemüse aus kontrolliert-ökologischem Anbau.

Brokkolicremesuppe mit Blauschimmelkäse und Kreuzkümmel

Diese magenwärmende Suppe ist so einfach in der Zubereitung und trotzdem so herrlich aromatisch. Da Brokkoli ganzjährig angeboten wird, ist dies eine Suppe, die zu allen Jahreszeiten schmeckt. Nehmen Sie zur Abwechslung mal violetten Brokkoli.

Für 4 Personen

625 g Brokkoli
1,2 l Gemüsebrühe (Seite 218)
100 g reifer Stilton, zerkrümelt
2 TL Kreuzkümmel, im Mörser zerstoßen
2 EL Crème fraîche
Frisch gemahlener schwarzer Pfeffer

Den Brokkoli sehr weich dämpfen und grob hacken. Mit der Hälfte der Gemüsebrühe, dem Blauschimmelkäse und dem Kreuzkümmel in den Mixer füllen.

Die Zutaten kräftig durchmixen und nach und nach die restliche Brühe zugießen. Die Crème fraîche unterrühren und die Suppe mit Pfeffer würzen.

Brokkolicremesuppe, gekühlte Mandelsuppe (Seite 49) und Oliven-Focaccia (Seite 79).

Chinesische Suppe

Diese leichte und äußerst schmackhafte Suppe ist ideal als Auftakt eines dreigängigen Menüs. An kalten Tagen esse ich sie auch gern am Abend. Wer auf sein Gewicht achten muß, wird von dieser Zubereitung begeistert sein, denn sie ist sättigend und trotzdem kalorienarm.

FÜR 4 PERSONEN

V

1,2 l Gemüsebrühe (Seite 218)
3 mittelgroße Frühlingszwiebeln, geputzt und in feine Ringe geschnitten
175 g kleine Champignons, feinblättrig geschnitten
2,5 cm frische Ingwerwurzel, angedrückt
50 g Reisnudeln
1 Spritzer Zitronensaft
1–2 EL Sojasauce
Gehacktes Koriandergrün zum Garnieren

Die Gemüsebrühe in einem großen Topf zum Kochen bringen. Die Frühlingszwiebeln, die Champignons und den Ingwer zugeben, die Hitzezufuhr reduzieren und die Flüssigkeit 3–4 Minuten sanft köcheln lassen. Die Reisnudeln einstreuen, den Topf von der Kochstelle nehmen und die Nudeln 5 Minuten bei aufliegendem Deckel garziehen lassen. Die Suppe mit Zitronensaft und Sojasauce abschmecken und den Ingwer herausnehmen.

Die heiße Suppe in Suppenschalen füllen und mit gehacktem Koriandergrün bestreuen.

Spinat-Zucchini-Suppe mit Knoblauch-Croûtons

Diese delikate Suppe besticht durch ihr feines Aroma und die wunderschöne grüne Farbe. Mit aufgebackenem Vollkornbrot wird daraus ein vollwertiges Mittagessen.

FÜR 4 PERSONEN

250 g frischer Spinat
500 g Zucchini
50 g Butter oder Margarine
1 kleine Zwiebel, geschält, in feine Scheiben geschnitten und anschließend gehackt
3 EL Vollkornmehl
1,2 l Gemüsebrühe (Seite 218)
4 EL frische Sahne, nach Belieben auch entrahmte Kuhmilch oder Sojamilch
Meersalz, frisch gemahlener schwarzer Pfeffer und geriebene Muskatnuß
4 Zweige Majoran zum Garnieren
Knoblauch-Croûtons (hergestellt aus 2–3 Scheiben Brot, Seite 218) zum Bestreuen

Den Spinat waschen, tropfnaß aufkochen und in 3–4 Minuten zusammenfallen lassen. Gründlich abtropfen lassen. Die Zucchini dämpfen, bis sie weich sind (in der Mikrowelle etwa 4–5 Minuten), abkühlen lassen.

Die Butter oder Margarine zerlassen und die Zwiebel darin bei sehr milder Hitze in 5 Minuten glasig dünsten. Das Mehl unterrühren und unter kräftigem Rühren anschwitzen. Nach und nach die Hälfte der Gemüsebrühe zugießen und rühren, bis eine glatte Mehlschwitze entstanden ist. Zum Kochen bringen und 6–7 Minuten sanft köcheln lassen, damit die Stärke im Mehl genug Zeit zum Ausquellen hat.

Den Spinat und die Zucchini mit der restlichen Gemüsebrühe im Mixer pürieren. Dieses Püree unter ständigem Rühren mit der Mehlschwitze vermischen. Die Sahne einrühren und die Suppe mit Meersalz, frisch gemahlenem schwarzem Pfeffer und Muskatnuß abschmecken.

Die fertige Suppe in Suppentassen füllen, in die Mitte je einen Majoranzweig legen und eine Handvoll Knoblauch-Croûtons darüber streuen.

TOFU

Tofu wird aus Sojamilch unter Zugabe eines Gerinnungsmittels hergestellt und anschließend in Form gepreßt. Er ist weiß, neutral im Geschmack und läßt sich daher beliebig würzen. Seidentofu enthält den größten Wasseranteil und ist sehr weich. Japanischer Tofu ist mittelfest. Chinesischer Tofu ist am trockensten, von käseähnlicher Konsistenz. Neben Tofu natur wird auch geräucherter Tofu und Tofu mit Kräutern angeboten. Tofu ist ein preiswerter Eiweißlieferant, der auch Eisen, Calcium und Vitamine der B-Gruppe enthält, dafür aber so gut wie kein Fett. Tofu macht Suppen und Saucen cremiger, ohne daß daraus Kalorienbomben werden.

Feurige Mais-Paprika-Suppe

Eine wunderbar wärmende Suppe an kalten Tagen. Sie wird mit Milch anstelle von Brühe zubereitet, wodurch sie eine sehr samtige Konsistenz bekommt. Die aromatische Suppe ist zum Tiefgefrieren bestens geeignet.

FÜR 4 PERSONEN
(mit Sojamilch)

1,2 l entrahmte Kuhmilch oder Sojamilch
1 mittelgroße Zwiebel, geschält und fein gewürfelt
1 Lorbeerblatt
4 Zweige Petersilie
1 großer Zweig Thymian
8 Pfefferkörner
1 große rote Paprikaschote
350 g Tomaten
2 Dosen Zuckermais (je 500 g)
Meersalz und Chilipulver
Schnittlauchröllchen zum Garnieren

Die Milch mit der Zwiebel, dem Lorbeerblatt, der Petersilie, dem Thymian und den Pfefferkörnern zum Kochen bringen. Den Herd ausschalten und bei aufliegendem Deckel ½ Stunde ziehen lassen.

Die Paprikaschote vierteln, Samen und Scheidewände entfernen. Mit der Haut nach oben unter den heißen Grill schieben, bis die Haut Blasen wirft und schwarz wird. Anschließend im geschlossenen Topf in 2–3 Minuten weich dämpfen oder in der Mikrowelle garen. Abkühlen lassen, enthäuten und grob hacken.

Die Tomaten mit kochend heißem Wasser übergießen und einige Minuten stehen lassen. Mit einem scharfen Messer einritzen und die Haut abziehen. Das Fruchtfleisch grob hacken.

Paprika, Tomaten und Mais in den Mixer füllen, die abgeseihte Milch zugießen und alles fein pürieren. Die Suppe mit Meersalz und Chilipulver abschmecken. In Suppentassen verteilen und mit Schnittlauchröllchen bestreuen.

Gekühlte Mandelsuppe

Mit dieser Suppe können Sie an heißen Sommertagen oder auf feinen Partys glänzen. Erlesen im Geschmack, verbindet sie einzigartige und ungewöhnliche Aromen. Reichen Sie dazu die Oliven-Focaccia von Seite 79, und der Genuß ist perfekt.

FÜR 3–4 PERSONEN

175 g blanchierte Mandeln
100 g Vollkornbrot, entrindet
1–2 Knoblauchzehen, geschält und zerdrückt
Saft von ½ Zitrone
4 EL natives Olivenöl extra
900 ml kalte Gemüsebrühe (Seite 218)
25 g Mandelblättchen, geröstet (Seite 57)
4 Zweige frische Minze zum Garnieren

Die Mandeln in der Küchenmaschine fein vermahlen. Das Brot in kaltem Wasser einweichen und ausdrücken. Mit dem Knoblauch und dem Zitronensaft zu den Mandeln geben und in der Küchenmaschine zu einer glatten Paste verarbeiten.

Bei laufender Maschine das Öl in dünnem Strahl zugießen. Sobald eine homogene Mischung entstanden ist, die Hälfte der Brühe zugießen und wieder glatt rühren. In eine Suppenschüssel gießen und die restliche Brühe unterrühren. Die Suppe gut durchkühlen lassen.

Zum Servieren die Suppe in Tassen füllen, mit gerösteten Mandelblättchen bestreuen und mit einem Minzezweig garnieren.

Sommerliche Zucchini-Curry-Suppe

Eine tolle Art, Zucchini zuzubereiten: das feine Gemüse mal mit Curry würzen. Nun können Sie der jährlichen Zucchinischwemme getrost entgegensehen, denn diese Suppe läßt sich prima einfrieren.

FÜR 4 PERSONEN
(mit Margarine) V

750 g Zucchini
40 g Butter oder Margarine
1 große Zwiebel, geschält und in feine Scheiben geschnitten
Currymischung aus ganzen Gewürzen: je 1 TL Kreuzkümmel, Koriandersamen und Senfkörner; außerdem 4 Nelken und ¼ TL Kardamomkapseln
Currypulver: je ½ TL gemahlener Zimt und Kurkuma, ¼ TL Cayennepfeffer
1 cm frische Ingwerwurzel, geschält und fein gerieben
600 ml Gemüsebrühe (siehe Seite 218)
Meersalz
Koriandergrün zum Garnieren

Die Zucchini 5–6 Minuten im Topf dämpfen oder 7–8 Minuten auf höchster Stufe in der Mikrowelle garen.

Die Butter oder Margarine in einem großen Topf zerlassen und die Zwiebelscheiben darin bei schwacher Hitze glasig dünsten.

Die ganzen Gewürze im Mörser fein zerreiben. Schalenreste entfernen und wegwerfen. Die Gewürze für das Currypulver vermischen. Die zerstoßenen Gewürze mit dem Currypulver und dem geriebenen Ingwer gründlich unter die Zwiebeln mischen.

Die gegarten Zucchini hacken und unter die Mischung rühren. 5 Minuten kochen lassen, dann die Brühe zugießen. Den Deckel auflegen und 8–10 Minuten sanft köcheln lassen, bis das Gemüse sehr weich ist.

Im Mixer pürieren und mit Salz abschmecken.

Die fertige Suppe in Tassen füllen und – mit Koriandergrün garniert – servieren.

FRISCHE KRÄUTER ALS GARNITUR

Außerhalb der Saison sind frische Kräuter nicht nur teuer, sondern es fehlt ihnen auch an Geschmack und Aroma. Aus diesem Grund bleibt es Ihnen überlassen, ob Sie die hier genannten Speisen damit garnieren. Ich gehe im Frühling und Sommer stets verschwenderisch mit frischen Kräutern um, geben sie doch dem Essen einen Hauch von Eleganz. Die Anzucht von Kräutern ist übrigens kinderleicht, ob im eigenen Garten oder in Töpfen auf der Fensterbank. Und es lohnt sich, denn abgesehen von der Aromafülle sehen die Pflanzen auch hübsch aus.

Topinambursuppe

Schlichtheit pur. Ein absoluter Renner in den Wintermonaten. Ich liebe den Geschmack von Topinambur, und in dieser Suppe ist er konzentriert. Die Knollen schäle ich nicht, denn ein Großteil der Nährstoffe sitzt direkt unter der Schale.

FÜR 4 PERSONEN

1 kg Topinambur, gewaschen
1,2 l Gemüsebrühe (Seite 218)
5 EL Crème fraîche
Meersalz und frisch gemahlener schwarzer Pfeffer
Fein gehackte Petersilie zum Garnieren

Die Topinamburs mit Wasser aufsetzen und im geschlossenen Topf sanft köcheln, bis die Knollen durch und durch weich sind. In der Kochflüssigkeit abkühlen lassen, dann abgießen.

Die Knollen mit der Hälfte der Brühe im Mixer pürieren, nach und nach die restliche Brühe zugießen. Die Crème fraîche unterrühren und die Suppe mit Salz und Pfeffer abschmecken.

In Suppentassen verteilen und mit gehackter Petersilie bestreuen.

Kürbissuppe mit Greyerzer

Diese herrlich cremige Suppe wärmt den Magen und sättigt obendrein, ist also genau das Richtige für kalte Winterabende. Reichen Sie dazu aufgebackenes Vollkornbrot, und Sie haben eine vollständige Mahlzeit.

FÜR 4–6 PERSONEN

1 kg Speisekürbis (z. B. Gartenkürbis, Butternut, Türkenturban, Squash usw.)
40 g Butter oder Margarine
1 mittelgroße Zwiebel, geschält und fein gehackt
1,2 l Gemüsebrühe (Seite 218)
Meersalz und frisch gemahlener schwarzer Pfeffer
75 g Greyerzer, fein gerieben
Gehackte Petersilie oder Schnittlauchröllchen zum Garnieren

Den Kürbis halbieren, die Kerne und anhängende Fasern mit einem Löffel herausschaben und die Kürbishälften mit der Schnittfläche nach unten auf ein leicht gefettetes Backblech legen. Bei 200 °C in den Ofen schieben und etwa 1 Stunde backen, bis das Fruchtfleisch weich ist. Oder die Kürbishälften in der Mikrowelle 10–15 Minuten auf höchster Stufe garen. Abkühlen lassen, schälen und das Fruchtfleisch hacken.

Die Butter oder Margarine in einem großen Topf oder einer Kasserolle zerlassen und die Zwiebel darin etwa 5 Minuten bei schwacher Hitze glasig dünsten. Das Kürbisfleisch und die Hälfte der Brühe zugeben, zum Kochen bringen und bei halb aufliegendem Deckel 15–20 Minuten sanft köcheln lassen.

Den Topfinhalt in der Küchenmaschine fein pürieren und mit der restlichen Brühe verdünnen. Mit Salz und frisch gemahlenem schwarzem Pfeffer abschmecken, den geriebenen Käse unterrühren. Die Kürbissuppe mit gehackter Petersilie oder Schnittlauchröllchen garnieren und zu Tisch bringen.

Würzige Möhren-Orangen-Suppe

Eine Suppe, die durch ihre herrliche Frische besticht und zusätzliche Würzmittel überflüssig macht. Sie kann zu jeder Jahreszeit zubereitet werden, schmeckt jedoch am besten mit frischen Möhren aus kontrolliert-ökologischem Anbau, die mittlerweile fast überall erhältlich und in bezug auf die Qualität besser als herkömmliche Ware sind.

FÜR 4–6 PERSONEN

40 g Butter oder Margarine
3 mittelgroße Zwiebeln, geschält und in feine Scheiben geschnitten
500 g Möhren, geschrubbt und in Scheiben geschnitten
600 ml Gemüsebrühe (Seite 218)
Saft und abgeriebene Schale von 1 unbehandelten großen Orange
150–300 ml entrahmte Kuhmilch oder Sojamilch
Fein gehackte Minze zum Garnieren

Die Butter oder Margarine in einem Topf zerlassen und die Zwiebelringe darin im geschlossenen Topf bei schwacher Hitze 10 Minuten dünsten, bis sie weich und leicht süßlich sind. Die Möhrenscheiben unterrühren, bis sie von einem Fettfilm überzogen sind. 3–4 Minuten weitergaren.

Die Brühe zugießen und im geschlossenen Topf 15 Minuten sanft köcheln lassen. Die abgeriebene Orangenschale einrühren und den Topfinhalt etwas abkühlen lassen, den Orangensaft zugießen.

In der Küchenmaschine fein pürieren und mit der Milch zur gewünschten Konsistenz verdünnen.

Die Suppe nochmals kurz erhitzen und mit gehackter Minze garnieren.

Frühlingssuppe mit Crème fraîche

Diese appetitliche Suppe wird mit Frühgemüse zubereitet und erhält zusätzliche Frische durch die abgeriebene Schale und den Saft einer Zitrone. Das Basilikum-Knoblauch-Brot von Seite 81 dazu reichen.

FÜR 6 PERSONEN

CRÈME FRAÎCHE

Crème fraîche ist ein spezieller Sauerrahm. Dafür wird frische Sahne mit Milchsäurebakterien gesäuert und durch Wasserverdampfen auf einen Fettgehalt von 30–40 Prozent gebracht. Das fertige Produkt schmeckt leicht säuerlich, ist standfest und bleibt länger frisch als frische Sahne – im Kühlschrank durchschnittlich 10–14 Tage. Crème fraîche ist wegen ihrer zarten, fast lieblichen Säure insbesondere in der französischen Küche eine häufig verwendete Zutat, die mit pikanten wie mit süßen Speisen gut harmoniert. Sie ist zwar fetthaltiger als frische Sahne, enthält dafür aber mehr Eiweiß und bedeutend weniger Fett als Crème double.

40 g Butter oder Margarine
1 mittelgroße Zwiebel, geschält und gehackt
175 g kleine Frühkartoffeln, gewaschen und gewürfelt
100 g Lauch, in Ringe geschnitten
175 g kleine Möhren, in Scheiben geschnitten
250 g Zucchini, in Scheiben geschnitten
100 g frische Erbsen
100 g Spinat, gewaschen (oder je 50 g Spinat und Sauerampfer)
1,2 l Gemüsebrühe (Seite 218)
1 kleines Bund frische Minze
Abgeriebene Schale von 1 unbehandelten Zitrone
15 g Maismehl
2 Eigelb
90 ml Crème fraîche oder frische Sahne
Saft von ¼ Zitrone
Meersalz und frisch gemahlener schwarzer Pfeffer
Schnittlauchröllchen zum Garnieren

Die Butter oder Margarine in einem großen Topf zerlassen und die Zwiebel darin im geschlossenen Topf bei schwacher Hitze in 6–8 Minuten glasig dünsten. Das gesamte vorbereitete Gemüse gründlich untermischen und bei aufliegendem Deckel 8 Minuten garen. Die Brühe zugießen und 10 Minuten köcheln lassen. In der Küchenmaschine fein pürieren und die gehackte Minze sowie die abgeriebene Zitronenschale unterrühren.

Das Maismehl sieben und mit den Eigelben glatt verrühren. Die Crème fraîche oder Sahne untermischen. In die pürierte Suppe einrühren und 5 Minuten sanft köcheln lassen, bis die Suppe eindickt. Zuletzt den Zitronensaft zufügen und die Suppe mit Salz und schwarzem Pfeffer abschmecken. Mit Schnittlauchröllchen bestreuen und servieren.

Rote-Bete-Suppe

Einfacher ist eine Suppe kaum zuzubereiten: Frisch gekochte Rote Beten werden einfach püriert und mit Dill und einem Klecks Joghurt serviert. Rote Bete ist ein echtes Feinschmeckergemüse, das häufig unterschätzt wird. Auch farblich ist diese Suppe sehr ansprechend: Das Purpurrot verwandelt sich in ein leuchtendes Pink, sobald der Joghurt untergerührt wird.

FÜR 4 PERSONEN (ohne Joghurt) V

1,5 kg Rote Bete
600 ml Gemüsebrühe (Seite 218)
Gehackter Dill oder Kerbel zum Garnieren
4 EL Naturjoghurt

Die Roten Beten nur vorsichtig säubern, ohne die Schale zu verletzen, sie würden sonst beim Kochen ausbluten. Die Rüben in einem großen Topf mit kaltem Wasser bedecken, zum Kochen bringen und 50–60 Minuten sanft köcheln lassen, bis sie weich sind. Bei kleineren Exemplaren verkürzt sich die Garzeit entsprechend. Im Kochwasser abkühlen lassen, herausnehmen und pellen.

Grob hacken und im Mixer pürieren. Mit der Brühe verdünnen, bis eine Suppe von leicht körniger Konsistenz entstanden ist, die nicht zusätzlich gewürzt werden muß.

In vier Suppentassen verteilen und mit Dill oder Kerbel bestreuen. Je einen Löffel Joghurt in die Mitte setzen und servieren.

Wintergemüsesuppe

Diese Suppe erfordert Zeit. Die einzelnen Zutaten ergeben eine stattliche Gemüsemenge und damit eine Riesenportion Suppe. Da sie sich gut einfrieren läßt, lohnt sich der »Großeinsatz«.

FÜR 8 PERSONEN

V

75 g getrocknete Cannellini-Bohnen
75 g getrocknete Kichererbsen
1 Zwiebel, halbiert
1 Zweig Rosmarin
1 Lorbeerblatt
50 g frische Ingwerwurzel, halbiert und angedrückt
100 g Pastinaken, in feine Streifen geschnitten
250 g Steckrüben, in feine Streifen geschnitten
300 g Meerkohl oder Weißkohl, in Streifen geschnitten
175 g Rote Bete, in feine Streifen geschnitten
250 g Möhren, in feine Streifen geschnitten
250 g Lauch, in Ringe geschnitten
1–2 Würfel Gemüsebrühe (nach Belieben)
500 g Kartoffeln, geschrubbt

Die Hülsenfrüchte 6–8 Stunden oder über Nacht einweichen. Abgießen. Mit Zwiebel, Rosmarin, Lorbeerblatt und Ingwer in einem großen Topf mit kaltem Wasser bedecken, aufkochen und 45 Minuten sanft köcheln lassen.

In der Zwischenzeit alles Gemüse vorbereiten, das heißt gründlich waschen, aber nicht schälen, da die meisten guten Inhaltsstoffe direkt unter der Schale sitzen. Zum Zerkleinern – falls vorhanden – die feine Schneidescheibe in der Küchenmaschine verwenden; das spart viel Zeit! Die Gemüsestreifen zu den Hülsenfrüchten geben und weitere 30 Minuten köcheln lassen. Gegebenenfalls etwas Wasser zugießen, so daß das Gemüse bedeckt bleibt, und nach Belieben mit einem oder zwei Brühwürfeln abschmecken.

Währenddessen in einem zweiten Topf die Kartoffeln in 25–30 Minuten kochen, sie sollen sehr weich sein. Mit wenig Kochwasser im Mixer pürieren. Dieses nicht zu feste Püree zum Andicken unter die Suppe rühren, die Ingwerwurzel herausnehmen und gegebenenfalls nachwürzen.

GETROCKNETE KRÄUTER

Die Qualität von getrockneten Kräutern schwankt beträchtlich. Aufschluß über ihre Güte gibt das Aroma, deshalb empfiehlt es sich, vor dem Kauf kräftig daran zu schnuppern. Kräuter in Großpackungen besitzen manchmal kein Aroma mehr und sind zum Kochen daher völlig ungeeignet. Ich versuche mich dort mit Kräutern einzudecken, wo sie bekanntlich am besten gedeihen – im Mittelmeerraum. Aus dem Urlaub bringe ich sie tütenweise mit nach Hause.

Möhren-Linsen-Suppe mit Koriander

Ich mag diese Suppe an kalten Wintertagen, dazu gibt es das Sodabrot von Seite 80. Koriandergrün können Sie durch frische Minze ersetzen.

FÜR 4 PERSONEN

V

175 g rote Linsen, ½ Stunde eingeweicht
750 g Möhren (möglichst aus kontrolliert-ökologischem Anbau), geschrubbt und geputzt
1 große Zwiebel, in Scheiben geschnitten
1,2 l Wasser oder Gemüsebrühe (Seite 218)
1 EL gemischte Trockenkräuter
Salz und frisch gemahlener Pfeffer
1 großes Bund Koriandergrün, fein gehackt
4 Zweige Koriandergrün zum Garnieren

Die eingeweichten Linsen abtropfen lassen. Zusammen mit den Möhren und der Zwiebel in einem Topf mit dem Wasser oder der Brühe bedecken. Zum Kochen bringen und die getrockneten Kräuter zugeben. Im geschlossenen Topf 45 Minuten sanft köcheln lassen.

In der Küchenmaschine fein pürieren, mit Salz und Pfeffer abschmecken und zuletzt das gehackte Koriandergrün unterrühren.

In Suppentassen schöpfen und jeweils mit einem frischen Korianderzweig garnieren.

KRÄUTERMISCHUNGEN

»Kräuter der Provence« gehören zu den besten Kräutermischungen; griechischer Thymian und Majoran sind kaum zu überbieten; marokkanische und französische Märkte sind wahre Fundgruben für Kräuter.

Rote Paprika-Tomaten-Suppe

Eine herzhafte Suppe mit wunderschöner roter Farbe. Sie schmeckt ausgezeichnet – heiß wie kalt – und ist genau das Richtige für ein romantisches Souper zu zweit. Dazu reiche ich den Hefezopf von Seite 81.

FÜR 2–3 PERSONEN

Wenn Sie eine Suppe anreichern wollen, versuchen Sie es einmal mit Seidentofu, den Sie mit der Brühe zufügen. Er verleiht der Suppe eine cremige Konsistenz, ohne daß sie schwer wird. Tofu ist ein guter Eiweißlieferant und inzwischen in Reformhäusern und Bioläden in zahlreichen Varianten zu bekommen.

2 große rote Paprikaschoten
500 g reife Tomaten
3 EL Olivenöl
2 TL getrocknete Kräutermischung (z. B. Kräuter der Provence)
2 Gewürznelken
1 Lorbeerblatt, 1 Zweig Rosmarin
4 Knoblauchzehen, geschält und gehackt
1 mittelgroße Zwiebel, geschält und gehackt
1 Stange Lauch (nur das Weiße), gehackt
300 ml Gemüsebrühe (Seite 218)
1 TL Meersalz
150 ml Crème fraîche
Rosmarinzweige zum Garnieren

Die Paprikaschoten etwa 5–6 Minuten dämpfen oder in der Mikrowelle garen, bis das Fruchtfleisch weich ist. Kurz abkühlen lassen, Samen und Scheidewände entfernen und klein schneiden. Die Tomaten mit kochendem Wasser übergießen, 3–4 Minuten stehen lassen, mit einem scharfen Messer einritzen und die Haut abziehen.

Das Öl in einem Topf erhitzen und die Kräutermischung, die Nelken sowie das Lorbeerblatt darin bei schwacher Hitze 2 Minuten anrösten. Den Rosmarinzweig, den Knoblauch, die Zwiebel und den Lauch unterrühren und im geschlossenen Topf bei schwacher Hitze etwa 10 Minuten weich garen. Das Lorbeerblatt und den Rosmarinzweig herausnehmen und wegwerfen.

Tomaten und Paprika pürieren und mit den übrigen Zutaten im Topf gut verrühren. Die Brühe zugießen und salzen. Zugedeckt zum Kochen bringen und weitere 8–10 Minuten sanft köcheln lassen. Anschließend im Mixer fein pürieren.

Kurz vor dem Servieren die Crème fraîche unterrühren. Die heiße Suppe in Tassen füllen und mit einem kleinen Rosmarinzweig garnieren.

Französische Zwiebelsuppe

Diesen Klassiker unter den französischen Suppen habe ich zum ersten Mal in den 60er Jahren in Paris – in den damals noch existierenden Markthallen – gegessen, und die Erinnerung daran ist auch nach 30 Jahren noch lebendig. Mit frischem Baguette ergibt diese Suppe eine vollständige Mahlzeit. Wenn Sie sich also in die französische Metropole versetzen möchten, dann tun Sie es mit dieser Suppe.

FÜR 4 PERSONEN

4 große Gemüsezwiebeln, in dünne Ringe geschnitten
75 g Butter oder Margarine
900 ml Gemüsebrühe (Seite 218)
Meersalz und reichlich frisch gemahlener schwarzer Pfeffer
4 Scheiben Brot
250 g Beaufort, gerieben

Die Zwiebelringe in dem zerlassenen Fett bei schwacher Hitze im geschlossenen Topf etwa 30 Minuten dünsten, bis sie weich und süßlich sind; zwischendurch hin und wieder umrühren.

Die Brühe zugießen und 5–8 Minuten sanft köcheln lassen, mit Salz und Pfeffer abschmecken. Die Suppe in vier feuerfeste Suppentassen verteilen.

Die Brotscheiben entrinden und toasten. Je eine geröstete Scheibe auf die Suppe legen, mit geriebenem Käse bestreuen und unter den heißen Grill schieben, bis der Käse schmilzt und Blasen wirft.

Selleriesuppe mit Schalotten und Zitronengras

Eine feine Suppe mit einem exotischen Flair, die sich als Vorspeise für ein festliches Essen oder eine zwanglose Party anbietet. Dazu paßt die Knoblauch-Bruschetta von Seite 78.

FÜR 6–8 PERSONEN

4 Selleriestauden, grob gehackt
2 dicke Stengel Zitronengras, angedrückt
Schale von 1 unbehandelten Zitrone
2 Würfel Gemüsebrühe
250 g Schalotten, geschält und in hauchdünne Ringe geschnitten
50 g Butter
1 gehäufter EL Vollkornmehl
2 TL Sojasauce
75 g Mandelblättchen, geröstet (siehe Kasten)
Schnittlauchröllchen zum Garnieren

Den Staudensellerie mit dem Zitronengras und der Zitronenschale in einem großen Topf mit Wasser bedecken. Zum Kochen bringen und 30–40 Minuten sanft köcheln lassen, bis der Sellerie durch und durch weich ist.

Die Brühwürfel zerkrümeln, einrühren, vom Herd nehmen und 15 Minuten stehen lassen. Das Zitronengras und die Zitronenschale herausnehmen und wegwerfen. Den Staudensellerie mit etwas Kochflüssigkeit pürieren. Falls das Püree faserig ist, die Masse durch ein Sieb streichen.

Die Schalotten in der zerlassenen Butter bei kleinster Hitze im geschlossenen Topf glasig dünsten; gelegentlich umrühren. Nach 10–15 Minuten das Vollkornmehl einrühren und mit wenig Kochflüssigkeit eine Mehlschwitze herstellen. Zum Kochen bringen und 7–8 Minuten sanft köcheln, um die Stärke ausquellen zu lassen.

Das Selleriepüree sorgfältig unterrühren und mit Sojasauce abschmecken. Die Suppe mit der Kochflüssigkeit bis zur gewünschten Konsistenz verdünnen.

Kurz aufkochen lassen, mit gerösteten Mandelblättchen und Schnittlauchröllchen bestreuen und servieren.

MANDELBLÄTTCHEN RÖSTEN

Die Mandelblättchen auf einem Backblech ausbreiten und unter den nicht zu heißen Grill stellen. Sobald der Röstvorgang beginnt, regelmäßig wenden, damit sie nicht verbrennen. Wenn die Mandelblättchen goldbraun sind, das Backblech aus dem Ofen nehmen und die Mandeln auf dem Blech erkalten lassen.

Würzige Blumenkohlsuppe mit Linsen

Einfach und fix zuzubereiten ist diese überaus delikate Suppe, die in meiner Familie zu den absoluten Rennern zählt. Der proteinhaltige Tofu macht die Suppe besonders nahrhaft und nicht zuletzt so herrlich cremig.

FÜR 3–4 PERSONEN
(ohne Sahne oder Crème fraîche) V

1 mittelgroßer Blumenkohl
100 g rote Linsen
Meersalz
100 g Tofu
900 ml Gemüsebrühe (Seite 218)
1 EL Garam-masala-*Paste*
Frische Sahne oder Crème fraîche (nach Belieben)
Gehackter Kerbel zum Garnieren

Den Blumenkohl im Dampf weich garen und abkühlen lassen.

Die Linsen in einem Topf mit Wasser bedecken, aufkochen und 10 Minuten sanft köcheln lassen, bis sie zerfallen. Leicht salzen.

Den gedämpften Blumenkohl mit dem Tofu unter Zugabe von 600 ml Brühe in der Küchenmaschine pürieren. Die Garam-masala-Paste, dann die Linsen mit der restlichen Brühe unterrühren. Gegebenenfalls nachsalzen und etwas Sahne oder Crème fraîche unterziehen.

In Suppentassen füllen und mit gehacktem Kerbel bestreuen.

Eier und Käse

Das Schöne an Eiern ist, daß sie vielseitig zu verwenden, preiswert und schnell zuzubereiten sind. Außerdem sind Eier eine hervorragende Trägersubstanz für Kräuter und Gewürze, und so lassen sich im Handumdrehen sehr schmackhafte Mahlzeiten daraus zaubern.

Kürbissoufflé

Mit den Ofenkartoffeln von Seite 118 und dem Spinatsalat von Seite 198 wird dieses Soufflé zu einem feinen herbstlichen Mahl. Es sollte eine leichte Kruste bekommen – dafür müssen Sie die Souffléform vor dem Einfüllen gut einfetten und mit fein geriebenem Parmesan oder Pecorino ausstreuen.

Für 4 Personen

750 g Speisekürbis
25 g Butter oder Margarine
2 EL Mehl
125 ml entrahmte Kuhmilch oder Sojamilch
1 Eigelb
1 TL gemahlener Zimt
50 g Cheddar, gerieben
Salz
4 Eiweiß

Den Kürbis in Alufolie wickeln und im Backofen bei 190 °C etwa 1½ Stunden backen, bis das Kürbisfleisch weich ist. Unbedeckt abkühlen lassen, schälen und entkernen. Es sollten etwa 350 g Fruchtfleisch übrig bleiben. Das weiche Kürbisfleisch in einen Topf füllen und bei schwacher Hitze in 5–10 Minuten die meiste Flüssigkeit verdampfen lassen. Den Topf beiseite stellen.

Die Butter oder Margarine bei schwacher Hitze zerlassen, das Mehl einrühren und nach und nach die Milch zugießen, mit dem Schneebesen glatt rühren. 3–4 Minuten köcheln lassen, bis die Sauce schön sämig ist. Den Topf von der Kochstelle nehmen und das Eigelb einrühren. Das Kürbisfleisch, den Zimt und die Hälfte des Käses untermischen, mit Salz abschmecken.

Die Eiweiße steif schlagen. Einen Eßlöffel unter die Kürbismasse rühren, den restlichen Eischnee behutsam unterheben. Die Masse in eine vorbereitete Form füllen (Seite 60) und mit dem restlichen Käse bestreuen. ▷

30 Minuten bei 190 °C im Ofen backen, bis das Soufflé gut aufgegangen, in der Mitte aber noch feucht ist. Für die Garprobe ein Holzstäbchen in die Mitte stechen. Wenn nach dem Herausziehen des Stäbchens gerade noch ein wenig von der Masse daran haftet, ist das Soufflé fertig. Sofort servieren.

Abwandlung: Spinatsoufflé

Der obigen Rezeptanweisung folgen, jedoch mit folgenden Zutaten:

350 g frischer Spinat, gewaschen
15 g Butter oder Margarine
2 Schalotten, geschält und in Ringe geschnitten

Den tropfnassen Spinat in einem geschlossenen Topf bei mittlerer Hitze garen, bis er zusammenfällt, gründlich abtropfen lassen und hacken. In dem heißen Fett die Schalotten glasig dünsten und unter den gehackten Spinat rühren. Mit dem Zimt und der Hälfte des Käses unter die Sauce heben.

Eine Souffléform vorbereiten

Die geradwandige Souffléform sorgfältig mit zerlassener Butter oder Margarine ausstreichen und großzügig mit fein geriebenem Parmesan oder Pecorino ausstreuen, dabei die Form drehen und rütteln, bis die Oberfläche gleichmäßig überzogen ist. So entsteht eine schöne Kruste.

Eischnee schlagen

Damit ein Eischnee mit einem Maximum an Volumen entsteht, ist es unerläßlich, daß Schneebesen/Quirle und Schüssel absolut sauber und fettfrei sind. Sonst läßt sich das Eiweiß nicht schaumig und steif schlagen. Ein elektrisches Handrührgerät mit Quirlen ist ideal, um möglichst viel Luft unterzuschlagen. Aber es gelingt genausogut mit dem Schneebesen, nur Kraft- und Zeitaufwand sind höher.

Schlägt man Eiweiß zu lange, wird es körnig, und der Schnee verliert an Volumen. Korrekt geschlagener Eischnee ist glatt, und es bleiben weiche Spitzen stehen.

Käseomelett »Kookoo« mit Zucchini

Kookoo ist ein persisches Gericht, eine Art flaches Omelett, welches neben Eiern auch jede Menge Gemüse enthält und zum Servieren wie eine Torte aufgeschnitten wird. Mit seinen hübschen Grün- und Gelbtönen sieht dieses Omelett nicht nur appetitlich aus, sondern es schmeckt auch ganz phantastisch. Reichen Sie dazu einen Salat Ihrer Wahl (Seite 187–198).

Für 4 Personen

1 grüne Paprikaschote, geviertelt, Samen und Scheidewände entfernt
500 g Zucchini, geraspelt
4 Frühlingszwiebeln, fein gehackt
Salz und frisch gemahlener Pfeffer
3 EL gehackte Petersilie und Rosmarin, vermischt
5 Eier, verschlagen
175 g Cheddar, Lancashire oder Mozzarella, (nach Belieben fettreduziert), gerieben

Die Paprikaviertel mit der Haut nach oben unter den heißen Grill legen, bis die Haut schwarz wird und Blasen wirft. Abkühlen lassen, enthäuten und in feine Streifen schneiden. Mit den geraspelten Zucchini, den Frühlingszwiebeln, Salz, reichlich Pfeffer und den Kräutern sorgfältig vermengen.

Die Mischung unter die verquirlten Eier rühren. Die Hälfte der Masse in eine runde, feuerfeste Form füllen und mit dem geriebenen Käse bestreuen. Die restliche Masse darüber gießen und die Form mit Alufolie abdecken.

Bei 180 °C im Ofen 40 Minuten backen. Die Folie entfernen, die Temperatur auf 200 °C erhöhen und weitere 15 Minuten backen, bis die Oberfläche goldbraun und die Mitte knapp durchgebacken ist.

Brandteigkranz mit Pilzen in Safranmayonnaise

Dieser Kranz ist eine Anregung aus der französischen Küche (Gougère) und wahrlich ein Gedicht: Er sieht nicht nur toll aus, sondern schmeckt auch ganz ausgezeichnet. Der Kranz aus Käse-Brandteig wird hier mit einer safrangewürzten Pilzfarce gefüllt. Eine verlockende Speise, aber nicht ganz billig.

FÜR 4–6 PERSONEN

FÜR DEN BRANDTEIGKRANZ

Knapp 300 ml entrahmte Kuhmilch oder Sojamilch
50 g Butter oder Margarine, in kleine Stücke geschnitten
Salz und frisch gemahlener schwarzer Pfeffer
100 g Mehl, gesiebt
4 Eier
75 g Greyerzer, fein gewürfelt

FÜR DIE FÜLLUNG

230 ml Mayonnaise, möglichst selbst zubereitet (Seite 206)
10 Safranfäden
1–2 EL heißes Wasser
2 EL Crème fraîche
500 g kleine Champignons

Die Milch zum Kochen bringen, dann 1 Minute abkühlen lassen. Das Fett zugeben, salzen, pfeffern und die Milch erneut aufkochen lassen. Sobald das Fett geschmolzen ist, das auf ein Papier gesiebte Mehl auf einmal in die kochende Flüssigkeit schütten und kräftig mit einem Holzlöffel rühren, bis sich ein Mehlkloß gebildet hat, der sich von Topfboden und -rand löst und auf dem Boden eine weiße Haut hinterläßt.

Den Mehlkloß in die Rührschüssel der Küchenmaschine umfüllen und bei laufendem Gerät die Eier einzeln nacheinander unterrühren. Immer erst dann das nächste Ei zufügen, wenn das vorherige aufgenommen ist. Wenn der Teig glatt und glänzend aussieht und weich vom Löffel fällt, die Käsewürfel unterheben und den Teig abkühlen lassen.

Mit einem Eßlöffel Häufchen vom Teig abstechen und sie im Kreis dicht nebeneinander auf ein gefettetes Backblech setzen, so daß sie einen Kranz bilden; in der Mitte eine Öffnung von etwa 7,5 cm Durchmesser lassen. Eine zweite Reihe Häufchen obenauf setzen, bis die Masse aufgebraucht ist. Den Kranz bei 190 °C im Ofen 45 Minuten backen, bis er fest und goldbraun ist. Auf einem Kuchengitter auskühlen lassen.

In der Zwischenzeit die Mayonnaise zubereiten. Die Safranfäden in einer Tasse mit dem heißen Wasser übergießen und 10 Minuten ziehen lassen. Die Fäden mitsamt der Flüssigkeit unter die Crème fraîche und diese Mischung unter die Mayonnaise rühren.

Hinweis: Bei Verwendung von Safranpulver oder Kurkuma das Gewürz direkt – zusammen mit der Crème fraîche – unter die Mayonnaise rühren, je nach Geschmack 1–1½ Teelöffel. ◈

Die Champignons nur mit einem trockenen Tuch oder Küchenpapier säubern. In drei Portionen im Mixer zerkleinern (Seite 77), dabei das Gerät nicht zu lange laufen lassen, weil die Pilze sonst breiig werden.

Zum Servieren die Mayonnaise mit den klein gehackten Pilzen vermischen und bergartig in der Mitte des erkalteten Kranzes anrichten.

SAFRAN

Safran war und ist noch immer das teuerste Gewürz der Welt. Gewonnen wird es vom Safrankrokus, dessen drei Blütennarben, die getrocknet als Safranfäden in den Handel kommen, mühsam von Hand geerntet werden müssen, weil es hierfür keine mechanischen Vorrichtungen gibt. 4500 Blüten ergeben eine einzige Unze Safran (etwa 160 Blüten = 1 Gramm).

Kaufen Sie nach Möglichkeit Safranfäden, da das hierzulande angebotene Pulver oft verfälscht oder mit anderen Stoffen vermischt wird und somit nicht das reine, unverwechselbare Aroma von echtem Safran besitzt. Dennoch ist Safranpulver ein annehmbarer und relativ preiswerter Ersatz. In nordafrikanischen Ländern wie Marokko oder Ägypten ist gemahlener Safran von hervorragender Qualität.

Das Luxusgewürz verleiht den Speisen eine wunderschöne goldgelbe Farbe – ein kleiner Vorrat im Gewürzregal ist also im wahrsten Sinne des Wortes Gold wert.

ALTERNATIVE ZU SAFRAN

Die preiswerte Alternative zu Safran ist Kurkuma, auch Gelbwurz genannt, ein orangegelbes Pulver mit einem würzigen, fast scharfen Geschmack. Es wird gern für Reisgerichte verwendet und ist ein guter Ersatz in der Safranmayonnaise im nebenstehenden Rezept.

Südindische Curryeier

Ein Originalrezept von meiner indischen Freundin, deren Familie aus Bangalur stammt. Besagte Freundin ist eine vorzügliche Köchin, und das zeigt sich auch an der wundervollen Gewürzmischung, die sie für dieses Gericht verwendet. Reichen Sie dazu Reis oder Nudeln und einen knackigen Salat als Beilage.

FÜR 4–6 PERSONEN

4 EL Sonnenblumenöl
1 große Zwiebel, geschält und fein gehackt
3 Knoblauchzehen, geschält und zerdrückt
5 cm Ingwerwurzel, geschält und gerieben
2 EL gemahlene Mandeln oder Pinienkerne
½ TL Chilipulver
½ TL gemahlene Kurkuma
2 TL gemahlener Koriander
Etwas Wasser
50 g Kokosmilchpulver, aufgelöst in 350 ml Wasser
1 Dose geschälte Tomaten (400 g)
2 Lorbeerblätter
Salz
6 große hart gekochte Eier, geschält
Koriandergrün zum Garnieren

Das Öl in der Bratpfanne erhitzen und die Zwiebel darin zugedeckt bei schwacher Hitze in 10 Minuten glasig dünsten.

Knoblauch, Ingwer, gemahlene Mandeln oder Pinienkerne und die Gewürze mit wenig Wasser zu einer glatten Paste verrühren. Zu den Zwiebeln geben und 3–4 Minuten sanft köcheln. Die Kokosmilch zugießen.

Die Tomaten mit dem Saft und die Lorbeerblätter untermischen und 15 Minuten köcheln lassen, bis die Sauce eindickt und die Tomaten zerfallen. Mit Salz abschmecken. ◆

Die Eier längs halbieren und die Eihälften auf der Tomaten-Curry-Sauce anrichten, mit etwas Sauce beträufeln und mit Koriandergrün garnieren.

Lauch-Nudel-Timbale

Eine Timbale ist eine Art pikante Eier»kruste« (Becherpastete), die im Wasserbad im Ofen gegart wird, bis die Eimasse gestockt ist. Diese enthält als weitere Zutaten Lauch und Nudeln und schmeckt angenehm mild und delikat. Zusammen mit der leichten Tomaten-Basilikum-Sauce von Seite 174 wird daraus eine sättigende Mahlzeit am Abend.

FÜR 4–6 PERSONEN

100 g Eiernudeln
350 g Lauch, gewaschen und in Ringe geschnitten
4 Eier
150 ml saure Sahne
1 Bund Petersilie oder Estragon, fein gehackt
Salz, Pfeffer und Muskatnuß

Eine Souffléform sorgfältig ausbuttern. Die Nudeln nach Packungsanweisung kochen, gründlich abtropfen lassen und den Boden der Form damit auslegen.

Den Lauch in 10 Minuten weich dämpfen, abtropfen und abkühlen lassen. Mit den Eiern, der sauren Sahne und den Kräutern im Mixer fein pürieren, kräftig mit Salz und Pfeffer abschmecken und über die Nudeln gießen. ◈

Im Wasserbad (das heißt in der mit heißem Wasser gefüllten Fettpfanne des Ofens) 30–35 Minuten bei 170 °C im Ofen garziehen lassen, bis die Masse gestockt ist.

Brokkoli-Kartoffel-Frittata

Eine Frittata ist ein kuchenähnliches, dickes Omelett mit Gemüse, das in der Pfanne bei schwacher Hitze gebraten wird, bis die Eimasse stockt. Anstelle von grünem Brokkoli kann auch die violette Sorte verwendet werden. Die Frittata schmeckt heiß oder warm ausgezeichnet zu Salat und würzigen Nudeln. Reste kann man auch kalt essen, am besten am nächsten Tag auf einem Brötchen als kleine Zwischenmahlzeit.

FÜR 3–4 PERSONEN

2 Schalotten, geschält und fein gehackt
2 EL Olivenöl
250 g Brokkoli, in kleine Röschen zerteilt
175 g Kartoffeln (möglichst aus kontrolliert-ökologischem Anbau), geschält und klein gewürfelt
Salz und frisch gemahlener Pfeffer
4 Eier
50 g Cheddar oder Jarlsberg (ersatzweise Emmentaler), gerieben
15 g Butter oder Margarine
1–2 EL Parmesan oder Pecorino (Seite 122), fein gerieben
Etwas gehackte Minze zum Garnieren

Die Schalotten im heißen Öl anschwitzen. Sobald sie glasig werden, den Brokkoli und die Kartoffeln sorgfältig untermischen. Zugedeckt bei schwacher Hitze 12–15 Minuten dämpfen, bis das Gemüse bißfest gegart ist. Gegebenenfalls von Zeit zu Zeit etwas Wasser zugießen, damit die Zutaten nicht ansetzen. Mit Salz und Pfeffer abschmecken, dann leicht abkühlen lassen. ◈

Die Eier kräftig verschlagen, den Käse und das gegarte Gemüse unterrühren.

In einer schweren Bratpfanne das Fett erhitzen, bis es zischt. Die Eimasse in das rauchende Fett gießen und die Temperatur auf die kleinste Stufe zurückschalten. Den Deckel auflegen und das Omelett ganz langsam (in etwa 15 Minuten) garen, bis die Eimasse an der Oberseite gestockt – beinahe fest –, in der Mitte aber noch locker und feucht ist.

Das Omelett mit Parmesan oder Pecorino bestreuen und 1 Minute unter den heißen Grill schieben, bis die Oberfläche leicht gebräunt ist.

Die Frittata auf einen Teller gleiten und bis zum Servieren einige Minuten ruhen lassen, damit sich die ganze Aromafülle entfalten kann. Mit fein gehackter Minze bestreuen und zu Tisch bringen.

Eier »Foo Yong«

Dieses chinesische Eiergericht, das auf einem klassischen Rezept basiert und hier in vereinfachter Form vorliegt, schmeckt vorzüglich zu Butternudeln und einem gemischten Salat.

FÜR 2–3 PERSONEN

EIER
Die Frische der Eier ist ein entscheidendes Qualitätsmerkmal für ihre Verwendung in der Küche. Nach 2–3 Wochen gelten Eier als »alt«: Ihr Geschmack läßt nach, das Eiklar verliert seine Spannkraft, wird zunehmend wäßriger, und der Dotter zerläuft flach. Kaufen Sie nach Möglichkeit Eier von frei laufenden Hühnern. Eier sollten bei ihrer Verwendung möglichst Raumtemperatur haben, weil sie dann besser binden. Sie werden immer kühl und bei hoher Luftfeuchtigkeit aufbewahrt, jedoch nicht im Kühlschrank und abseits von stark riechenden Lebensmitteln, denn die porösen Schalen nehmen Fremdgerüche auf.

FÜR DIE SAUCE
100 g Pilze
100 g Erbsen
25 g Butter und Margarine
150 ml Gemüsebrühe (Seite 218)
Sojasauce

FÜR DIE EIER
4 Eier
3 Frühlingszwiebeln, in feine Ringe geschnitten
75 g Bohnensprossen, blanchiert und abgetropft
Salz und frisch gemahlener Pfeffer
2 EL Olivenöl

Für die Sauce die Pilze im Mixer fein hacken (Seite 77). Die Erbsen in kochendem Wasser in etwa 4 Minuten weich garen, abtropfen lassen.

Die Butter oder Margarine in einem Topf zerlassen und die fein gehackten Pilze darin etwa 5 Minuten dünsten, bis sie Saft ziehen. Die Erbsen unterrühren. Die Brühe zugießen und im Mixer fein pürieren. Mit Sojasauce abschmecken. ◈

Die Eier kräftig verschlagen, die Frühlingszwiebeln und die Bohnensprossen unterrühren. Mit Salz und Pfeffer abschmecken.

Das Öl in einer Bratpfanne stark erhitzen und die Mischung hineingießen. Das Gemüse mit einem Spatel langsam zur Mitte schieben und, sobald die Eimasse am Rand zu stocken beginnt, diese ebenfalls zur Mitte schieben.

So nach und nach fortfahren, bis ein dicker, runder Eierkuchen entstanden ist. Wenden und von der anderen Seite braten, bis die Eimasse auch in der Mitte fest geworden ist.

Auf einen vorgewärmten Teller stürzen und mit der Sauce servieren.

Pochierte Eier mit Zucchini und Crème fraîche

Das ist die elegante Art, pochierte Eier (siehe unten) zu servieren: mit delikat gewürzten Zucchini auf einem Nudelbett.

FÜR 4 PERSONEN

POCHIERTE EIER
In einem Topf oder einer tiefen Pfanne Wasser mit ein paar Tropfen Zitronensaft (oder Essig) zum Kochen bringen. Ein Ei in eine Tasse aufschlagen und von dort vorsichtig ins kochende Wasser gleiten lassen. Den Topf unverzüglich vom Herd nehmen und das Ei 3–4 Minuten garziehen lassen. Mit einer Schaumkelle herausheben.

100 g Eiernudeln
500 g Zucchini
1–2 TL grüne Garam-masala-*Paste*
200 ml Crème fraîche
Salz
4–6 Eier

Die Nudeln nach Packungsanweisung kochen, abtropfen lassen und den Boden einer mit Butter ausgestrichenen feuerfesten Form damit auslegen.

Die Zucchini dämpfen und abkühlen lassen. Längs in dünne Scheiben und diese in 2,5 cm lange Streifen schneiden.

Die Würzpaste unter die Crème fraîche rühren und die Zucchinistreifen unterheben. Die Mischung auf den Nudeln verteilen. ◈

In den kalten Ofen schieben und 10–12 Minuten bei 170 °C oder im vorgeheizten Ofen 6–9 Minuten erhitzen.

In der Zwischenzeit die Eier pochieren (siehe Kasten).

Zum Servieren die pochierten Eier auf die Zucchini setzen und sofort mit frischem, warmem Vollkornbrot verspeisen.

Tortilla oder spanisches Omelett

Ein ideales Abendessen. Das Wort Omelett stammt aus dem 17. Jahrhundert, ist abgeleitet vom Lateinischen lamella *und bedeutet »dünne Platte, Scheibe«. Bei diesem Rezept kommt jedoch ein dickes Omelett heraus, das schön aussieht und ausgezeichnet zu den Frühkartoffeln mit Kapern von Seite 118 paßt. Lassen Sie sich überraschen! Es wird das beste spanische Omelett sein, das Sie je gegessen haben.*

FÜR 2 PERSONEN

2 EL Olivenöl
½ rote Zwiebel, geschält und gehackt
1 Knoblauchzehe, geschält und gehackt
1 mittelgroßer bis großer Zucchino, in dünne Scheiben geschnitten
1 mittelgroße Kartoffel, in dünne Scheiben geschnitten
2 Tomaten, gehackt
150 g Aubergine, im Ganzen 3 Minuten in der Mikrowelle gegart oder 4–5 Minuten in Wasser gekocht, gewürfelt
½ TL getrockneter oder 1 EL frischer Oregano, gehackt
Salz und frisch gemahlener Pfeffer
2 Eier
1 Eiweiß

1 Eßlöffel Öl in einem mittelgroßen Topf erhitzen und die Zwiebel darin zugedeckt 5 Minuten bei schwacher Hitze weich dünsten, zwischendurch umrühren.

Den Knoblauch, die Zucchini- und Kartoffelscheiben gründlich unterheben und den Deckel wieder auflegen. Bei schwacher Hitze 7–8 Minuten dünsten, bis das Gemüse so eben gar, aber noch bißfest ist.

Die gehackten Tomaten mit den Auberginenwürfeln in den Topf geben. Den Oregano unterrühren, mit Salz und Pfeffer abschmecken und im geschlossenen Topf bei kleinster Hitze weiterköcheln lassen. ◈

Inzwischen die Eier und das Eiweiß verschlagen und mit Salz und Pfeffer würzen. Das restliche Öl in einer Omelettpfanne erhitzen. Die Eimasse nochmals kräftig verrühren, das gegarte Gemüse untermischen und in die Pfanne gießen. Bei mittlerer Hitze 4–5 Minuten braten. Unter dem heißen Grill 2–3 Minuten weitergaren, bis das Ei gestockt ist.

Die Tortilla auf eine Platte gleiten lassen und sofort servieren.

Eier Saint-Germain

Auf Erbspüree gebackene Eier sind eine delikate Speise, die einem französischen Rezept nachempfunden ist. Mit frischem Brot und einem Salat wird daraus ein Mittagessen, das trotz seiner Einfachheit seinesgleichen sucht.

FÜR 2 PERSONEN ALS VORSPEISE

250 g Erbsen
50 g Butter oder Margarine
Salz
2 Eier
Etwas gehackte Minze zum Garnieren

Die Erbsen, knapp mit Wasser bedeckt, zum Kochen bringen und in etwa 5 Minuten weich köcheln. Abtropfen lassen, etwas von der Kochflüssigkeit auffangen.

Die Erbsen mit etwas Kochflüssigkeit und einer Prise Salz im Mixer grob pürieren. Die Butter oder Margarine zugeben und nun fein pürieren. ◈

Das Erbspüree in zwei Porzellannäpfchen füllen, je ein Ei aufschlagen und auf das Püree gleiten lassen. Im Ofen etwa 6–8 Minuten bei 200 °C backen, bis das Ei leicht gestockt ist.

Zum Servieren mit etwas fein gehackter Minze bestreuen.

Pikante Käsetorte »Madame Recamier«

Diese klassische Käsetorte, der ein französisches Rezept zugrunde liegt, erhält durch die Käsehaube eine ganz besondere Note. Sie macht die Torte zum Glanzstück einer kleinen, aber feinen Abendgesellschaft. Reichen Sie dazu den Bohnen-Tomaten-Salat von Seite 189.

1 Tortenbodenform mit 20 cm Durchmesser, ausgelegt mit Mürbeteig (Seite 218) und blind gebacken (Seite 30)
2 Schalotten, geschält und in hauchdünne Scheiben geschnitten
1 kleines Bund Petersilie, fein gehackt
40 g Butter oder Margarine
25 g Vollkornmehl
300 ml entrahmte Kuhmilch oder Sojamilch
Salz und frisch gemahlener schwarzer Pfeffer
75 g Cheddar (nach Belieben fettreduziert), gerieben
2 Eier, getrennt
25 g fein geriebener frischer Parmesan oder Pecorino (Seite 122)

Die Schalottenscheiben und die gehackte Petersilie auf dem vorgebackenen Tortenboden verteilen.

Die Butter oder Margarine in einem Topf zerlassen und das Mehl ohne Farbe darin anschwitzen. Die Milch nach und nach zugießen und zu einer dicken Sauce verrühren. Bei kleiner Hitze 5 Minuten kochen lassen, mit Salz und Pfeffer abschmecken, den Cheddar unterrühren und bei schwacher Hitze 5 Minuten weiterkochen. Den Topf von der Kochstelle nehmen und die verquirlten Eigelbe unterrühren.

Die Masse in die vorbereitete Tortenform verteilen und 20 Minuten bei 190 °C im Ofen backen. 10 Minuten auf einem Kuchengitter abkühlen lassen.

Die Eiweiße zu Schnee schlagen und den geriebenen Parmesan oder Pecorino unterheben. Auf die Torte streichen, wieder in den Ofen schieben und weitere 10–15 Minuten bei 220 °C backen, bis die Oberfläche goldgelb und gar ist. Sofort servieren.

Der Nährwert von Käse

Käse ist eine wertvolle Eiweißquelle und enthält Calcium, Zink und Vitamin B_{12}. Dafür enthält er aber weder Kohlenhydrate noch Ballaststoffe und nur geringfügig Eisen. Ein zu hoher Käsekonsum sollte vermieden werden, da Käse reich an gesättigten Fettsäuren ist, die einen erhöhten Cholesterinspiegel zur Folge haben können.

Käse

Die meisten Käsesorten werden unter Verwendung von Lab hergestellt, einem Ferment aus dem Magen junger Kälber oder auch Schafe oder Ziegen. Lab ist ein Wirkstoff, der das Eiweiß der Milch ohne Säuerung zum Gerinnen bringt, das heißt in die frische Käsemasse – den Quark – und die Molke trennt und für die Herstellung der meisten Käsesorten unverzichtbar ist. Die Gentechnologie hat mittlerweile auch ein synthetisches Produkt hervorgebracht. Dabei handelt es sich um Enzyme, die von Mikroorganismen gebildet werden, sogenannte Labaustauschstoffe, die das Naturlab über kurz oder lang ersetzen werden.

Der körnige Frischkäse (Hüttenkäse) wird stets ohne Lab hergestellt – ebenso wie die meisten Frischkäse und Weichkäse (aber nicht alle). Mozzarella wird hin und wieder ohne Lab hergestellt. Gut sortierte Supermärkte haben auch vegetarische Varianten von Cheddar, Cheshire, Double Gloucester, Stilton, Brie, Blauschimmelkäse, Feta oder Ricotta im Angebot. Parmesan wird fast ausschließlich mit Naturlab hergestellt, obwohl die vegetarische Variante im Kommen ist.

Snacks, Dips und Brote

Wenn es einmal schnell gehen soll, oder wenn Sie keine Lust haben, stundenlang am Herd zu stehen, dann sind die hier vorgestellten Snacks eine prima Alternative. Sie schmecken der ganzen Familie, viele stehen auch bei Kindern hoch im Kurs. Trotz des geringen Aufwandes sind es durchweg delikate Speisen, viele unter reichlicher Verwendung von Kräutern und Gewürzen. So wird Kochen zu einer lohnenden Beschäftigung!

Die Dips sind vielseitig zu verwenden und dabei blitzschnell und einfach zuzubereiten. Sie können sie als kleine Zwischenmahlzeit reichen oder zum Aperitif vor dem Essen; mit Salat und knusprigem Brot ergeben sie auch ein leichtes Mittagessen. Dips sind sättigend und nahrhaft. Der Rote-Bohnen-Dip und der Cremige Bohnendip schmecken vor allem im Winter, während Tsatsiki, die griechische Joghurtcreme, an einem heißen Sommertag für optimale Erfrischung sorgt – entweder mittags im Schatten genossen oder abends zu einem Glas Wein.

Tsatsiki

Diese griechische Creme könnte ich jederzeit essen. Zubereitet mit griechischem Joghurt, Gurken aus kontrolliert-ökologischem Anbau und viel Knoblauch, kann man ihr kaum widerstehen.

Für 2–3 Personen

½ Salatgurke (ungeschält), grob geraspelt
175 g griechischer Joghurt (nach Belieben fettarm)
2 Knoblauchzehen, geschält und zerdrückt
Meersalz
Gehackte frische Minze

Die geraspelte Gurke auf Küchenpapier trockentupfen. Mit dem Joghurt mischen, den Knoblauch unterrühren und salzen. Kalt stellen. Mit gehackter Minze bestreuen und mit Pitta- oder Toastbrot servieren.

Tsatsiki und Kretische Käsecreme (Tirisalata, Seite 74).

Pikante Tarte Tatin

Durchforsten Sie Ihre Speisekammer und Ihren Gefrierschrank: Wenn Sie dabei auf eine Dose Ratatouille und ein Paket Blätterteig stoßen, haben Sie alles beisammen für einen der besten Snacks, den Sie je gegessen haben. Der Blätterteig läßt sich mit unzähligen Gemüsezubereitungen füllen, auch mit Resten vom Vortag; Lauch ist besonders zu empfehlen.

Für 3–4 Personen

Etwas Currypaste
1 Dose Ratatouille (400 g)
250 g Tiefkühl-Blätterteig, aufgetaut
1 Eigelb, verquirlt

Die Currypaste unter die Ratatouille rühren und gegebenenfalls klein gehackte Gemüsereste aus dem Kühlschrank untermischen. Die Masse in eine Tortenform von 23 cm Durchmesser füllen.

Den Blätterteig ausrollen und eine runde Teigplatte, die im Durchmesser etwa 2,5 cm größer ist als die Tortenform, ausschneiden. Als Teigdeckel auf die Gemüsemischung legen, rundum gut festdrücken und mit dem verquirlten Eigelb bestreichen.

Die Tarte im Ofen bei 220 °C etwa 20–30 Minuten backen, bis sie gut aufgegangen und goldbraun und knusprig ist. Die Form aus dem Ofen nehmen, mit einem Messer am Rand entlangfahren und die Tarte auf eine Platte stürzen. In Stücke schneiden und sofort servieren.

Focaccia mit Pesto, Tomaten und Mozzarella

Der Snack ist eine willkommene Abwechslung zum Sandwich- und Käsetoast-Allerlei – vor allem etwas luxuriöser, was die Zutaten betrifft, und wirklich ein Genuß. Probieren Sie einfach selbst!

Für 2 Personen

4 längliche Scheiben Focaccia (italienisches Fladenbrot), auf beiden Seiten gebuttert
Pesto
10–12 sonnengetrocknete Tomaten in Olivenöl
100 g Mozzarella, in Scheiben geschnitten

Die gebutterten Brotscheiben auf einer Seite mit etwas Pesto bestreichen. Die sonnengetrockneten Tomaten gleichmäßig darauf verteilen und mit Mozzarellascheiben belegen.

Die belegten Brote bei 190 °C im Ofen 5–10 Minuten überbacken, bis der Käse geschmolzen ist, und heiß servieren.

Italienische Brote

FOCACCIA
Die Ursprünge dieses Brotes gehen auf die alten Römer zurück. Schon damals wurde ein flaches Brot auf heißen Steinen über der Glut eines offenen Feuers gebacken. Focaccia, was denn auch »flaches Brot« bedeutet, wird heutzutage vornehmlich in Norditalien hergestellt, und zwar aus Hefeteig, der im Ofen gebacken wird. Focaccia ist in vielen Abwandlungen erhältlich: mit Oliven, Zwiebeln oder sonnengetrockneten Tomaten; andere Sorten enthalten aromatische Kräuter wie Rosmarin und Salbei.

PUGLIESE
Dieses Brot ist noch lockerer und großporiger als Ciabatta. Es wird von Hand zu einem runden Laib geformt. Der Teig wird mit feinstem Olivenöl (natives Olivenöl extra) bereitet. Mit Käse ist es ein Genuß ohnegleichen.

CIABATTA
Dieses knusprige, lockere Weißbrot wird oft mit ungebleichtem Weizenmehl gebacken. Seine unvergleichliche Beschaffenheit erhält es durch das Olivenöl, mit dem der Teig zubereitet wird. Das Brot besitzt ein zartes und angenehmes Aroma und schmeckt am besten warm. Ciabatta bedeutet »Hausschuh«, denn das Brot ist lang und flach wie ein solcher Schuh.

Knusprige Reisnudeln

Diesen Snack reiche ich gern zum Aperitif – und meine Gäste haben ihn im Nu weggeknabbert!

V

Reisnudeln (Vermicelli)
Erdnuß- oder Sonnenblumenöl zum Fritieren
Salz

Einen Topf oder eine tiefe Pfanne etwa 1 cm hoch mit Öl füllen und dieses stark genug erhitzen, um die Reisnudeln aufzublähen. Nach ein paar Minuten die Temperatur überprüfen. Dafür eine Reisnudel ins heiße Öl gleiten lassen; sie sollte augenblicklich knusprig werden und sich aufblähen.

Zum Fritieren kleine Nudelmengen in das heiße Öl geben und sehr kurz garen; zwischendurch wenden, damit sich alle Nudeln aufplustern. Nicht zu große Portionen auf einmal hineingeben, da die Nudeln ihr Volumen gewaltig vergrößern. Mit einem Schaumlöffel herausheben, sobald die Nudeln knusprig, aber noch nicht gebräunt sind. Auf Küchenpapier abtropfen lassen und leicht salzen.

Bis zum Verzehr auf kleinster Stufe im Ofen warm halten.

Knusprige »Algen«

Preiswerter geht's nicht! Ein knuspriger Knabberspaß, der Abwechslung in das Chip-Einerlei bringt.

V

Pro Person 1 großes Außenblatt von Kohl, zum Beispiel von Wirsing
Erdnuß- oder Sonnenblumenöl zum Fritieren
Fünfgewürzpulver
Salz

Die Mittelrippen aus den Kohlblättern herausschneiden. Die Blätter mit einem scharfen Messer in hauchdünne Streifen schneiden.

Öl in einem Topf oder einer tiefen Pfanne stark erhitzen (es sollte etwa 1 cm hoch im Topf stehen). Die Temperatur überprüfen und ein oder zwei Kohlstreifen ins heiße Öl gleiten lassen. Wenn sie im Nu knusprig werden und bräunen, ist das Öl heiß genug. Die Kohlstreifen portionsweise unter Wenden fritieren. Nicht zu lange im heißen Öl belassen, weil die Streifen sonst verbrennen.

Die fritierten Kohlstreifen mit dem Schaumlöffel herausheben und auf Küchenpapier abtropfen lassen. Mit Fünfgewürzpulver und Salz bestreuen und noch warm servieren.

FÜNFGEWÜRZPULVER

Dieses aromatische Pulver aus vermahlenen Fenchelsamen, Sternanis, Gewürznelken, Zimt und Sichuanpfeffer ist in gut sortierten Supermärkten und asiatischen Lebensmittelgeschäften erhältlich.

Pilzburger

Diese würzigen Burger sind eine köstliche Alternative zu den herkömmlichen Hamburgern – ein rundum gesundes Essen, das zu allen Jahreszeiten schmeckt!

ERGIBT 6 GROSSE BURGER

FÜR DIE PILZBURGER

350 g kleine Champignons oder Egerlinge
100 g frische Brotkrumen (Seite 42)
1 EL getrocknete Kräutermischung
2 Eigelb
Meersalz und frisch gemahlener schwarzer Pfeffer

ZUM SERVIEREN

6 weiche Brötchen, aufgeschnitten und gebuttert

Die Pilze im Mixer zerkleinern (Seite 77) oder mit einem scharfen Messer fein hacken. Mit den restlichen Zutaten vermischen und mit Salz und Pfeffer abschmecken. Von Hand flache Burger formen und auf ein gut gefettetes Backblech setzen.

Das Backblech unter den heißen Grill schieben und die Burger auf jeder Seite etwa 5 Minuten garen. Zum Servieren je einen Burger zwischen die gebutterten Brötchenhälften legen und Relishes nach Wahl dazu reichen.

Kretische Käsecreme (Tirisalata)

Eine ideale Zwischenmahlzeit oder Vorspeise. Es war in einem kleinen Bergdorf auf Kreta, wo ich diese köstliche Creme zum ersten Mal gegessen habe. Und wann immer ich sie jetzt zubereite, werden die Erinnerungen wach an die sonntäglichen Mittagsmahle im Schatten einer kleinen Taverne.

FÜR 3–4 PERSONEN

75 g Feta, zerkrümelt
75 g fettarmer körniger Frischkäse
4 EL Olivenöl
1 kleines Bund frischer Oregano oder Majoran, fein gehackt

Alle Zutaten im Mixer zu einer homogenen Masse von recht fester Konsistenz verarbeiten.

Die Creme mit der Knoblauch-Bruschetta von Seite 78 sowie mit rohen Baby-Möhren und Staudensellerie reichen.

Mexikanisches Tomatenrelish

Diese einfache Salsa-Variante ist in Minutenschnelle zubereitet.

FÜR 3–4 PERSONEN

V

4 mittelgroße Tomaten, enthäutet (Seite 30) und grob gehackt
1/4 kleine Zwiebel, gehackt
1/4–1/2 frische grüne Chilischote, gehackt
1 EL gehackte Petersilie oder Kerbel
Salz

Alle Zutaten im Mixer zu einer geschmeidigen Sauce verarbeiten. Vor dem Servieren erwärmen.

Würziges Rührei mit gebratenem Brot

Eine feine und ungewöhnliche Rührei-Zubereitung, die mit einem Tomaten-Zwiebel-Salat zum perfekten leichten Abendessen wird.

Für 2 Personen

4 dünne Scheiben Kastenbrot
Sonnenblumenöl
2 EL Olivenöl
½ Zwiebel, sehr fein gehackt
Je 1 TL gemahlener Kreuzkümmel, Koriander und Kardamom
Je ½ TL Kurkuma und Cayennepfeffer
4 Eier, mit Salz verschlagen

Die Brotscheiben entrinden und die Scheiben diagonal durchschneiden, so daß je zwei Dreiecke entstehen. Etwas Sonnenblumenöl in einer Bratpfanne erhitzen und die Brotdreiecke auf beiden Seiten goldbraun und knusprig braten. Das Brot auf Küchenpapier abtropfen lassen und warm halten.

Das Olivenöl in einem kleinen Topf erhitzen und die Zwiebel darin zugedeckt bei kleinster Hitze etwa 10 Minuten dünsten, bis sie weich ist. Die Gewürze zugeben und 3–4 Minuten ständig rühren. Auf Mittelhitze heraufschalten, die verschlagenen Eier hineingießen und stocken lassen. Dabei gelegentlich rühren, damit sich das stockende mit dem noch flüssigen Ei mischt.

Sofort auf vorgewärmten Tellern anrichten und mit dem gebratenen Brot umlegen.

Champignon-Sandwich

Es sind die einfachen Dinge im Leben, die zählen. Wer würde ein Champignon-Sandwich darunter verstehen? Testen Sie's! Veganer lassen den Käse weg und verwenden statt dessen einen rein pflanzlichen Brotaufstrich.

Ergibt 8 sättigende Sandwiches

350 g frische Champignons, feinblättrig geschnitten
8 Scheiben frisches Vollkornbrot
175 g Ricotta oder fettarmer Frischkäse
Meersalz und frisch gemahlener schwarzer Pfeffer

Die Pilze in der Mikrowelle oder in einem Topf mit Dämpfeinsatz in etwa 3 Minuten weich garen. Völlig erkalten lassen und mit Küchenpapier trockentupfen.

Die Brotscheiben entrinden und großzügig mit Ricotta oder einem anderen Frischkäse bestreichen. Die Pilze auf vier Brotscheiben verteilen und mit den restlichen vier Scheiben bedecken. Die Sandwiches halbieren und genüßlich verspeisen.

Guacamole

Dieser allseits beliebte mexikanische Dip ist schnell zubereitet und eine wohlschmeckende Füllung für Tacos (Seite 86).

Für 4–6 Personen

2 große, reife Avocados, püriert
2 Tomaten, enthäutet (Seite 30), gewürfelt
1 kleine rote Chilischote, in feine Ringe geschnitten
Nach Belieben 1 Knoblauchzehe und 4 Frühlingszwiebeln, fein geschnitten
Saft von 1 großen Zitrone
Meersalz, frisch gemahlener schwarzer Pfeffer

Alle vorbereiteten Zutaten zu einem weichen Püree vermischen. Mit Zitronensaft, Salz und Pfeffer abschmecken.

Räucherkäse-Knoblauch-Dip

Der geräucherte Käse verleiht dem Dip ein unvergleichliches Aroma. Appetitlich ist auch die Konsistenz, der Knoblauchduft unwiderstehlich. Der Dip schmeckt ausgezeichnet mit Toast, Brötchen oder Rohkost.

FÜR 4–6 PERSONEN

100 g Räucherkäse, gerieben
175 g Speisequark oder fettarmer Frischkäse
100–150 ml Olivenöl
2 Knoblauchzehen, geschält und zerdrückt
Frisch gemahlener schwarzer Pfeffer

Den geriebenen Käse mit dem Frischkäse vermischen. Das Olivenöl mit dem Handrührgerät einarbeiten, dabei das Öl in dünnem Strahl zulaufen lassen und zu einer glatten Creme rühren. Den Knoblauch zugeben und erneut kräftig durchmixen. Mit schwarzem Pfeffer abschmecken.

Rote-Bohnen-Dip mit Käse

Ein Dip in ungewohnter Kombination, aber sehr schmackhaft, allseits beliebt und vielseitig zu verwenden – kalt als Vorspeise mit Tortilla-Chips oder mit Staudensellerie oder anderer Rohkost, heiß zu Ofenkartoffeln.

FÜR 3–4 PERSONEN

250 g Kidney-Bohnen aus der Dose
70 ml saure Sahne
2 EL Tomatenpüree
2 Knoblauchzehen, geschält und zerdrückt
½ TL Chilipulver
1 TL gemahlener Kreuzkümmel
40 g fein geriebener Cheddar (nach Belieben fettarm)
Salz

Die Bohnen abtropfen lassen, abspülen und in den Mixer füllen. Die restlichen Zutaten zugeben und alles zu einer geschmeidigen Creme mixen. Mit Salz abschmecken.

Cremiger Bohnendip mit Kreuzkümmel

Ein Traum! Genießen Sie diesen einfachen Dip mit Salat auf Pittabrot oder zu Rohkost. Sie werden begeistert sein.

FÜR 4 PERSONEN

250 g Cannellini-Bohnen aus der Dose, abgetropft
100 g griechischer Joghurt (nach Belieben fettarm)
3 EL Mayonnaise
2 TL gemahlener Kreuzkümmel
Zerdrückter Knoblauch
½ TL Meersalz

Wasser in einem Topf zum Kochen bringen und die Bohnen darin 12–15 Minuten bei milder Hitze kochen, bis sie durch und durch weich sind. In einem Sieb abtropfen und abkühlen lassen, anschließend im Mixer fein pürieren.

Die restlichen Zutaten beigeben und zu einem weichen Püree verarbeiten. Eventuell nachsalzen. Bis zum Servieren gut durchkühlen lassen.

Peruanische Gemüseküchlein

Meine Tochter hatte diese Küchlein einmal in einem abgelegenen Bergdorf in Peru gegessen und war davon so begeistert, daß wir ihr Andenerlebnis in unserer kleinen Küche wiederaufleben ließen. Herausgekommen ist dabei das nebenstehende Rezept – die Küchlein sind wirklich köstlich!

ERGIBT 6 KÜCHLEIN

FÜR DIE GEMÜSEKÜCHLEIN

250 g Außenblätter von Eisbergsalat, in der Küchenmaschine zerkleinert (siehe Kasten) oder sehr fein gehackt
2 kleine Tomaten, sehr fein gewürfelt
75 g geriebener Cheddar
100 g frische Brotkrumen (Seite 42)
1 EL getrocknete Kräutermischung
1 große Knoblauchzehe, geschält und zerdrückt
1 Ei und 1 Eigelb
Sonnenblumenöl zum Braten

ZUM SERVIEREN

6 Brötchen, aufgeschnitten und gebuttert
Mexikanisches Tomatenrelish (Seite 74)

Salat, Tomatenwürfel und Käse in einer Schüssel vermischen. Brotkrumen, Kräutermischung und Knoblauch unterrühren. Ei und Eigelb zufügen und alles gründlich mischen. Aus der Masse Küchlein formen.

Das Öl in einer Bratpfanne erhitzen und die Küchlein darin bei mittlerer Hitze – etwa 5 Minuten auf jeder Seite – goldbraun braten. Zwischen die gebutterten Brötchenhälften legen und mit dem Relish servieren.

WEICHES GEMÜSE IN DER KÜCHENMASCHINE ZERKLEINERN

Zum Zerkleinern von weichem Gemüse wie Salat und Pilze kann der Cutter oder Mixer der Küchenmaschine verwendet werden. Darin wird das Gemüse innerhalb kürzester Zeit so fein, daß es sich in eine breiige Masse verwandeln würde, wenn man das Gerät zu lange einschaltet. Um dies zu verhindern, empfiehlt sich die Betätigung des Momentschalters, mit dem die meisten Maschinen ausgestattet sind.

Der Brotkorb

Selbst Brot backen – das klingt nach harter Arbeit. Der Gedanke an stundenlanges Kneten, Aufgehenlassen und Backen des Teiges schreckt viele ab. Für einige Brotsorten trifft diese »Horrorvision« jedoch nicht zu, denn mit den hier vorgestellten Rezepten können Sie in kürzester Zeit Brote backen. Darunter ist auch ein echter Brotklassiker – der Hefezopf. Da er zu meinen Lieblingsbroten zählt, durfte er in dieser Sammlung natürlich nicht fehlen. Für diesen Zopf wird der Teig in drei Teile geteilt, zu Strängen gerollt und geflochten. Der fertige Zopf ist das Glanzlicht eines jeden Festes.

Das Maisbrot, das mehr an die Zubereitung eines Kuchens erinnert, gelingt auch ungeübten »Bäckern«. Es ist leicht und locker, schmeckt angenehm säuerlich mit einem unverkennbaren Hauch von Chili. Das Sodabrot ist ein Standardrezept, das ich seit Jahren mit Erfolg verwende. Der Teig ist in Minutenschnelle fertig und in einer halben Stunde gebacken. Ofenfrisch schmeckt dieses Brot am besten, aber auch getoastet ist es nicht zu verachten.

Das Basilikum-Knoblauch-Brot, die Knoblauch-Bruschetta und der Sesamtoast sind eine Bereicherung für jedes selbst zubereitete Essen.

Knoblauch-Bruschetta

Bruschetta heißt »geröstetes Brot« und ist die knusprige Variante von Knoblauchbrot, das in Italien traditionell über Holzkohle geröstet wird. Verwenden Sie zum Beträufeln nur bestes Olivenöl.

1 italienisches Weißbrot, vorzugsweise Ciabatta (Seite 70)
Olivenöl
1 Knoblauchzehe, geschält und halbiert

Das Brot in relativ dicke Scheiben schneiden und auf beiden Seiten goldbraun rösten, möglichst über Holzkohle oder unter dem Grill. Anschließend die Schnittflächen mit Olivenöl beträufeln und mit der halbierten Knoblauchzehe einreiben. Die Brotscheiben nochmals kurz rösten, sofort servieren.

Sesamtoast

Diese gerösteten Brotstreifen mit einer Sesamkruste schmecken ausgezeichnet zu Dips und Brotaufstrichen, aber auch pur als Snack.

Beliebiges Vollwertbrot, auch Vollkornbrot, in dünne Scheiben geschnitten
Butter oder Margarine zum Bestreichen
Sesamsamen zum Bestreuen

Die Brotscheiben nur auf einer Seite unter dem heißen Grill rösten. Die nicht getoastete Seite großzügig mit Butter oder Margarine bestreichen und dick mit Sesam bestreuen, mit der Messerklinge andrücken und die Brotscheiben erneut unter den Grill schieben. Einige Samen werden aufspringen.

Sobald die Oberflächen goldbraun geröstet sind, herausnehmen und die Samen erneut mit der Messerklinge andrücken. Die Scheiben in lange, schmale Streifen schneiden und abkühlen lassen.

Oliven-Focaccia

Dieses italienische Fladenbrot mit Oliven schmeckt am besten ofenwarm, wenn die ganze Küche noch herrlich nach dem frisch gebackenen Brot duftet. Die saftigen Oliven verleihen dem Brot sein typisches und unvergleichliches Aroma.

ERGIBT 1 BROTLAIB

V

15 g Trockenhefe
230 ml warmes Wasser
350 g Weizenmehl
5 EL Olivenöl
100 g schwarze Oliven, entsteint und in Scheiben geschnitten
1 TL Salz
Etwas Maismehl zum Bestauben

In einer großen Schüssel die Hefe in 100 ml warmem Wasser auflösen. 10 Minuten an einem warmen Ort zugedeckt stehen lassen.

Mit 100 g Mehl gründlich vermischen. Nach und nach das restliche Mehl und Wasser einarbeiten. Sobald sich die Mischung zu einem Kloß zusammenballt, auf ein bemehltes Brett geben und zu einem glatten, elastischen Teig kneten, der nicht mehr klebt.

Den Teig in eine dünn mit Öl ausgepinselte Schüssel legen, mit einem Tuch abdecken und 1 Stunde an einem warmen Ort gehen lassen, zum Beispiel in einem Trockenschrank oder auf einem höchstens 50 °C warmen Wasserbad. Den aufgegangenen Teig mit den Handballen kneten, bis er wieder sein ursprüngliches Volumen hat. 4 Eßlöffel Olivenöl zugeben und zusammen mit den Olivenscheiben und dem Salz einkneten.

Den Teig auf einem bemehlten Brett weiterkneten, bis er glatt und geschmeidig ist. Auf ein gut gefettetes und mit Maismehl bestaubtes Backblech legen und zu einem runden Fladen von etwa 25–30 cm Durchmesser ausrollen oder mit den Händen ausdrücken. Die Oberfläche mit dem restlichen Öl bestreichen und den Teigfladen eine weitere Stunde an einem warmen Ort gehen lassen. Nach Ablauf dieser Zeit sollte er sein Volumen verdoppelt haben. Da der Teig beim Aufgehen auch beträchtlich in die Breite geht, lege ich ihn in eine runde Backform mit Rand.

Das Fladenbrot im vorgeheizten Ofen bei 200 °C etwa 30 Minuten backen, bis die Oberfläche goldbraun ist. Bis zum Anschneiden 5 Minuten auf einem Kuchengitter abkühlen lassen.

Maisbrot

Direkt aus dem Ofen ist dieses herrlich saftige, würzig-scharfe Brot eine Delikatesse, der keiner widerstehen kann. In Folie gewickelt, läßt es sich gut aufbacken, und zwar etwa 10 Minuten bei mittlerer Hitze.

ERGIBT 1 BROTLAIB

5 EL Olivenöl
1 EL Sesamsamen
175 g Maismehl
150 g Weizenmehl
3 EL Kristallzucker
4 TL Backpulver
½ TL Salz
225 ml fettarmer Naturjoghurt
50 ml fettarme Kuhmilch oder Sojamilch
1 Ei, leicht verschlagen
1–2 frische Jalapeño-Chillies (je nach gewünschter Schärfe), sehr fein gehackt
3 EL gehacktes Koriandergrün

1 Eßlöffel Olivenöl in eine quadratische Backform von 20 cm Seitenlänge geben und bei schwacher Hitze auf dem Herd erwärmen. Sobald das Öl heiß ist, den Sesam darin 10–20 Sekunden rühren. Vom Herd nehmen, die meisten Samen herausfischen – einige auf dem Formboden lassen – und für später zurückbehalten.

Das Maismehl mit dem Weizenmehl, Zucker, Backpulver und Salz in einer großen Schüssel mischen. Joghurt, Milch, Ei, Chillies, Koriandergrün und die restlichen 4 Eßlöffel Öl unterrühren und zu einem glatten, geschmeidigen Teig verarbeiten.

Einen runden Laib formen, in die Form drücken und mit den zurückbehaltenen Sesamsamen bestreuen.

Im vorgeheizten Ofen bei 200 °C etwa 25–30 Minuten backen. Das Brot in der Form 10–15 Minuten abkühlen lassen, erst dann herausnehmen.

Sodabrot

Dieses schnelle Brot, das mit einem chemischen Backtriebmittel gelockert wird, backe ich schon seit Jahren. Ofenfrisch schmeckt es besonders gut, aber auch getoastet ist es köstlich.

ERGIBT 1 BROTLAIB

500 g Weizenmehl
1 TL Salz
1½ TL Backsoda (Natron)
300 ml und zusätzlich 2 EL fettarme Kuhmilch oder Sojamilch
2 EL Wasser
Mohn- oder Sesamsamen zum Bestreuen

Mehl, Salz und Natron in eine große Schüssel sieben. In die Mitte eine Vertiefung drücken, Milch und Wasser hineingießen und mit einer Gabel zu einem weichen Teig vermischen. Auf einem bemehlten Arbeitsbrett 1–2 Minuten leicht kneten, bis der Teig locker und geschmeidig ist.

Den Teig mit den Händen zu einem runden Brotlaib formen und die Oberfläche mit einem scharfen Messer kreuzweise einritzen. Mit Milch bestreichen und mit Mohn oder Sesam bestreuen.

Den Laib auf ein Backblech legen und bei 220 °C im vorgeheizten Ofen 30–35 Minuten backen. Das Brot ist durchgebacken, wenn es beim Klopfen auf die Unterseite hohl klingt. Auf einem Kuchengitter etwas abkühlen lassen und noch warm servieren.

Hefezopf

Selbst gebackenes Brot in appetitanregender Form: zu einem Zopf geflochten und mit Sesam bestreut. Die Zubereitung ist einfach, und langwieriges Kneten entfällt, auch muß der Teig nicht zwischendurch aufgehen – das macht er nämlich im Ofen.

ERGIBT 1 ZOPF
(ohne Garnierung)

350 g Weizenvollkornmehl
100 g Auszugsmehl
2 gehäufte TL Meersalz
25 g frische Hefe
300 ml warmes Wasser
2 EL fettarme Kuhmilch oder Sojamilch
1 Eigelb, verschlagen
Mohn- oder Sesamsamen zum Bestreuen

Das Mehl mit dem Salz in einer Schüssel mischen und in die Mitte eine Vertiefung drücken. Die Hefe in etwas warmem Wasser auflösen, in die Mulde gießen und alles mit dem restlichen Wasser zu einem weichen, leicht klebrigen Teig verarbeiten. Auf einem bemehlten Brett zu einem glatten, geschmeidigen Teig kneten.

Den Teig in drei gleich große Stücke teilen. Jedes Teigstück mit den Händen zu einem langen Strang rollen, der an den Enden spitz zuläuft. Die Stränge zu einem Zopf flechten und die Enden flach drücken. Die Oberfläche mit Milch und verschlagenem Eigelb bestreichen, mit Mohn oder Sesam bestreuen und den Zopf auf ein gefettetes, bemehltes Backblech setzen.

Im vorgeheizten Ofen 10 Minuten bei 230 °C backen, dann die Temperatur auf 190 °C herunterschalten und weitere 30–40 Minuten backen, bis der Zopf goldbraun ist und beim Klopfen auf die Unterseite hohl klingt. Auf einem Kuchengitter leicht abkühlen lassen. Warm servieren.

Basilikum-Knoblauch-Brot

Knoblauchbrot einmal anders: Diese Variante duftet aromatisch nach Basilikum, schmeckt ausgezeichnet zu Suppen und sollte auf keiner Dinnerparty fehlen. Auch delikat mit zart duftendem Dill anstelle von Basilikum.

ERGIBT 1 BROTLAIB

100 g Butter oder Margarine
2 Knoblauchzehen, geschält und zerdrückt
2 EL gehacktes frisches Basilikum
1 Baguette (französisches Stangenbrot)

Die Butter oder Margarine zerlassen und den Knoblauch und das Basilikum unterrühren. Abkühlen und streichfähig werden lassen.

Das Baguette längs durchschneiden und die Schnittflächen mit der Kräuterbutter bestreichen. Die Hälften zusammensetzen, in Alufolie wickeln und bei 180 °C im vorgeheizten Ofen 15–20 Minuten backen.

Das Brot in Scheiben schneiden und sofort servieren.

Tortillas, Pfannkuchen, Ausgebackenes

Dieses Kapitel ist reich an köstlichen Speisen, die der ganzen Familie schmecken. Die Mexikaner verzehren Tortillas zu jeder Mahlzeit und in so phantasievollen Varianten, daß bestimmt auch etwas für unseren Gaumen dabei ist. Da Kinder selten scharfe Chillies mögen, läßt man die Schoten einfach weg und würzt statt dessen mit etwas schwarzem Pfeffer. Vielseitig sind auch die klassischen Pfannkuchen, aus denen sich die tollsten Gerichte zaubern lassen. Ebenso die fritierten Köstlichkeiten.

Würzige Chimichangas

Chimichangas sind ausgebackene Tortillas, gefüllt mit aufgebratenen Bohnen und anderen würzigen Zutaten. Chilisaucen sind in allen gut sortierten Supermärkten erhältlich.

Für 2 Personen

4 kleine Tortillas (Seite 85)
2 EL aufgebratene Bohnen
2 Tomaten, in Scheiben geschnitten
2 EL Chilisauce
50 g Cheddar, gerieben
1 frische Chilischote, in feine Ringe geschnitten
Geriebener Käse zum Bestreuen

Die aufgebratenen Bohnen, die Tomatenscheiben, die Chilisauce, den geriebenen Käse und gegebenenfalls die Chiliringe auf die vier Tortillas verteilen, die Teigränder einschlagen und mit Holzspießen feststecken. ◈

Eine Bratpfanne 1 cm hoch mit Öl füllen, erhitzen und die gefüllten Tortillas darin auf beiden Seiten goldbraun ausbacken. Vor dem Wenden die Spieße entfernen. Auf Küchenpapier gründlich abtropfen lassen.

Mit geriebenem Käse bestreuen und umgehend servieren. Nach Belieben die Schnelle Salsa (Seite 84) dazu reichen.

Würzige Chimichangas und Bohnen-Burritos (Seite 84).

Bohnen-Burritos

Das mexikanische Essen, das in San Francisco serviert wird, kommt dem Original wohl am nächsten, doch so köstliche Burritos wie diese werden Sie auch in der Heimat der Tortillas nur selten finden. Burritos sind überaus sättigend und nahrhaft, dazu die chiligewürzte Salsa, die für wohlige Wärme sorgt – eine Mahlzeit, wie sie besser nicht schmecken könnte.

FÜR 2–3 PERSONEN

4 große, weiche Tortillas
1 Dose gewürzte Kidney-Bohnen (400 g)
175 g Cheddar, gerieben
½ Eisbergsalat, in feine Streifen geschnitten
½ große Avocado, in Scheiben geschnitten
4 EL saure Sahne
300 ml Schnelle Salsa (siehe unten)

Die Bohnen gleichmäßig auf die Tortillas verteilen. Mit geriebenem Käse, Salatstreifen und Avocadoscheiben belegen, die Fladen fest aufrollen und die Teigenden leicht andrücken, so daß ein Päckchen entsteht. Die gefüllten Tortillas in eine feuerfeste Form legen und auf jede 1 Eßlöffel saure Sahne verteilen. ◈

Bei 200 °C im vorgeheizten Ofen 10–15 Minuten backen, bis die Tortillas mitsamt Füllung gut heiß sind. Sofort servieren und die Salsa getrennt dazu reichen.

Schnelle Salsa

Dies ist ein unkompliziertes Rezept für eine Salsa, die unglaublich gut schmeckt. Die unverfälschten Aromen passen ausgezeichnet zu allen hier vorgestellten mexikanischen Gerichten.

V

1 Dose Tomaten (200 g)
½ rote Zwiebel, gehackt
1 frische Chilischote, fein gehackt
1 kleines Bund Koriandergrün
Etwas Meersalz

Die vorbereiteten Zutaten in die Küchenmaschine füllen, den Kurzschalter bedienen und nur so lange – höchstens 30 Sekunden – mixen, bis alles gleichmäßig vermischt ist.

Oder die Zutaten so fein vorbereiten, daß sie nur in einer Schüssel vermischt zu werden brauchen. ◈

Gemüse-Fajitas

Fajitas sind gefüllte Tortillas, die aus der Hand gegessen werden. Dazu wird eine beliebige Füllung erhitzt, die Tortilla erwärmt, die Füllung darauf verteilt und aufgerollt – fertig zum Reinbeißen.

ERGIBT 6 GEFÜLLTE TORTILLAS

V

2 Dosen würziges Thai-Gemüse, Chilibohnen oder Ratatouille (je 400 g) oder die entsprechende Menge an Gemüseresten, vermischt mit geriebenem Käse (nach Belieben eine fettarme Sorte)
6 große Tortillas
Knackiger, gehackter Salat zum Garnieren
Salsa, saure Sahne oder fettarmer Joghurt

Das Gemüse behutsam erhitzen – in der Mikrowelle oder in einem Topf auf dem Herd. Die Tortillas kurz vor dem Füllen 30 Sekunden in der Mikrowelle erwärmen.

In die Mitte jeder Tortilla 3–4 Eßlöffel von der Gemüsemischung geben und die Tortilla wie eine dicke Zigarre aufrollen. Einen Löffel Salsa, saure Sahne oder Joghurt darüber geben und sofort essen.

Kalifornische Quesadillas

Quesadillas sind appetitanregend gefüllte Tortillas, die zusammengeklappt und knusprig ausgebacken werden. Ich habe sie zum ersten Mal in San Francisco gegessen. Die Füllung läßt sich beliebig variieren, zum Beispiel mit Pilzen oder Spinat.

ERGIBT 4 GEFÜLLTE TORTILLAS

TORTILLAS

Mexikanische Tortillas sind weiche, dünne Pfannkuchen aus Maismehl, Weizenmehl, Wasser und Salz, die bei uns in den meisten Supermärkten oder ausländischen Lebensmittelgeschäften angeboten werden. Mit den spanischen »Tortillas de Huevos« (Eierkuchen) haben sie nichts gemein.

150 g Räucherkäse (Hart- oder Schnittkäse), gewürfelt
300 g Zuckermais
1 rote Zwiebel, geschält und gehackt
1 Bund Schnittlauch oder Koriandergrün, klein geschnitten
5 EL saure Sahne
½–1 TL Chilipulver
4 große Tortillas
Olivenöl zum Fritieren
150 g Schnelle Salsa (Seite 84)

Die Käsewürfel, den Mais, die gehackte Zwiebel und den Schnittlauch oder das Koriandergrün in einer Schüssel mischen. Die saure Sahne unterrühren und die Mischung mit dem Chilipulver abschmecken. ◈

Die Füllung gleichmäßig auf die Tortillas verteilen und die Tortillas zusammenklappen. Die Ränder mit Wasser anfeuchten und leicht andrücken, damit die Füllung nicht austritt.

Eine Bratpfanne oder einen Wok 1 cm hoch mit Öl füllen, erhitzen und die Tortillas darin auf jeder Seite etwa 1 Minute ausbacken, bis sie goldbraun und knusprig sind. Auf Küchenpapier abtropfen lassen.

Die Quesadillas unverzüglich mit der Salsa zu Tisch bringen.

Tortillaschalen

Die Tortillas werden hier zu eßbaren Schalen, die mit Salat, Chilibohnen, Guacamole, Salsa, saurer Sahne (nach Belieben auch fettarmer Joghurt) oder Käse in beliebiger Kombination gefüllt werden können. Das macht sie zu einem gesunden und nahrhaften Fast food, das auch Kinder gern essen.

MAISTORTILLAS ZUM FALTEN WEICH MACHEN

Tortillas werden weich und lassen sich dann leicht – ohne zu brechen – zusammenklappen, wenn sie 15 Sekunden in die Mikrowelle oder ein paar Minuten in den warmen Ofen gelegt werden.

Tortillas und Pflanzenöl zum Fritieren

Das Öl in einer Friteuse auf 180 °C erhitzen. Eine Tortilla hineingeben und mit einem Schaumlöffel etwa 35 Sekunden unter die Fettoberfläche drücken. Den Schaumlöffel wieder herausnehmen und die Tortilla weitere 30 Sekunden im Öl belassen, bis sie eine goldbraune Farbe angenommen hat. Mit dem Schaumlöffel herausheben und auf Küchenpapier abtropfen lassen. Warm mit einer beliebigen Füllung servieren.

KINDERERNÄHRUNG AUF PFLANZLICHER BASIS

Kinder kann man gefahrlos vegetarisch ernähren, solange sichergestellt ist, daß sie ihrem Alter gemäß mit den nötigen Proteinen, genügend Mineralstoffen und Vitaminen versorgt werden und das Lebensmittelangebot vielseitig ist. Die auf Seite 219 nachzulesenden Richtlinien für eine vernünftige Ernährung garantieren eine ausgewogene Kost. Die Ernährungswissenschaft kommt indes ständig zu neuen Erkenntnissen, und deshalb mein Rat an alle Eltern: Neues zu diesem Thema aufmerksam lesen, um stets auf dem laufenden zu sein.

Minitacos mit Auberginenpüree

Diese mit einem Auberginenpüree gefüllten Minitacos sind feine Appetithappen zum Aperitif. Eine französische Freundin aus der Provence kredenzte sie an einem milden Sommerabend, und ich war davon so begeistert, daß sie mir das Rezept verriet.

ERGIBT 12 MINITACOS

V

1 große Aubergine
4 große Tomaten (frisch oder aus der Dose), enthäutet (Seite 30) und gehackt
2 Knoblauchzehen, geschält und zerdrückt
Salz und frisch gemahlener Pfeffer
Chilipulver (nach Belieben)
Etwas frischer Thymian
12 Minitacoschalen (siehe unten)

Die Aubergine in wenig Wasser in etwa 10 Minuten weich dünsten. Oder die Frucht in der Mikrowelle garen. Dafür die Aubergine mit einem Messer einritzen und 5–6 Minuten auf höchster Stufe garen. Abkühlen lassen, fein hacken.

Die gehackten Tomaten in einem kleinen Topf erhitzen. Die gehackte Aubergine und den Knoblauch unterrühren und zugedeckt bei milder Hitze in 10 Minuten zu Brei kochen.

Diese Masse in der Küchenmaschine fein pürieren oder durch ein Sieb streichen. Das Püree mit Salz, Pfeffer – nach Belieben mit Chilipulver – und frisch gehacktem Thymian würzen. Abkühlen lassen und kalt stellen. ◈

Die kleinen Tacoschalen erst unmittelbar vor dem Servieren mit dem Püree füllen, damit sie nicht aufweichen.

Tacos

V

Tacos sind Maistortillas, die kurz in der Pfanne ausgebacken und mit einer Gabel so auf die Hälfte gefaltet werden, daß sich die Teigränder nicht berühren – es soll eine Art Tasche entstehen. Sie werden pikant gefüllt, zum Beispiel mit schwarzen Bohnen oder Guacamole (Seite 75), und mit geriebenem Käse, knackigen Salatstreifen und gehackter Minze serviert.

Zucchinipuffer

Erntefrische Zucchini, zu delikaten Puffern gebacken und mit Frühkartoffeln und einem bunten Sommersalat serviert, ergeben ein vorzügliches Mittagsmahl.

ERGIBT 8 PUFFER

500 g mittelgroße Zucchini, grob geraspelt
Abgeriebene Schale von ¼ unbehandelten Zitrone
2 EL gehackter Schnittlauch oder Dill
50 g Feta, fein zerkrümelt
2 Frühlingszwiebeln, fein geschnitten
4 EL frische Brotkrumen (Seite 42)
1 Ei und 1 Eigelb, verschlagen
Salz und frisch gemahlener schwarzer Pfeffer
1–2 EL Olivenöl

Die geraspelten Zucchini mit der Zitronenschale, dem Küchenkraut, dem Käse, den Frühlingszwiebeln und den Brotkrumen vermischen. Die verquirlten Eier unterrühren und die Masse mit Salz und Pfeffer würzen.

Das Öl in einer schweren Bratpfanne so stark erhitzen, daß der Teig beim Hineingeben zischt. Nacheinander acht Puffer goldbraun und knusprig braten, 4–5 Minuten auf jeder Seite. Möglichst sofort servieren.

Buchweizen-Crêpes mit Pilzfüllung

Das Glanzstück jeder Party ist dieses Gericht, das zwar von der Zubereitung her recht aufwendig ist, aber von allen Gästen hoch geschätzt wird. Der kernige, kräftige Eigengeschmack des Buchweizens wird von Kennern sehr geschätzt.

ERGIBT 6 CRÊPES

PFANNKUCHEN BACKEN
Ideal ist eine schwere Pfanne mit einem Durchmesser von höchstens 20 cm. Der Pfannenrand hält den Teig zusammen, so daß ein gleichmäßig dicker Pfannkuchen entsteht. Beim Einfüllen des Teiges muß die Pfanne heiß sein. Erfahrungsgemäß bedarf es stets eines Probepfannkuchens. Erst dann ist die Pfanne gleichmäßig heiß, das Backen kann beginnen.

1 kleine rote Zwiebel, fein gehackt
2 Knoblauchzehen, geschält und fein gehackt
1 TL getrockneter Thymian
2 EL fein gehackte frische Petersilie
½ EL sehr fein geschnittene Zitronenschale
4 EL Olivenöl
625 g Champignons, feinblättrig geschnitten
150 ml Weißwein
Salz, Pfeffer und Zitronensaft
150 ml saure Sahne
6 Crêpes (siehe unten)
Schnittlauchröllchen

Zwiebel, Knoblauch, Kräuter und Zitronenschale in 2 Eßlöffel Öl anschwitzen, 2 Minuten rühren, dann zugedeckt bei milder Hitze in etwa 8 Minuten weich dünsten. Das restliche Öl zugießen und die Pilze bei mittlerer Hitze darin unter Rühren braten. Sobald sie Wasser abgeben, mit dem Weißwein ablöschen und weich köcheln lassen, bis die Flüssigkeit fast eingekocht ist.

Die Pilze mit Salz, Pfeffer und Zitronensaft würzen, abkühlen lassen.

Überschüssige Flüssigkeit abgießen und die saure Sahne bis auf 3 Eßlöffel unterrühren. Die Pilzfüllung auf die Crêpes verteilen, die Crêpes aufrollen und mit der Naht nach unten in eine feuerfeste Form legen.

Bei 200 °C im vorgeheizten Ofen 8–10 Minuten backen. Mit einem Klacks saurer Sahne anrichten und mit Schnittlauchröllchen bestreuen.

VARIANTE: SPINATFÜLLUNG

FÜR 6 CRÊPES

1 kg Spinat, gewaschen
300 ml Béchamelsauce (Seite 218)
Muskatnuß, frisch gemahlener Pfeffer und Cayennepfeffer

Den tropfnassen Spinat in einem Topf bei mittlerer Hitze in 5–6 Minuten zusammenfallen und in einem Sieb gründlich abtropfen lassen, dabei die Blätter mit einem Holzlöffel ausdrücken. Den Spinat fein hacken, austretenden Saft abgießen. Mit der Béchamelsauce mischen und würzen.

Die Spinatfüllung bei milder Hitze erwärmen und auf die Crêpes verteilen. Diese aufrollen und backen, wie oben beschrieben.

Buchweizen-Crêpes

Die nach diesem klassischen Rezept zubereiteten Crêpes schmecken sowohl mit süßer als auch mit pikanter Füllung. Übrig gebliebene Crêpes lassen sich problemlos zwischen Lagen von Pergamentpapier einfrieren.

ERGIBT 8 CRÊPES

150 ml Wasser
150 ml fettarme Kuhmilch oder Sojamilch
2 Eier
50 g Buchweizenmehl
½ TL Salz
50 g Butter oder Margarine, zerlassen

Alle Zutaten in der Küchenmaschine zu einem glatten Teig verrühren. Bis zur Weiterverarbeitung 1 Stunde ruhen lassen.

Sollte der Teig zu dick werden (Buchweizenmehl quillt ziemlich stark), weitere Milch unterrühren. Etwas Butter oder Margarine in einer Crêpepfanne erhitzen und die Crêpes wie normale Pfannkuchen (siehe oben) backen.

Tempura von Sommergemüse mit Dipsaucen

Dieses klassische Rezept stammt aus Japan. Zarte Gemüsestückchen werden in einem dünnen Teig ausgebacken. Gemüse-Tempura zählt zu den köstlichsten Gerichten auf der ganzen Welt. Dazu passen die Dipsaucen von Seite 34 und der Zitronenreis von Seite 144. An Gemüse kann alles verwendet werden, was sich im Vorratsschrank befindet, und das nicht nur zur Sommerszeit.

FÜR 4 PERSONEN

FÜR DIE FÜLLUNG
250 g Zucchini, in dicke Scheiben geschnitten
250 g kleine Champignons, halbiert
250 g kleine Möhren, in daumendicke Stücke geschnitten
100 g Brokkoliröschen

FÜR DEN AUSBACKTEIG
100 g Weizenmehl
1 Ei
200 ml Wasser
1 Messerspitze Salz
Pflanzenöl zum Fritieren
2–3 EL fein gehackte Minze oder Koriandergrün zum Garnieren

Das Gemüse vorbereiten. Die Zutaten für den Teig im Mixer glattrühren.

Das Öl 7,5 cm hoch in einen hohen Topf oder einen Wok füllen und auf 175 °C erhitzen. Die Gemüsestückchen einzeln in den Teig tauchen und vorsichtig mit einem Schaumlöffel in das heiße Fett gleiten lassen. Nicht zu viele Gemüsestückchen gleichzeitig fritieren. Im Fett wenden, bis die Stückchen rundum goldgelb sind – das Ausbacken einer Portion dauert nur ein paar Minuten. Auf Küchenpapier abtropfen lassen. Im vorgeheizten Ofen warm halten, während die nächste Portion ausgebacken wird.

Tempura ist zum alsbaldigen Verzehr bestimmt. Zum Servieren mit fein gehackter Minze oder Koriandergrün bestreuen und einige der Dipsaucen von Seite 34 separat dazu reichen.

Maisküchlein mit Schnittlauch und Crème fraîche

Diese goldgelben Küchlein zergehen auf der Zunge. Unter der knusprigen Hülle verbergen sich knackige Maiskörner, scharf gewürzt. Dazu paßt eine Salsa oder ein feuriges Relish.

ERGIBT 12 KÜCHLEIN

100 g Weizenmehl
1 Eigelb und 2 Eiweiß
1 EL Olivenöl, 150 ml Crème fraîche
Knapp 60 ml fettarme Kuhmilch oder Sojamilch
250 g Zuckermais
½ Chilischote, sehr fein gehackt
1 kleines Bund Schnittlauch, klein geschnitten
Sonnenblumenöl zum Fritieren

Zuerst den Ausbackteig zubereiten. Dazu das Mehl in eine Schüssel sieben und in die Mitte eine Vertiefung drücken. Eigelb, Öl und Crème fraîche hineingeben und gründlich mischen. Mit der Milch zu einem dünnflüssigen Teig verarbeiten. 1 Stunde kühl stellen.

In einer separaten Schüssel das Eiweiß mit dem elektrischen Handrührgerät zu steifem Schnee schlagen. Maiskörner, Chili und Schnittlauchröllchen unter den gut gekühlten Teig rühren und den Eischnee vorsichtig unterheben.

Eine Pfanne oder einen Wok etwa 1 cm hoch mit Öl füllen. Sobald es heiß ist, für zwei Küchlein je einen großen Eßlöffel Teig hineingeben, auf beiden Seiten goldbraun und knusprig ausbacken, auf Küchenpapier abtropfen lassen und im vorgeheizten Ofen warm halten, bis alle Küchlein ausgebacken sind.

Chilaquiles

Chilaquiles sind knusprig fritierte Tortillastückchen, die in einer pikant-würzigen Eimasse wie ein Omelett in der Pfanne gebraten werden. Mit einem Salat wird daraus eine sättigende Zwischenmahlzeit oder ein leichtes Abendessen.

FÜR 2–3 PERSONEN

4 mittelgroße Tortillas
Erdnuß- oder Sonnenblumenöl zum Ausbacken
3 Eier, verschlagen
150 ml Schnelle Salsa (Seite 84)
75 g Cheddar (nach Belieben fettarm), gerieben
Geriebener Käse zum Bestreuen
1 Zweig Koriandergrün zum Garnieren

Die Tortillas in 4 cm große Stücke reißen. 1 cm hoch Öl in einer Pfanne erhitzen und die Tortillastückchen darin jeweils 30–40 Sekunden goldbraun und knusprig ausbacken. Auf Küchenpapier abtropfen lassen.

Das Öl bis auf einen Eßlöffel vorsichtig abgießen. Achtung, Verbrennungsgefahr! Die Eier hineingießen, die Tortillastückchen darauf verteilen und unter ständigem Rühren die Eimasse bei mittlerer Hitze stocken lassen.

Die Salsa und den Käse unterrühren und die Chilaquiles bei milder Hitze in der offenen Pfanne 15 Minuten garen. Kurz vor dem Servieren mit geriebenem Käse bestreuen und mit Koriandergrün garnieren.

Enchiladas mit feuriger Käse-Pilz-Füllung

Für dieses Rezept werden die Tortillas wie Pfannkuchen gefüllt, aufgerollt und, mit reichlich Käse bestreut, im Ofen überbacken. Das Ergebnis ist ein köstliches und nahrhaftes Abendessen, das besonders gut schmeckt, wenn es draußen kalt ist.

Für 2 Personen

4 mittelgroße Tortillas
300 ml Schnelle Salsa (Seite 84)
½ rote Zwiebel, gehackt
175 g geriebener Käse (nach Belieben eine fettarme Sorte), zum Beispiel Cheddar, Gouda oder Bel Paese
1 milde grüne Chilischote, in sehr feine Ringe geschnitten
250 g Champignons, gedämpft und in Scheiben geschnitten
4 EL saure Sahne
Geriebener Pecorino zum Bestreuen

Jede Tortilla auf einer Seite mit der Salsa bestreichen. Eine feuerfeste Form ebenfalls mit der Sauce ausstreichen.

Für die Füllung Zwiebel, Käse, Chili, Pilze und saure Sahne vermengen und auf die Tortillas verteilen. Aufrollen und die Enden einschlagen, so daß feste Päckchen entstehen. In die Auflaufform setzen und mit Pecorino bestreuen. ◆

Im vorgeheizten Ofen bei 180 °C in 20 Minuten goldbraun überbacken. Mit der restlichen Salsa und einem knackigen Salat servieren.

Knusprige Pilzrollen »Dragon Inn«

Ein exquisites Restaurant in Londons Chinatown inspirierte mich zu diesem Rezept. Die knusprigen Rollen duften so herrlich nach den Pilzen. Servieren Sie sie als elegante Vorspeise oder mit Reis und einem grünen Salat als leichte Speise mittags oder abends. Die fertigen Rollen lassen sich gut einfrieren. Zum Auftauen 20 Minuten bei 190 °C in den Ofen schieben.

Ergibt 6 knusprige Rollen

V
●

2 EL Olivenöl
500 g Champignons, feinblättrig geschnitten
3 Frühlingszwiebeln, in feine Scheiben geschnitten
2,5 cm frischer Ingwer, fein gerieben
2 Knoblauchzehen, geschält und in feine Scheiben geschnitten
1 EL Sojasauce
25 g Reisnudeln (Vermicelli)
6 Teigblätter für Frühlingsrollen (tiefgefroren oder getrocknet in asiatischen Lebensmittelgeschäften erhältlich)
Pflanzenöl zum Fritieren

Das Olivenöl in einer großen Pfanne erhitzen. Die Pilze und die Frühlingszwiebeln darin anschwitzen, etwa 1 Minute rühren, dann zugedeckt 3–4 Minuten dünsten. Den Ingwer und den Knoblauch zugeben und in der geschlossenen Pfanne weitere 3 Minuten dünsten. Mit Sojasauce würzen und gründlich verrühren. Abkühlen lassen.

Die Reisnudeln 5–8 Minuten in heißem Wasser einweichen, abtropfen lassen und grob hacken. ◆

Die Pilzmischung gründlich abtropfen lassen (überschüssige Kochflüssigkeit wegschütten) und die Reisnudeln untermischen. Je 1–2 Eßlöffel Füllung auf die Teigblätter verteilen und diese wie eine Zigarre aufrollen. Vor der letzten Drehung die Seiten einschlagen und leicht andrücken, damit die Füllung nicht herausfällt.

Etwa 1 cm hoch Öl in einer Bratpfanne oder einem Wok erhitzen und die Rollen portionsweise rundum goldbraun ausbacken. Die fertigen Rollen auf Küchenpapier abtropfen lassen und bis zum Servieren warm halten.

Gemüse als Beilage

Viele junge und zarte Gemüse schmecken von Natur aus so gut, daß es eine Schande ist, sie durch langes Kochen zu »mißhandeln«. Dazu zählen für mich Stangenbohnen, dicke Bohnen, Zuckerschoten, Erbsen und Rote Beten, die nur ein wenig zerlassene Butter benötigen, um eine feine Gemüsebeilage abzugeben. Oder ein zarter Maiskolben, behutsam gegart, die Körner vom Kolben geschabt und in Knoblauchbutter geschwenkt – wer kann da schon widerstehen?

Im Winter bevorzuge ich alle Arten von Kohl. Kohl sollte nie übergart werden. Er darf ruhig noch ein bißchen knackig sein, und etwas Butter gehört auch daran. Rotkohl schmeckt roh phantastisch als Salat, ebenso Sellerie, geriebene Möhren und geraspelter Rosenkohl. Auch pürierter Rosenkohl oder Lauch wird von vielen als Beilage geschätzt.

Dicke Bohnen libanesische Art

Ein herrliches Sommergericht, dessen Rezept mir Al Shami, der Besitzer eines libanesischen Restaurants, freundlicherweise überließ. Verwenden Sie möglichst nur ganz junge Bohnenkerne. Sie sind im Nu gar und bleiben schön saftig und zart. Nach diesem Rezept können Sie auch Blumenkohl zubereiten – oder junge Kartoffeln, einfach köstlich!

FÜR 2 PERSONEN

300 g gepalte dicke Bohnen
2 Knoblauchzehen, geschält und in Scheibchen geschnitten
2 EL Olivenöl
1 Bund Koriandergrün, gehackt
Korianderblätter zum Garnieren

Die Bohnenkerne mit dem Knoblauch in erstklassigem Olivenöl in etwa 6–8 Minuten *al dente* garen. Das Koriandergrün unterrühren und die Bohnen im geschlossenen Topf noch 2–3 Minuten weitergaren.

Die Bohnen mit frischen Korianderblättern garnieren und sofort zu Tisch bringen. Dazu paßt Pitta-Brot.

Brokkoli mit Zitronensauce

Eine einfache Vorspeise, die – kalt oder warm – zu jeder Jahreszeit schmeckt. Die Zitronensauce harmoniert sehr gut mit dem feinen Gemüse. Reichen Sie dazu frisches Vollkornbrot.

FÜR 4 PERSONEN

625 g Brokkoliröschen
1 Ei
Saft von 1 Zitrone
Meersalz und frisch gemahlener Pfeffer

Die Brokkoliröschen putzen und 5–6 Minuten dämpfen, bis sie weich sind. Oder die Röschen 4–5 Minuten in der Mikrowelle garen. Das Gemüse warm halten, die Kochflüssigkeit zurückbehalten.

Das Ei mit dem Zitronensaft verschlagen und in den Mixer füllen. Bei eingeschaltetem Gerät etwa 150 ml von der heißen Kochflüssigkeit in dünnem Strahl einlaufen lassen.

Die Flüssigkeit in einen schweren Topf gießen und unter ständigem Rühren mit einem Holzlöffel erhitzen, bis die Sauce eindickt. Vorsicht, sie darf nicht kochen, weil sie sonst gerinnt.

Den Topf von der Kochstelle nehmen, die Sauce mit Salz und Pfeffer abschmecken und 10–15 Minuten ruhen lassen. Über den warmen Brokkoli schöpfen und servieren.

Champignons mit Knoblauch und schwarzem Pfeffer

Ein delikates Abendessen. Reichen Sie dazu duftenden Jasmin- oder Basmati-Reis oder Eiernudeln, um die Flüssigkeit besser aufnehmen zu können, und einen Salat Ihrer Wahl (Seite 187–198).

FÜR 2 PERSONEN

V

2 EL Sojasauce
2 Knoblauchzehen, geschält und zerdrückt
3 Frühlingszwiebeln (nur das Weiße), längs in feine Streifen geschnitten
Reichlich frisch gemahlener schwarzer Pfeffer
350 g große Champignons, geviertelt
250 g Auberginen, in ½ cm dicke Scheiben geschnitten
2 EL Olivenöl

Die Sojasauce mit Knoblauch und Frühlingszwiebeln mischen und mit reichlich frisch gemahlenem schwarzem Pfeffer würzen. Beiseite stellen. ◆

Die Pilze auf einen Teller legen, mit einem zweiten Teller abdecken und (ohne zusätzliche Flüssigkeit) 4 Minuten in der Mikrowelle auf höchster Stufe garen. Warm halten, den ausgetretenen Pilzsaft zurückbehalten.

Die Schnittflächen der Auberginenscheiben mit Olivenöl einpinseln und die Scheiben nebeneinander auf einem Backblech ausbreiten. Bei 180 °C im Ofen 15 Minuten backen, abkühlen lassen, dann die Scheiben in schmale Streifen schneiden.

Von dem Pilzsaft 2–3 Eßlöffel abnehmen und mit der Sojasauce verrühren, den Rest wegschütten. Die Pilze und die Auberginenstreifen gründlich unter die Sauce mischen. Warm servieren.

Pfannengerührte Brunnenkresse mit Croûtons

Diese höchst ungewöhnliche, aber schmackhafte Zubereitung von Brunnenkresse ist eine Offenbarung. Mit einem Nudelgericht wie Linguine mit Paprika und Haselnüssen (Seite 130) wird daraus eine schnelle und einfache Mahlzeit für zwei Personen.

FÜR 2 PERSONEN

2 Bund Brunnenkresse, gewaschen und trockengetupft
2 EL Olivenöl
1 Knoblauchzehe, geschält und fein gehackt
½ TL fein geriebener frischer Ingwer
1 EL geröstetes Sesamöl
Frisch gemahlener schwarzer Pfeffer
Croûtons zum Bestreuen (Seite 218)

Die Brunnenkresse mitsamt den Stielen grob hacken. Das Öl in einem Wok oder einer großen Pfanne erhitzen und Knoblauch und Ingwer darin einige Sekunden rühren. Die Brunnenkresse zufügen und 1 Minute pfannenrühren, bis sie zusammenfällt. Das Sesamöl und den schwarzen Pfeffer unterrühren. Kurz durchwärmen und, mit Croûtons bestreut, sofort zu Tisch bringen.

Rösti von Kartoffeln, Möhren und Sellerie

Deftige Hausmannskost, die den Geldbeutel nicht belastet und trotzdem gut und schmackhaft ist. Reichen Sie dazu einen Salat Ihrer Wahl (Seite 187–198) und knuspriges Brot direkt aus dem Ofen.

FÜR 4 PERSONEN
(mit Margarine)

500 g Kartoffeln, unter fließendem Wasser kräftig abgebürstet
250 g Möhren, unter fließendem Wasser kräftig abgebürstet
250 g Knollensellerie, geschält
Meersalz und frisch gemahlener schwarzer Pfeffer
50 g Butter oder Margarine

Das gesäuberte Gemüse grob raspeln, vermischen, salzen und pfeffern.

Die Butter oder Margarine in einer großen Bratpfanne stark erhitzen, bis Bläschen aufsteigen. Das geraspelte Gemüse hineingeben, die Temperatur herunterschalten und das Gemüse mit einem Pfannenwender fest zusammendrücken. Einen Deckel auflegen und das Gemüse etwa 45 Minuten bei sehr milder Hitze garen, bis die Unterseite schön gebräunt und das Gemüse gar ist.

Auf eine vorgewärmte Platte stürzen und zum Servieren in Stücke schneiden.

Rosenkohlpüree

Püriertes Gemüse ist einfach in der Zubereitung und sorgt immer wieder für Abwechslung auf dem Speisezettel. Vollmundig im Geschmack, besticht es durch seine samtige Konsistenz und ist dabei angenehm sättigend.

FÜR 4 PERSONEN
(mit Margarine und Sojamilch)

500 g Rosenkohl, geputzt
25 g Butter oder Margarine
90 ml fettarme Kuhmilch oder Sojamilch oder Sahne
Geriebene Muskatnuß
Frisch gemahlener schwarzer Pfeffer

Den Rosenkohl in Wasser in 20–25 Minuten sehr weich kochen. Abtropfen lassen und mit dem Fett und der Milch oder Sahne fein pürieren. Das Püree mit Muskatnuß und Pfeffer würzen.

In einer feuerfesten Form 10 Minuten im Ofen bei 180 °C durchwärmen oder in einem Topf auf dem Herd behutsam erhitzen.

Pastinakengratin

Wer den süßen, leicht würzigen Geschmack von Pastinaken mag, wird von diesem einfachen, doch ungemein köstlichen Gericht begeistert sein. Zusammen mit einer Eierspeise oder Reis ist es eine große Bereicherung für den winterlichen Speisezettel. Empfehlenswert ist auch eine andere Zubereitung von Pastinaken: im Ofen gebacken wie die Ofenkartoffeln von Seite 118.

FÜR 4 PERSONEN

500 g kleine, junge Pastinaken
300 ml Béchamelsauce (Seite 218)
1 EL gehackter Estragon
Frisch gemahlener schwarzer Pfeffer
15 g Cheddar oder Gouda, fein gerieben
50 g frische Brotkrumen (Seite 42)

Die Pastinaken unter fließendem Wasser abbürsten, aber nicht schälen. In dünne Scheiben schneiden, große Scheiben halbieren. Mit Wasser bedecken und in 5–6 Minuten weich kochen.

In der Zwischenzeit die Béchamelsauce erhitzen. Den Estragon einrühren und bei sehr milder Hitze 5 Minuten durchziehen lassen. Die Pastinaken unterrühren und mit schwarzem Pfeffer abschmecken. In eine feuerfeste Form füllen. Den geriebenen Käse mit den Brotkrumen vermischen und darüber streuen.

Im Ofen bei 190 °C 15 Minuten überbacken, bis die Oberfläche goldbraun und knusprig ist.

Sahnerübchen, mit Parmesan gratiniert

Nehmen Sie für diese Gemüsebeilage nur ganz junge Rüben, dann erwartet Sie eine echte Delikatesse. Dazu passen ein Reisgericht (Seite 143–151) und eine Schüssel Salat – und schon haben Sie eine komplette Mahlzeit.

FÜR 3–4 PERSONEN

500 g junge weiße Rüben
300 ml Sahne (Kaffeesahne)
Geriebene Muskatnuß
Frisch gemahlener schwarzer Pfeffer
1 Knoblauchzehe, geschält
Geriebener Parmesan zum Bestreuen

Die Rüben unter fließendem Wasser abbürsten, aber nicht schälen, und in feine Scheiben schneiden. In einer Schüssel mit der Sahne übergießen, mit Muskatnuß und Pfeffer würzen und gründlich vermischen.

Eine feuerfeste Form mit der angeschnittenen Knoblauchzehe ausreiben und die Sahnerübchen einfüllen. Mit Alufolie abdecken und bei 190 °C im vorgeheizten Ofen in 45 Minuten weich garen.

Die Folie entfernen und die Sahnerübchen dick mit Parmesan bestreuen. Kurz unter den heißen Grill schieben und goldbraun gratinieren.

Gemüse als Hauptgericht

Landwirtschaftliche Erzeugnisse aus kontrolliert-ökologischem Anbau

Herkömmlich angebautes Obst und Gemüse wächst auf Böden heran, die mit künstlichen Düngemitteln behandelt werden, und die Pflanzen erfordern einen regelmäßigen Einsatz von Pestiziden. Rückstände dieser Chemikalien lassen sich später in den Erzeugnissen nachweisen. Manche Früchte oder Gemüse werden außerdem gewachst oder poliert, damit sie für den Konsumenten schöner aussehen oder länger haltbar sind. Biologisch angebautes Obst und Gemüse kommen ohne Kunstdünger aus und halten Krankheiten nicht mit chemischen Hilfsmitteln in Schach. Somit sind sie »sauber« beziehungsweise unbelastet, das heißt frei von schädlichen Chemikalien.

Zu den großen »Erfindungen« der modernen Kochkunst zählt das mit Öl gebratene und im Ofen gebackene Gemüse. Hinlänglich bekannt ist diese Methode von Kartoffeln – die sogenannten Ofenkartoffeln – und Pastinaken, aber auch Auberginen, Brokkoli, Lauch, Paprikaschoten, Blumenkohl und Zucchini lassen sich auf diese Weise zubereiten. Phantastisch an dieser Garmethode ist der minimale Arbeitsaufwand, denn in der Dreiviertelstunde, die das Gemüse zum Garwerden im Ofen verbringt, bleibt es sich mehr oder weniger selbst überlassen, nur wenden muß man es hin und wieder. Mit Pesto oder einer frischen Tomatensauce wird es zu einem vorzüglichen Hauptgericht, aber auch als Gemüsebeilage ist es bestens geeignet. Es paßt auch gut als Füllung in eine Lasagne, läßt sich prima in ein Sandwich packen oder unter einen duftenden Jasmin-Reis heben.

Das folgende Kapitel enthält eine Auswahl an Rezepten für Hauptgerichte aus aller Welt – aus Italien, Griechenland, Frankreich, Rußland und den Vereinigten Staaten – sowie ein paar eigene Kreationen. Verwenden Sie nach Möglichkeit nur Gemüse aus kontrolliert-ökologischem Anbau, und Sie werden belohnt mit frischem, unverfälschtem Geschmack und dem Wissen, daß Sie keine Pestizide und künstlichen Düngemittel mitessen. Biologisch angebautes Gemüse mag zwar etwas teurer sein, doch während seiner Saison ist es vergleichsweise preiswerter als außerhalb der Saison.

Lauchrollen mit leichter Tomaten-Basilikum-Sauce

Phylloteig in seiner einfachsten Verwendung und dazu eine feine Art, Lauch zu servieren. Die in den Teig gehüllten Lauchstangen werden im Ofen goldbraun und knusprig gebacken. Reichen Sie dazu eine ordentliche Portion Tomatensauce. Ersatzweise können Sie den Lauch auch in Blätterteig backen.

Für 4 Personen

V

6 lange Stangen Lauch von mittlerer Stärke
200 g Phylloteig
Olivenöl zum Bestreichen
Leichte Tomaten-Basilikum-Sauce *(Seite 174)*
1 TL Sesamsamen zum Bestreuen

Die Lauchstangen putzen, gründlich waschen und jede in drei gleich lange Stücke schneiden. Die Stücke etwa 10 Minuten dämpfen, abkühlen und auf Küchenpapier abtropfen lassen. ◈

Die Teigblätter in Streifen schneiden, so breit, wie die Lauchstangen lang sind. Die Teigstreifen mit Olivenöl einpinseln und je eine Lauchstange einrollen, die Enden offen lassen. Die Oberfläche der Rollen mit Öl bestreichen, damit sie schön bräunen, und mit Sesam bestreuen.

Die Lauchrollen auf ein gefettetes Backblech setzen und bei 200 °C im Ofen 20–25 Minuten backen, bis der Phylloteig goldbraun und knusprig ist. In der Zwischenzeit die Sauce zubereiten.

Zum Servieren die Lauchrollen auf Tellern anrichten und mit der Tomaten-Basilikum-Sauce übergießen.

Ofengemüse mit Pesto

Gemüse aus dem Ofen macht kaum Arbeit und läßt sich angesichts der Riesenauswahl, die übers Jahr zusammenkommt, unendlich variieren. Es schmeckt vorzüglich mit Pesto, wie im nebenstehenden Rezept, paßt aber auch gut zu Nudeln oder, kombiniert mit der leichten Tomaten-Basilikum-Sauce von Seite 174, zu Reis und als Füllung in einer Lasagne. Nicht zuletzt ergibt es eine sättigende Beilage.

FÜR 4 PERSONEN

1,25–1,5 kg Gemüse, zum Beispiel kleine Kartoffeln, Lauch, Möhren, Blumenkohl, gelbe Paprikaschoten, Speisekürbis, Auberginen, Brokkoli usw., in mundgerechte Stücke geschnitten
3–4 EL Olivenöl
4–5 EL Pesto trapanese (Seite 169) oder handelsüblicher Pesto
Gegebenenfalls etwas Olivenöl zum Verdünnen

Das vorbereitete Gemüse in einer tiefen Fettpfanne gleichmäßig auslegen und mit Olivenöl beträufeln.

Bei 190 °C im Ofen 40–50 Minuten unter gelegentlichem Wenden garen, bis die Gemüsestückchen leicht gebräunt sind.

Den Pesto gegebenenfalls mit etwas Olivenöl zur gewünschten Konsistenz verdünnen.

Das Gemüse so auf vorgewärmten Tellern anrichten, daß jeder von jeder Sorte etwas bekommt, und den Pesto darüber verteilen.

Überbackene Caponata

Dieses sizilianische Gericht enthält die typischen Zutaten, die nur unter südlicher Sonne ihr volles Aroma entfalten: Oliven, Kräuter und Tomaten sowie die würzig-pikanten Kapern. Die deftigen Aromen harmonieren vorzüglich mit der gratinierten Polenta von Seite 140 – alles in allem ein rustikales Essen mit einem Hauch von Eleganz!

FÜR 4 PERSONEN

1 EL Olivenöl
½ Zwiebel, gehackt
300 g Auberginen, gehackt oder gewürfelt
250 g Zucchini, in Scheiben geschnitten
175 g Fenchel, in Scheiben geschnitten
1 Dose Tomaten (400 g), abgetropft
1 EL Tomatenpüree
1 TL getrocknete Kräutermischung
18 schwarze Oliven, halbiert und entsteint
1 EL Kapern, abgespült
150 ml Gemüsebrühe (Seite 218)
50 g Mozzarella, in kleine Würfel geschnitten
2 TL geriebener Parmesan

Das Öl in einem Topf erhitzen und die Zwiebel darin zugedeckt bei milder Hitze 10 Minuten unter gelegentlichem Rühren dünsten.

Auberginenwürfel, Zucchini- und Fenchelscheiben 3–4 Minuten mitdünsten. Die restlichen Zutaten – bis auf den Käse – unterrühren und bei schwacher Hitze etwa 15 Minuten garen.

Die Gemüsemischung in eine Auflaufform füllen, mit den beiden Käsesorten bestreuen und einige Minuten unter den heißen Grill schieben, bis der Käse Blasen wirft.

Italienischer Auberginenauflauf

Diese gehaltvolle Speise aus dem sonnigen Italien schmeckt am besten mit einem appetitlich angemachten Salat sowie frisch gekochten Nudeln oder frischem Brot. Damit das Ganze besser rutscht, trinkt man dazu ein Glas Rotwein.

FÜR 4–6 PERSONEN

1 kg Auberginen, in dicke Scheiben geschnitten
Salz
Olivenöl zum Bestreichen
300 ml Leichte Tomaten-Basilikum-Sauce (Seite 174)
250 g Mozzarella, in Scheiben geschnitten
150 g Ricotta, in Scheiben geschnitten
1 Handvoll frisches Basilikum
Frisch gemahlener schwarzer Pfeffer
Fein geriebener Parmesan zum Bestreuen

Die Auberginenscheiben mit Salz bestreuen und eine halbe Stunde Wasser ziehen lassen, dann mit Küchenpapier abtrocknen. Die Scheiben mit Olivenöl bepinseln und nebeneinander auf ein Backblech legen.

Bei 220 °C im Ofen 12 Minuten braten, bis sie weich und leicht gebräunt sind. Abkühlen lassen.

Die Auberginenscheiben abwechselnd mit der Sauce, den Mozzarella- und Ricottascheiben in eine leicht geölte Auflaufform schichten, jede Schicht mit einigen Basilikumblättern bestreuen und mit frisch gemahlenem Pfeffer würzen. Mit einer Lage Mozzarella abschließen und mit Parmesan bestreuen.

Im Ofen bei 180 °C 40 Minuten überbacken. Heiß servieren.

Pilze Stroganoff

Wenn Sie mich fragen, so ist dies das beste Rezept für die berühmte Beilage. Kredenzt wurde sie mir von Freunden in Moskau, und ich denke gern zurück an jenen lustigen Abend, als mir die sprichwörtliche Herzlichkeit und Gastfreundschaft der Russen zuteil wurde. Pilze Stroganoff, für die ich gern möglichst viele Pilzarten verwende, zählt heute zu meinen Lieblingsgerichten.

FÜR 2–3 PERSONEN

50 g Butter oder Margarine
2 Zwiebeln, geschält und gehackt
500 g gemischte Speisepilze wie weiße und braune Champignons mit flachem Hut, Austernpilze, Pfifferlinge, Steinpilze, Shiitake usw., in Scheiben geschnitten
150 ml Rotwein
1 EL Sojasauce
3 TL Paprikapulver
1/4 TL geriebene Muskatnuß
1/2 TL gemahlener Zimt
Salz und frisch gemahlener Pfeffer
300 ml saure Sahne
Gehackter Estragon zum Garnieren

Das Fett in einer Bratpfanne zerlassen und die Zwiebeln darin bei milder Hitze zugedeckt 10 Minuten dünsten. Die Temperatur etwas heraufschalten, die vorbereiteten Pilze unterrühren und 5 Minuten zugedeckt garen, bis sie Wasser ziehen.

Den Rotwein und die Sojasauce zugießen und mit Paprika, Muskatnuß und Zimt würzen. Mit Salz und Pfeffer abschmecken. In der offenen Pfanne etwa 5 Minuten weiterköcheln lassen, bis die Flüssigkeit um die Hälfte reduziert ist.

Die Pfanne von der Kochstelle nehmen und die saure Sahne unterrühren. Die Pilze mit gehacktem Estragon bestreuen und mit Reis servieren.

Blumenkohl und Champignons in Schwarzer-Bohnen-Sauce mit Cashewnüssen

Ein Gericht aus dem Wok, das phantastisch schmeckt und im Nu zubereitet ist. Dazu passen entweder Reis oder Nudeln. Schwarze-Bohnen-Sauce ist in gut sortierten Supermärkten und asiatischen Lebensmittelgeschäften erhältlich und sollte für solche Zubereitungen in keinem Vorratsschrank fehlen.

Für 2–3 Personen

V

1 EL Erdnußöl
350 g Blumenkohl, in kleine Röschen zerteilt
350 g kleine Champignons, halbiert
2 Knoblauchzehen, geschält und in Scheiben geschnitten
50 g Cashewnüsse (ungeröstet)
2 EL Schwarze-Bohnen-Sauce
2 EL geröstetes Sesamöl
1 Handvoll Koriandergrün zum Garnieren

Das Öl in einem Wok bis zum Rauchpunkt erhitzen und den Blumenkohl und die Pilze darin etwa 1 Minute ständig wenden, bis sie von einem feinen Fettfilm überzogen sind.

Den Knoblauch und die Cashewnüsse zugeben und bei schwacher Hitze dünsten. 2 Eßlöffel Wasser zugießen, einen fest schließenden Deckel auflegen und das Gemüse in etwa 4–5 Minuten im Dampf garen.

Die Schwarze-Bohnen-Sauce unterrühren und im geschlossenen Wok bei sehr milder Hitze einige Minuten durchwärmen.

Kurz vor dem Servieren das geröstete Sesamöl behutsam unterrühren und das Gemüse mit Koriandergrün garnieren.

Buchweizen mit Röstgemüse

Dieses Gericht zählt zu meinen Favoriten und kommt auch in »Notzeiten« regelmäßig auf den Tisch. Der kernige, kräftige Geschmack von Buchweizen ist kaum zu überbieten. In diesem Rezept verbindet er sich mit einem Gemüse-Allerlei, das herrlich nach Thymian und Knoblauch duftet, zu einer außergewöhnlichen Speise. Das Gemüse läßt sich je nach Jahreszeit beliebig variieren.

Für 4 Personen

V

250 g Auberginen
250 g Brokkoli (grün oder rot)
250 g Speisekürbis oder Zucchini
250 g Tomaten
175 g Frühkartoffeln
5 EL Olivenöl
2 TL frischer Thymian
250 g gerösteter Buchweizen (Seite 18)
2 Knoblauchzehen, geschält und zerdrückt
Salz und frisch gemahlener Pfeffer

Das geputzte Gemüse in mundgerechte Stücke schneiden und in der Fettpfanne des Ofens ausbreiten. Mit 4 Eßlöffeln Olivenöl beträufeln und im Ofen bei 190 °C etwa 25–35 Minuten rösten, zwischendurch mehrmals wenden.

Gleichmäßig mit Thymian bestreuen und weitere 15 Minuten rösten, bis die Gemüsestückchen gar und leicht gebräunt sind.

In der Zwischenzeit das restliche Öl in einem Topf erhitzen und den Buchweizen darin wenden, bis alle Körner mit Öl überzogen sind. Mit Wasser bedecken, aufkochen lassen, die Temperatur herunterschalten und einen Deckel auflegen. Den Buchweizen bei milder Hitze 6–8 Minuten köcheln lassen, bis die Körner weich, aber noch nicht zerkocht sind.

Abtropfen lassen, den zerdrückten Knoblauch unterrühren und mit dem Röstgemüse vermengen.

Mit Salz und Pfeffer abschmecken und servieren.

Sahniges Kartoffel-Lauch-Gratin

Diese Mischung aus Kartoffeln, Lauch und reichlich Sahne ist eine Variante des berühmten französischen Gratin dauphinois *und bäckt langsam im Ofen vor sich hin. Das Ergebnis ist ein gesundes Winteressen, das den Magen wärmt. Pur ein Genuß! Mit einem Salat wird daraus eine einfache Mahlzeit. Auf einer Party kann man das Gratin seinen Gästen gut als Beilage anbieten.*

FÜR 6 PERSONEN

875 g Kartoffeln, geschält
500 g Lauch, geputzt und gewaschen
Butter oder Margarine
Salz und frisch gemahlener Pfeffer
1–2 Knoblauchzehen, geschält und in Scheibchen geschnitten (nach Belieben)
300 ml Sahne
300 ml fettarme Kuhmilch oder Sojamilch

Die Kartoffeln in hauchdünne Scheiben schneiden, entweder auf der Schneidfläche einer Reibe oder in der Küchenmaschine. Einige Minuten in kaltes Wasser legen, abtropfen lassen und mit einem Geschirrtuch trockentupfen.

Die Lauchstangen in dünne Scheiben schneiden. Kartoffel- und Lauchscheiben abwechselnd in eine flache, gut gebutterte Gratinform schichten, jede Schicht mit Salz, Pfeffer und nach Belieben mit Knoblauch würzen. Erst mit der Sahne, dann mit der Milch übergießen.

1½ Stunden bei 170 °C backen. In den letzten 10 Minuten die Temperatur auf 190 °C erhöhen, damit die Oberfläche schön braun und knusprig wird.

Gefüllter Kürbis

Für dieses Rezept ist im Grunde jeder Speisekürbis geeignet, er sollte nur die entsprechende Größe besitzen. Nicht zuletzt bekommen Sie mit dieser Zubereitung die sommerliche Kürbisschwemme einigermaßen in den Griff. Vor allem weichschaliger Kürbis schmeckt vorzüglich, wenn er wie hier mit einer schmackhaften Füllung langsam im Ofen gart. Reichen Sie dazu den Wintersalat von Seite 198, und Sie sind bestens gerüstet für einen kalten Winterabend.

FÜR 4 PERSONEN

V

2 EL Olivenöl
100 g gerösteter Buchweizen (Seite 18)
4 Frühlingszwiebeln, fein gehackt
2 mittelgroße Möhren, gerieben
100 g Spinat, gewaschen, tropfnaß (im eigenen Saft) gegart
2 EL frisch gehackte Minze
2–3 TL Sojasauce
Reichlich frisch gemahlener schwarzer Pfeffer
1 großer Speisekürbis, vorzugsweise Butternut
Tabasco

In einem mittelgroßen Topf 1 Eßlöffel Öl erhitzen und den Buchweizen darin bei starker Hitze unter Rühren anrösten, um sein Eigenaroma zu verstärken. Mit Wasser bedecken und 10–12 Minuten bei schwacher Hitze garen, bis die Körner weich, aber noch nicht zerkocht sind.

In der Zwischenzeit die Frühlingszwiebeln im restlichen Öl anschwitzen, die geriebenen Möhren zufügen und unter Rühren weich garen.

Den Spinat hacken und mit der Minze und der Möhrenmischung unter den gekochten Buchweizen rühren. Mit Sojasauce und frisch gemahlenem schwarzem Pfeffer abschmecken. ◈

Den Kürbis längs halbieren und die Kerne mit einem Löffel herausschaben, so daß in der Mitte eine Vertiefung entsteht. Die Füllung in die ausgehöhlten Kürbishälften verteilen und den Kürbis wieder zusammensetzen. In Alufolie wickeln und bei 180 °C im Ofen in 2 Stunden »butterweich« backen.

Die Folie entfernen und den Kürbis – in dicke Scheiben geschnitten – servieren. Tabasco auf den Tisch stellen für alle, die gern scharf essen.

Auberginen und grüne Bohnen in Kokosmilch mit Zitronengras und Chili

Mit viel Glück finden Sie Zitronengras in gut sortierten Supermärkten oder in asiatischen Lebensmittelgeschäften. Sein intensives Zitronenaroma harmoniert in diesem Rezept vortrefflich mit den übrigen Zutaten.

FÜR 4–6 PERSONEN

V

- 60 g Kokosmilchpulver
- 450 ml Wasser
- 500 g Auberginen, klein gewürfelt
- 250 g breite Bohnen, die Enden entfernt, abgefädelt und in 1 cm lange Stücke geschnitten
- ½ Chinakohl, in feine Streifen geschnitten
- 5 Schalotten, geschält und in feine Scheiben geschnitten
- 4 Knoblauchzehen, geschält und in feine Scheiben geschnitten
- 6 Wasserkastanien, in feine Scheiben geschnitten
- 2 TL Cayennepfeffer
- 1 knapper EL gemahlener Koriander
- Saft und abgeriebene Schale von ½ unbehandelten Limette
- 1 TL Salz
- 3–4 Stengel Zitronengras, angedrückt
- 1–2 kleine grüne Chillies, fein gehackt
- 50 g trocken geröstete Erdnüsse, grob zerstoßen
- Koriandergrün zum Garnieren

Das Kokosmilchpulver mit dem Wasser zu einer dickflüssigen Creme rühren.

Das vorbereitete Gemüse mit den Gewürzen, Zitronensaft und -schale, Salz, Zitronengras und Chillies in einen Schmortopf füllen und, mit der Kokosmilch bedeckt, bei sehr milder Hitze 20–25 Minuten köcheln lassen, bis alle Gemüsestückchen weich sind.

Etwa 20 Minuten stehen lassen, damit sich alle Aromen voll entfalten können. Mit den Erdnüssen bestreuen und mit Koriandergrün garnieren. Dazu Nudeln oder Jasmin-Reis reichen.

KOKOSMILCH

Kokosmilch ist schnell zubereitet, und zwar aus Kokosmilchpulver, das es, in Tüten abgepackt, in asiatischen Lebensmittelgeschäften und gut sortierten Supermärkten gibt. Einfach das Pulver je nach Packungsanweisung mit der erforderlichen Wassermenge anrühren. So entsteht entweder eine dicke, cremige Kokosmilch oder eine dünnflüssige Variante.

Pfannengerührte grüne Bohnen und Zucchini mit Ingwer und Knoblauch

Dieses pfannengerührte Gericht ist ein fernöstlicher Klassiker und genau das Richtige, wenn es mal an Zeit, Energie und Lust zum Kochen mangelt, Sie aber trotzdem etwas Schmackhaftes und Gesundes essen möchten. Sobald Sie die Grundregeln des Pfannenrührens beherrschen, können Sie nach Lust und Laune improvisieren – und obendrein schmeckt diese Art der Zubereitung unvergleichlich gut.

FÜR 2–3 PERSONEN

V

- 1 EL Erdnußöl
- 250 g Prinzeßbohnen
- 500 g Zucchini
- 75 g Bambussprossen, in feine Scheiben geschnitten
- 2 cm frischer Ingwer, geschält, fein gerieben
- 3 Knoblauchzehen, geschält und in hauchdünne Scheiben geschnitten
- 3 Frühlingszwiebeln, in feine Scheiben geschnitten
- 2 EL Schwarze-Bohnen-Sauce

In einem Wok das Öl bis zum Rauchpunkt erhitzen und alles Gemüse unter ständigem Rühren bei starker Hitze 1-2 Minuten anbraten. Die Temperatur herunterschalten, 2–3 Eßlöffel Wasser zugießen und das Gemüse zugedeckt im Dampf in etwa 3–4 Minuten bißfest garen.

Ingwer, Knoblauch und Frühlingszwiebeln zugeben und bei schwacher Hitze weitere 2 Minuten pfannenrühren. Die Schwarze-Bohnen-Sauce zufügen und 1 Minute weiterrühren. Sofort mit Basmati- oder Jasmin-Reis zu Tisch bringen.

Gemüse-Satay spezial

Das Rezept eines indonesischen Freundes brachte mich auf die Idee, dieses Gericht zu kreieren. Es macht keine Mühe, da mittlerweile alle Zutaten leicht zu beschaffen sind. Kokosmilchpulver ist eine tolle Erfindung. Fertige Satay-Sauce gibt es in den meisten Supermärkten zu kaufen, wobei sich die einzelnen Marken qualitativ zum Teil gewaltig unterscheiden. Ein Vergleich lohnt sich also! Zu dieser köstlichen Speise passen ausgezeichnet dünne Eiernudeln.

FÜR 6 PERSONEN

V

60 g Kokosmilchpulver
450 ml Wasser
2 Stück Zitronengras (je 7,5 cm)
2,5 cm frischer Ingwer, geschält und geraspelt
1 kleine grüne Chilischote
4 Limettenblätter, in Stücke gerissen, oder die Schale von ½ unbehandelten Limette
100 g Sataysauce (Seite 34)
1,5 kg gemischtes Gemüse wie Chinakohl, Bambussprossen, Süßkartoffeln (Bataten), Blumenkohl, Champignons, Bohnensprossen, Prinzeßbohnen, Brokkoli, Zucchini, Zuckerschoten, Baby-Mais usw., in sehr kleine Stücke geschnitten und im Dampf gegart (Seite 30)
1 Handvoll Koriandergrün zum Garnieren

In einem Topf das Kokosmilchpulver mit dem Wasser zu einer geschmeidigen Creme verrühren. Das Zitronengras, den Ingwer, die Chilischote und die Limettenblätter oder -schale darin bei sehr milder Hitze zugedeckt 30 Minuten simmern lassen, dann abseihen.

Nach und nach mit der Sataysauce vermischen und glatt rühren. ◆

Die Sauce über das vorbereitete Gemüse gießen und gründlich mischen. Mit frischen Korianderblättern garnieren und sofort servieren.

Gebratener Blumenkohl mit Cashewnüssen auf Spinat

Ursprünglich stammt die Idee zu diesem Gericht von einem chinesischen Freund, der seine Art zu kochen dem westlichen Kochstil angepaßt hat. Blumenkohl, Tomaten und Cashewnüsse werden dafür unter Rühren im Wok gegart – der Blumenkohl sollte noch »Biß« haben –, mit Ingwer, Knoblauch und Frühlingszwiebeln verführerisch gewürzt und anschließend auf gekochtem Spinat angerichtet. Dieses Mahl wird Ihnen unvergeßlich bleiben!

FÜR 4 PERSONEN

V

1 EL Erdnußöl
1 Blumenkohl, in kleine Röschen zerteilt
750 g Spinat
1 Knoblauchzehe, geschält und in Scheibchen geschnitten
½ TL fein geriebener frischer Ingwer
2 reife Tomaten, enthäutet (Seite 30)
6 Frühlingszwiebeln, in feine Scheiben geschnitten
50 g Wasserkastanien, in feine Scheiben geschnitten
75 g Cashewnüsse
1–2 EL Sojasauce
Meersalz, frisch gemahlener schwarzer Pfeffer

Das Öl in einem Wok (oder einer großen Pfanne) erhitzen und die Blumenkohlröschen darin bei starker Hitze 5–6 Minuten pfannenrühren.

Den Spinat waschen und tropfnaß im geschlossenen Topf bei mittlerer Hitze zusammenfallen lassen. Gründlich abtropfen lassen.

2–3 Eßlöffel Wasser zum Blumenkohl geben und die Röschen zugedeckt bei schwacher Hitze 3–4 Minuten im Dampf weitergaren. Die Temperatur etwas erhöhen, Knoblauch und Ingwer einrühren. Die Tomaten hacken und mit den Frühlingszwiebeln und den Wasserkastanien zufügen, weitere 2 Minuten pfannenrühren. Die Cashewnüsse untermischen. Mit Sojasauce abschmecken.

Den gut abgetropften Spinat fein hacken und mit Meersalz und Pfeffer würzen. Auf vier kleine Teller verteilen. Das pfannengerührte Gemüse bergartig darauf anrichten und sofort mit Basmati- oder Jasmin-Reis servieren.

Auberginen auf persische Art

Diese sehr ungewohnte Art, Auberginen zuzubereiten, stammt aus dem Mittleren Osten: Die Eierfrüchte verstecken sich unter einer Kruste, die lieblich nach Kräutern und Gewürzen duftet. Dazu paßt ausgezeichnet ein Kartoffelgericht Ihrer Wahl und die Leichte Tomaten-Pecorino-Sauce von Seite 179. Ideal auch als Vorspeise für ein festliches Essen.

FÜR 4 PERSONEN

3 mittelgroße Auberginen
Salz
250 g griechischer Joghurt
6 Frühlingszwiebeln, fein gehackt
2 Knoblauchzehen, geschält und zerdrückt
50 g körnige Erdnußbutter
Abgeriebene Schale von 1 unbehandelten Zitrone
2 EL gehacktes Koriandergrün
2 TL gemahlener Kreuzkümmel
1 Prise Cayennepfeffer
Olivenöl zum Bestreichen

Die Auberginen längs in dünne Scheiben schneiden, auf einer Seite salzen und etwa 30 Minuten Flüssigkeit ziehen lassen.

Die restlichen Zutaten – bis auf das Öl – verrühren.

Die Auberginenscheiben mit Küchenpapier trockentupfen und nebeneinander auf ein großes, mit Olivenöl bestrichenes Backblech legen. Die Scheiben mit der gewürzten Erdnußbutter bestreichen und bei 180 °C im Ofen 25–30 Minuten backen, bis die Auberginen weich sind und der Aufstrich knusprig und leicht gebräunt ist. Heiß oder warm servieren.

Pfannengerührtes Gemüse mit geschmolzenem Käse

Dieses denkbar einfache Gericht aus dem Wok ist überaus köstlich und saftig, ja, es schmeckt nach mehr. Da die Zubereitung nur wenige Minuten erfordert, ist es das ideale Essen, wenn die Zeit drängt, und trotzdem lohnend für den, der kocht.

FÜR 3–4 PERSONEN

2 EL Olivenöl
250 g Brokkoli, in kleine Röschen zerteilt
250 g Champignons, in Scheiben geschnitten
150 g Prinzeßbohnen, geputzt und halbiert
250 g Speisekürbis, geschält und gewürfelt
250 g Lauch, in feine Streifen geschnitten
1–2 TL Sojasauce
1–2 Knoblauchzehen (nach Belieben)
100 g Cheddar oder Gouda (nach Belieben fettarm), gerieben

Das Öl in einem Wok bis zum Rauchpunkt erhitzen und die vorbereiteten Gemüsestückchen darin bei starker Hitze pfannenrühren, bis sie mit dem Öl überzogen sind und zu bräunen beginnen.

Die Hitze reduzieren und das Gemüse mit Sojasauce und Knoblauch, falls verwendet, würzen. Alles gründlich verrühren und zugedeckt 7–8 Minuten im Dampf garen, bis das Gemüse weich ist, aber noch etwas »Biß« hat.

Den geriebenen Käse darüber streuen und zugedeckt 1–2 Minuten abseits der Kochstelle stehen lassen, bis der Käse geschmolzen ist.

Direkt aus dem Wok servieren. Dazu Nudeln oder Reis und einen grünen Salat reichen.

Pfannengerührtes Gemüse mit Gelber-Bohnen-Sauce und Chili

Da Zutaten wie Gelbe-Bohnen-Sauce in asiatischen Lebensmittelgeschäften leicht zu beschaffen sind, sollte man sich ruhig öfter an fernöstlichen Zubereitungen versuchen. Das nebenstehende Rezept wurde dem westlichen Gaumen angepaßt. Das fertige Gericht sieht nicht nur phantastisch aus, die aromatischen Gewürze »kitzeln« ganz gewiß auch den Gaumen.

FÜR 3–4 PERSONEN

V

1 EL Olivenöl
2 Schalotten, geschält und in feine Scheiben geschnitten
1 cm frischer Ingwer, geschält und gerieben
1 Knoblauchzehe, geschält und zerdrückt
1 kleine rote Chilischote, in hauchdünne Scheiben geschnitten
2 EL Gelbe-Bohnen-Sauce

2 EL Erdnußöl
250 g Zucchini, geputzt
100 g Zuckerschoten, die Enden entfernt und abgefädelt
175 g Blumenkohlröschen
350 g Brokkoli
175 g Süßkartoffeln (Bataten)
1 Handvoll Koriandergrün zum Garnieren

Das Olivenöl in einem Topf erhitzen und die Schalotten darin zugedeckt bei sehr milder Hitze 5–8 Minuten dünsten. Ingwer, Knoblauch und Chilischote zugeben und bei schwacher Hitze ein paar Minuten weiterdünsten. Die Gelbe-Bohnen-Sauce unterrühren.

Das Erdnußöl in einem Wok bis zum Rauchpunkt erhitzen. Das vorbereitete Gemüse auf einmal hineingeben und bei starker Hitze 3–4 Minuten pfannenrühren. 2–3 Eßlöffel Wasser zugießen und das Gemüse zugedeckt bei milder Hitze in etwa 6–7 Minuten bißfest garen.

Die Sauce unterrühren und 1 Minute durchwärmen. Das Gemüse mit frischen Korianderblättern garnieren und mit Nudeln oder Jasmin-Reis zu Tisch bringen.

Überbackener Fenchel mit Blauschimmelkäse

Eine wunderbare Speise, die verführerisch duftet und zu der neue Kartoffeln und ein grüner Salat ausgezeichnet passen. Den Fenchel kann man durch Lauch ersetzen – beides ist ein Genuß!

FÜR 4 PERSONEN

2 Knollen Fenchel (je etwa 500 g)
100 g fettarmer körniger Frischkäse
50 g Blauschimmelkäse wie Danablu, Gorgonzola, Roquefort usw.

Frisch gemahlener schwarzer Pfeffer
50 g frische Brotkrumen (Seite 42)
1 EL Olivenöl
Leichte Tomaten-Basilikum-Sauce (Seite 174)

Die Fenchelknollen in Wasser 8–10 Minuten weich kochen, abgießen und abkühlen lassen. Die einzelnen Blattschichten vorsichtig lockern, aber nicht ganz ablösen. Die Knolle soll intakt bleiben.

Den körnigen Frischkäse mit dem Blauschimmelkäse in der Küchenmaschine mixen und mit schwarzem Pfeffer abschmecken. In einer separaten Schüssel die Brotkrumen mit dem Olivenöl vermischen. ◈

Die Käsemasse zwischen die einzelnen Blattschichten der Fenchelknollen streichen und die Knollen in eine feuerfeste Form legen. Mit der Tomaten-Basilikum-Sauce übergießen und mit den Brotkrumen bestreuen.

Bei 180 °C im Ofen 20 Minuten überbacken, bis sich eine goldbraune Kruste gebildet hat. Heiß servieren.

Die vielseitige Kartoffel

Die Kartoffel ist ein Grundnahrungsmittel und ein beliebtes »Gemüse«. Außer zu Pommes frites kann sie auf unzählige andere Arten zubereitet werden. Bei der Vielzahl der Kartoffelsorten muß man schon verschiedene durchprobieren, um seine Lieblingssorten zu finden. Grundsätzlich wird in mehlig, fest und vorwiegend fest kochende Sorten unterschieden. Erstere eignen sich besonders für Püree und Suppen, letztere sind besser für Salate.

Um die wertvollen Inhaltsstoffe nicht auszuschwemmen, sollten Kartoffeln in der Schale gekocht werden. Und wer schädliche Chemikalien meiden will, kauft biologisch angebaute Kartoffeln. Preislich gibt es kaum Unterschiede zu herkömmlich produzierten Kartoffeln, doch qualitativ und geschmacklich trennen sie Welten.

Knusprige Kartoffelschalen mit Salsa

Wenn man die Schalen von gebackenen Kartoffeln in Olivenöl taucht und anschließend im Ofen »aufknuspert«, schmecken sie phantastisch gut. Dazu paßt Salsa oder Sataysauce.

Für 3–4 Personen

4 große Backkartoffeln
3 EL Olivenöl
Schnelle Salsa (½ Rezept, Seite 84) zum Servieren

Die Kartoffeln gründlich waschen, mehrmals mit einem Stäbchen einstechen und bei 220 °C im Ofen 1 Stunde backen. Die Knollen halbieren, das Fleisch herauskratzen und anderweitig verwenden, zum Beispiel für Kartoffelpüree oder für den Kartoffel-Spinat-Ring auf Seite 119. Die Schalen in drei Streifen schneiden, in Olivenöl tauchen und nochmals 10 Minuten im Ofen knusprig backen. Mit der Salsa heiß servieren.

Knusprige Kartoffelschalen mit Salsa; Bratkartoffeln mit Spiegelei und Paprika (Seite 113); Kartoffelsalat mit sonnengetrockneten Tomaten (Seite 116).

Ungarischer Kartoffeltopf

Für dieses ländliche Gericht aus Ungarn werden die Kartoffeln ganz langsam mit Zwiebeln, Paprika und Tomaten geschmort. Ein deftiges Essen, das vor allem bei kalter Witterung von innen schön wärmt.

FÜR 3–4 PERSONEN

2 EL Olivenöl
1 mittelgroße Zwiebel, geschält und fein gehackt
1–2 TL Paprikapulver
2 große Tomaten, enthäutet und grob gehackt
500 g kleine Kartoffeln, in dicke Scheiben geschnitten
Etwa 350 ml Gemüsebrühe (Seite 218)
Meersalz und frisch gemahlener schwarzer Pfeffer
Gehackte Petersilie zum Garnieren

Das Öl in einem Schmortopf (Kasserolle) erhitzen und die Zwiebel darin zugedeckt in 4–5 Minuten weich dünsten. Das Paprikapulver einrühren, die Tomatenstückchen und die Kartoffelscheiben untermischen. So viel Brühe zugießen, daß das Gemüse bedeckt ist.

Mit Alufolie abdecken und bei 180 °C im Ofen 45 Minuten garen, bis die Kartoffeln weich sind.

Mit Salz und Pfeffer abschmecken und den Kartoffeltopf, mit Petersilie bestreut, zu Tisch bringen.

Kartoffeln Lyoner Art

Lyon ist berühmt für seine Gastronomie, und dieses Kartoffelrezept mit dem unverfälschten Geschmack der ländlichen Küche Frankreichs zeigt die Kartoffeln von ihrer besten Seite: langsam in der Pfanne gebraten mit Zwiebeln.

FÜR 4 PERSONEN
(mit Margarine)

750 g Kartoffeln
2 EL Olivenöl
50 g Butter oder Margarine
2 Zwiebeln, geschält und in feine Scheiben geschnitten
Meersalz
Frisch gemahlener schwarzer Pfeffer
1 Prise Macis
Gehackte Petersilie zum Garnieren

Dickschalige Kartoffeln schälen. Knollen mit zarter, dünner Schale nur abbürsten und in recht dünne Scheiben schneiden. In einer schweren Bratpfanne das Olivenöl mit gut der Hälfte der Butter oder Margarine erhitzen und die Kartoffelscheiben darin unter Wenden anbraten.

Die Hitzezufuhr reduzieren und die Kartoffeln zugedeckt bei milder Hitze unter gelegentlichem Wenden 30 Minuten garen, die Scheiben aber nicht so weich werden lassen, daß sie zerfallen.

In der Zwischenzeit die Zwiebeln im restlichen Fett bei schwacher Hitze unter Rühren anschwitzen, dann zugedeckt bei sehr milder Hitze 10–15 Minuten dünsten – zwischendurch hin und wieder rühren –, bis sie weich und süßlich sind.

Die Zwiebeln unter die Kartoffeln heben. Mit Meersalz, Pfeffer und Macis abschmecken.

Die Bratkartoffeln mit gehackter Petersilie bestreuen und entweder direkt aus der Pfanne oder in einer vorgewärmten Schüssel servieren.

Kartoffelcurry mit Brokkoli

Die unkomplizierte Zubereitung nach indischer Art ist temperamentvoll gewürzt und schmeckt besonders gut bei klirrender Kälte. Reichen Sie dazu Naan, das ist *indisches Fladenbrot, und Reis.*

FÜR 4–6 PERSONEN

V

750 g Kartoffeln, unter fließendem Wasser abgebürstet und gewürfelt
2 TL gemahlene Kurkuma
2 TL Salz
3 EL Sonnenblumenöl
2 mittelgroße Zwiebeln, geschält und in Scheiben geschnitten
3 TL Kreuzkümmel
3 Knoblauchzehen, geschält und in Scheiben geschnitten
1 TL Chilipulver
2–3 TL gemahlener Ingwer
2–3 TL gemahlener Koriander
3 große Tomaten, gehackt
750 g Brokkoli, in kleine Röschen zerteilt (die Stiele mitverwenden)

Die Kartoffeln in einem Topf knapp mit Wasser bedecken, Kurkuma und Salz einstreuen, zum Kochen bringen und bei schwacher Hitze in 8–10 Minuten weich kochen. Abgießen, das Kochwasser auffangen.

Das Öl in einer Pfanne erhitzen und die Zwiebeln darin bei mittlerer Hitze 5 Minuten unter Rühren goldgelb anschwitzen. Kreuzkümmel und Knoblauch unterrühren und 1–2 Minuten weitergaren, dann die gemahlenen Gewürze zugeben. Die Tomatenstückchen mitsamt ihrer Flüssigkeit unterrühren und 2 Minuten dünsten. Zuletzt die Brokkoliröschen untermischen.

So viel vom zurückbehaltenen Kartoffelwasser einrühren, bis eine dicke, cremige Sauce entsteht. Zum Kochen bringen und zugedeckt bei milder Hitze 6–8 Minuten köcheln lassen, bis der Brokkoli gar ist. Die Kartoffeln behutsam untermischen und das Curry mit Salz abschmecken.

Bratkartoffeln mit Spiegelei und Paprika

Ein genüßliches Abendessen – schmackhaft, ganz einfach in der Zubereitung und mit Biokartoffeln ein geradezu himmlischer Genuß. Sie werden den Unterschied schmecken.

FÜR 2–3 PERSONEN

500 g Frühkartoffeln
1 EL Olivenöl
1 gelbe Paprikaschote, Samen und Scheidewände entfernt, in Streifen geschnitten
Meersalz und frisch gemahlener schwarzer Pfeffer
1 EL Sonnenblumenöl
3 frische Eier

Die Kartoffeln unter fließendem Wasser abbürsten und in dünne Scheiben schneiden. Das Olivenöl in einer Bratpfanne mit Antihaft-Beschichtung erhitzen und die Kartoffelscheiben mit den Paprikastreifen darin unter Wenden anbraten. Die Hitzezufuhr reduzieren, das Gemüse mit Salz und Pfeffer betreuen und zugedeckt etwa 30 Minuten dämpfen, bis die Kartoffeln gar sind.

Kurz vor Ende der Garzeit die Eier braten. Das Sonnenblumenöl in einer separaten Pfanne erhitzen, die Eier in die Pfanne schlagen und 1–2 Minuten ungestört braten lassen, bis das Eiweiß fest und weiß, das Eigelb aber noch flüssig ist. Die Spiegeleier behutsam auf den Bratkartoffeln anrichten. Salzen, pfeffern und das Gericht direkt aus der Pfanne servieren.

Kartoffel-Blumenkohl-Okra-Curry

Dieses einfache indische Gericht aß ich einst in Haiderabad bei einer befreundeten Familie und war davon hellauf begeistert. Ingwer, Knoblauch, Kreuzkümmel und Koriander verleihen dem Gemüse eine würzige Note und Kurkuma die gelbe Farbe. Mit Basmati-Reis und Naan, *indischem Fladenbrot, wird daraus ein ideales Abendessen für die Familie.*

Für 3–4 Personen

350 g kleine Kartoffeln, unter fließendem Wasser abgebürstet
350 g Blumenkohl
175 g Okraschoten
2 kleine Zwiebeln, geschält und in Scheiben geschnitten
2 Knoblauchzehen, geschält und gehackt
25 g frischer Ingwer, geschält und in Scheibchen geschnitten
2 TL Kreuzkümmel
2 TL Koriandersamen
2 TL gemahlene Kurkuma
2 EL Olivenöl
Salz

Zunächst das Gemüse vorbereiten: Die Kartoffeln in 5–6 Minuten gar kochen; abgießen, das Kochwasser auffangen und die Kartoffeln vierteln. Den Blumenkohl und die Okraschoten im Dampf garen, dann in mundgerechte Stücke schneiden.

Die Zwiebeln mit Knoblauch, Ingwer, den Gewürzen und 4 Eßlöffeln Kartoffelwasser im Mixer pürieren.

Das Öl in einer Pfanne erhitzen und das Püree darin kurz aufschäumen lassen. Die Temperatur zurückschalten und zugedeckt bei mittlerer Hitze 5–8 Minuten dünsten. (Falls das Püree in der Pfanne anhängen sollte, etwa 150 ml Kartoffelwasser zugießen.)

Zuletzt das vorbereitete Gemüse unterrühren und erhitzen. Nach Belieben etwas nachsalzen und sofort servieren.

Kartoffelsalat mit Dill

Einfacher geht's kaum: Dieser köstliche Kartoffelsalat ist mit einer Blumenkohl-Quiche (Seite 156) und einem grünen Blattsalat das perfekte Essen an einem schönen Sommertag im Freien.

Für 2–3 Personen

2–3 EL Mayonnaise (Seite 206)
2 TL Balsamessig
4 Frühlingszwiebeln, fein gehackt
1 großes Bund frischer Dill, gehackt
Meersalz und Pfeffer
350 g kleine Frühkartoffeln aus kontrolliert-ökologischem Anbau, unter fließendem Wasser abgebürstet

Die Mayonnaise mit dem Essig verrühren, die gehackten Frühlingszwiebeln und den Dill unterrühren. Mit Salz und Pfeffer abschmecken.

Die Kartoffeln knapp gar kochen; sie sollten innen noch etwas Biß haben. Abgießen, abkühlen lassen, halbieren und in eine Servierschüssel füllen. Die Dill-Mayonnaise darüber schöpfen und unter die Kartoffeln heben. Mit frischem Dill bestreuen und zu Tisch bringen.

Kartoffelsalat mit sonnengetrockneten Tomaten

Ein besonderes Kartoffelvergnügen verspricht dieser Salat mit interessanter Geschmackskomponente: hervorragend geeignet als sommerliche Vorspeise und mit grünem Salat eine gute Wahl für ein besonderes Mittagessen.

FÜR 2–3 PERSONEN

V

FÜR DEN SALAT

250 g Frühkartoffeln

50 g sonnengetrocknete Tomaten in Öl

1 gelbe Paprikaschote, Samen und Scheidewände entfernt und enthäutet (Seite 30)

½ rote Zwiebel, geschält und fein gehackt

Senfvinaigrette (Seite 204)

Meersalz

ZUM SERVIEREN

Gemischte Salatblätter

Gehackter Estragon zum Garnieren

Zunächst das Gemüse vorbereiten: Die Kartoffeln unter fließendem kaltem Wasser abbürsten, *al dente* kochen, abgießen und abkühlen lassen, je nach Größe halbieren oder vierteln. Die sonnengetrockneten Tomaten in nicht zu schmale Streifen schneiden. Die Paprikaschote zuerst in Streifen, dann in quadratische Stücke schneiden. ◆

Die Kartoffeln, Tomaten- und Paprikastückchen mit der gehackten roten Zwiebel und der Senfvinaigrette vermischen. Mit Meersalz abschmecken und gründlich vermengen. Den Kartoffelsalat auf den Salatblättern bergartig anrichten und mit gehacktem Estragon bestreuen.

Knuspriges Kartoffel-Lauch-Gratin

Ein feiner Magenwärmer an kalten Winterabenden: Lauch und Kartoffeln, mit Rosmarin gegart, mit Tomaten vermischt und mit Sonnenblumenkernen knusprig überbacken. Das schmeckt der ganzen Familie.

FÜR 2–3 PERSONEN

300 g Kartoffeln, unter fließendem Wasser abgebürstet

150 g Lauch, gewaschen

1 Rosmarinzweig

1 Dose Tomaten in Stücken (400 g), gründlich abgetropft

1 Prise Chilipulver

300 ml Käsesauce (Seite 218)

75 g frische Brotkrumen (Seite 42)

25 g Butter oder Margarine, zerlassen

50 g Sonnenblumenkerne, unter dem Grill geröstet (Seite 134)

1 knapper EL gehackte rohe Zwiebel

Die Kartoffeln und den Lauch fein würfeln, knapp mit Wasser bedecken, den Rosmarin einlegen und 8–10 Minuten leise köcheln lassen. Das Gemüse sollte noch etwas Biß haben. Gründlich abtropfen lassen, den Rosmarinzweig entfernen.

Die abgetropften Tomatenstückchen untermischen. Mit Chilipulver abschmecken und die Käsesauce unterziehen. In eine feuerfeste Form füllen. ◆

Die Brotkrumen in dem zerlassenen Fett wenden, die Sonnenblumenkerne und die rohen Zwiebelwürfel unterheben. ◆

Diese Mischung über das Gemüse verteilen. Bei 180 °C im Ofen 25–30 Minuten überbacken, bis sich eine goldbraune Kruste gebildet hat.

Würzig gebratene Süßkartoffeln

Süßkartoffeln oder Bataten sind ein preiswertes und nahrhaftes Gemüse, das gerade im Winter gern gegessen wird, da es so herrlich wärmt. In der Pfanne knusprig gebraten, ergibt es eine köstliche Beilage zum Pilaw von Seite 146 und einem Salat.

FÜR 2–3 PERSONEN

2 EL Olivenöl
500 g Süßkartoffeln (Bataten), geschält und in dünne Scheiben geschnitten
2 Knoblauchzehen, geschält und in Scheibchen geschnitten
1 TL gemahlener Kreuzkümmel
1 gehäufter TL Currypulver
150 ml Wasser
Salz
Gehacktes Koriandergrün zum Garnieren

Das Olivenöl in einer Bratpfanne erhitzen und die Süßkartoffelscheiben mit dem Knoblauch darin bei mittlerer Hitze unter Wenden braten, bis die Scheiben gänzlich mit Fett überzogen sind und das Öl allmählich aufsaugen.

Die Gewürze untermischen. Das Wasser angießen, die Hitzezufuhr reduzieren und die Kartoffeln zugedeckt im Dampf in 5–6 Minuten *al dente* garen. Nicht übergaren, weil sie sonst zu weich werden und zerfallen. Leicht salzen und kurz vor dem Servieren mit gehacktem Koriandergrün garnieren.

Toskanische Kartoffeln

Dieses traditionelle Rezept aus der mittelitalienischen Landschaft wird seit Generationen weitergereicht. Ein köstliches, leichtes Gericht, das mit einem Salat »solo« serviert werden kann oder als delikate Gemüsebeilage zum Kürbissoufflé von Seite 59.

FÜR 2–3 PERSONEN

500 g kleine Kartoffeln
60 ml Olivenöl
Je 1 kleines Bund frischer Rosmarin und Salbei, gehackt
3 Knoblauchzehen, geschält und in Scheibchen geschnitten
300 ml Wasser oder Gemüsebrühe (Seite 218)
Meersalz

Die Kartoffeln unter fließendem Wasser gründlich abbürsten und in Scheiben schneiden. Das Öl, die Kräuter und den Knoblauch untermischen und bis zu 1 Stunde durchziehen lassen.

Mit dem Wasser oder der Brühe in einen Topf füllen, leicht salzen, aufkochen und 10 Minuten leise köcheln lassen, bis das Wasser vollständig verdampft ist und die Kartoffeln gar sind. Nicht zu lange garen, weil sie sonst zerfallen.

Ofenkartoffeln

Junge Kartoffeln, im Ofen gebacken, sind ein wahrer Hochgenuß. Ich kenne keine einfachere und bessere Zubereitung für die delikaten Knollen.

FÜR 4 PERSONEN

750 g kleine Frühkartoffeln, gewaschen
Olivenöl für das Blech und zum Beträufeln
Fein gehackter Thymian oder Rosmarin (nach Belieben)
Meersalz

Die Kartoffeln halbieren. Die Kartoffelhälften mit der Schnittfläche nach unten auf ein leicht geöltes Backblech legen und mit Olivenöl beträufeln.

Bei 200 °C im Ofen 35–40 Minuten backen, bis die Kartoffeln außen knusprig, aber innen weich sind. 15 Minuten vor Ende der Backzeit mit den Kräutern, falls verwendet, bestreuen.

Zum Servieren in einer Schüssel anrichten und salzen.

Frühkartoffeln mit Kapern

Die würzigen Kapern bilden einen interessanten Kontrast zu den delikaten Frühkartoffeln aus kontrolliertem Anbau – ein kulinarischer Leckerbissen, den man gut als Beilage servieren kann.

FÜR 4 PERSONEN

750 g kleine Frühkartoffeln, unter fließendem Wasser gründlich abgebürstet
25 g weiche Butter oder Margarine
25 g fettarmer Frischkäse
50 g Kapern
Gehackte Petersilie zum Garnieren

Die Kartoffeln in der Schale 8–10 Minuten *al dente* kochen, dann abgießen.

Die Butter oder Margarine mit dem Frischkäse und den Kapern verrühren und über die Kartoffeln verteilen. In eine Schüssel umfüllen und mit gehackter Petersilie bestreuen.

Sofort servieren, solange die Kartoffeln heiß sind und die Sauce noch nicht zerlaufen ist.

Kartoffel-Sellerie-Püree

Dieses einfache Essen ist ein Hochgenuß, treffen hier doch zwei Geschmackskomponenten aufeinander, die sich perfekt ergänzen. Ich serviere das Püree gern mit einem Omelett und dem Wintersalat von Seite 198.

FÜR 4 PERSONEN
(mit Sojamilch) V

500 g Kartoffeln
350 g Knollensellerie
1 kleine Zwiebel, geschält
2 EL Sahne oder fettarme Kuhmilch oder Sojamilch
Salz, frisch gemahlener schwarzer Pfeffer

Die Kartoffeln unter fließendem Wasser gründlich abbürsten, die Sellerieknolle schälen, beides grob würfeln. Die Zwiebel in Scheiben schneiden. Das Gemüse zusammen in einen Topf füllen und, knapp mit Wasser bedeckt, zum Kochen bringen. Bei milder Hitze in 20–30 Minuten sehr weich kochen. Im Kochwasser leicht abkühlen lassen, abgießen, etwas Kochwasser auffangen.

Das Gemüse je nach gewünschter Konsistenz mit genügend Kochwasser im Mixer pürieren. Die Sahne oder Milch unterrühren, salzen und pfeffern.

Das Püree in einer feuerfesten Form bei 180 °C im Ofen 10–15 Minuten durchwärmen oder in einem Topf auf dem Herd kurz erhitzen.

Kartoffel-Spinat-Ring

Dieses klassische Gericht gehört schon lange zu meinen Favoriten. Es ist nahrhaft, sättigend und schmeckt der ganzen Familie – genau richtig bei kaltem Wetter. Reichen Sie dazu den Wintersalat von Seite 198 oder einen grünen Salat.

FÜR 3–4 PERSONEN

PREISWERT ESSEN

Preiswert und gut kochen mit erschwinglichen Grundnahrungsmitteln setzt einen phantasievollen Umgang mit Kräutern und Gewürzen voraus. Reis und Polenta, Pasta und Hülsenfrüchte profitieren nämlich ungemein von Knoblauch oder Chili, von fernöstlichen Gewürzen oder Pesto, von Zwiebeln oder Käse. Aus Wurzelgemüse lassen sich die feinsten Suppen zubereiten, und die Kartoffel, vor allem die Biokartoffel, ist ein wunderbares Gemüse.

750 g Kartoffeln, unter fließendem Wasser gründlich abgebürstet
15 g Butter oder Margarine
Fettarme Kuhmilch oder Sojamilch zum Verdünnen
500 g Spinat, gewaschen
Etwas Sahne, nach Belieben
300 ml Béchamelsauce (Seite 218)
Geriebene Muskatnuß, gemahlener Macis und frisch gemahlener schwarzer Pfeffer

Die Kartoffeln, knapp mit Wasser bedeckt, zum Kochen bringen und 20–25 Minuten leise köcheln lassen, bis sie ganz weich sind. Abgießen, zurück in den Topf geben und mit der Butter oder Margarine zerstampfen. So viel Milch unterrühren, daß ein cremiger, aber fester Brei entsteht.

Eine runde, feuerfeste Pieform fetten. Den Kartoffelbrei so hineinstreichen, daß in der Mitte Platz für den Spinat bleibt (der Kartoffelring kann auch mit dem Spritzbeutel und großer Sterntülle auf ein gefettetes Backblech dressiert werden). Das Püree mit der Rückseite einer Gabel flach drücken.

Den Spinat tropfnaß in einem geschlossenen Topf bei mittlerer Hitze in 4–5 Minuten zusammenfallen, dann gründlich abtropfen lassen und hacken. Mit etwas Sahne, falls verwendet, unter die Béchamelsauce heben. Mit Muskatnuß, Macis und reichlich frisch gemahlenem schwarzem Pfeffer abschmecken.

Die Masse in den Kartoffelring füllen. Bei 190 °C im Ofen 30 Minuten backen, bis sich eine goldbraune Kruste auf dem Kartoffelbrei gebildet hat.

Pasta pur

Pasta wird gewöhnlich aus Durum-Weizen hergestellt, dessen hartes Korn, fein vermahlen zu Hartweizengrieß, dem fertigen Produkt seine guten Eigenschaften und ein nussiges Aroma verleiht. Unter Zugabe von Ei werden daraus Eierteigwaren, und auch Vollkornmehl ist für die Nudelherstellung geeignet. Beeindruckend ist die Formenvielfalt: Außer Spaghetti gibt es Schleifen, Röhren, Bänder, Räder, Muscheln, und das alles auch noch rot (Paprika- und Tomatennudeln) und grün (Spinatnudeln) eingefärbt, mit Pilz- oder Kräutergeschmack. Bei der Vielzahl der Rezepte könnte man täglich Pasta essen, ohne sich auch nur einmal zu wiederholen.

Spaghetti alla Norma

Dieses Gericht aß ich an meinem ersten Abend in Sizilien in einer kleinen Trattoria in den malerischen engen Gassen von Ortygia. Da es der klassischen italienischen Küche mehr als gerecht wurde, schrieb ich das Rezept sogleich in mein Notizbuch.

Für 3–4 Personen

250 g Auberginen, in Scheiben geschnitten
250 g Spaghetti
175 g Eiertomaten (frisch oder aus der Dose), gehackt
1 ganze Peperoni aus dem Glas, in feine Scheiben geschnitten
1 milde frische Chilischote, sehr fein gehackt
2 EL Olivenöl
100 g Ricotta
1 kleines Bund Basilikum, gehackt
Frisch geriebener Parmesan

Die Auberginenscheiben 5 Minuten auf jeder Seite unter dem Grill rösten, abkühlen lassen und würfeln. In der Zwischenzeit die Spaghetti kochen (Seite 122).

Die Tomaten mit der Peperoni und der Chilischote 5 Minuten im heißen Öl dünsten. Die Auberginen zugeben und bei milder Hitze weitere 5 Minuten garen.

Den Käse unter Rühren darin schmelzen und das Basilikum zugeben. ◈

Unter die heißen, abgetropften Spaghetti mischen und geriebenen Parmesan getrennt dazu reichen.

Cannelloni mit Spinat-Ricotta-Füllung

Getrocknete Nudelröhren zum Füllen gibt es in jedem Supermarkt. Die hier vorgestellte Füllung läßt sich auch gut für die Buchweizen-Crêpes von Seite 88 verwenden. Dazu verteilt man sie auf die Pfannkuchen, rollt sie auf und schlägt die Enden unter. Anschließend werden sie mit der Tomatensauce übergossen und im Ofen überbacken.

FÜR 4 PERSONEN

350 g gekochter Spinat (etwa 750 g frischer Spinat oder 1 Dose Spinat, 400 g), oder Tiefkühlware
250 g Ricotta
3 mittelgroße Frühlingszwiebeln, fein gehackt
Meersalz und frisch gemahlener schwarzer Pfeffer
½ TL geriebene Muskatnuß
1 Spritzer Zitronensaft
16 Cannelloni-Röhren
300 ml Leichte Tomaten-Basilikum-Sauce (Seite 174)
50 g Cheddar, fein gerieben
50 g frische Brotkrumen (Seite 42)

Den Spinat gründlich abtropfen lassen, fein hacken und kräftig ausdrücken. Mit der Ricotta und den Frühlingszwiebeln mischen, mit Salz, Pfeffer, Muskat und einem Spritzer Zitronensaft würzen.

Die Nudelröhren mit der Spinatmasse füllen (ich nehme dafür einen Teelöffel und zum Stopfen den Stiel). Die Cannelloni in eine feuerfeste Form legen und mit der Sauce übergießen.

Den geriebenen Käse mit den Brotkrumen mischen und darüber streuen. Die Cannelloni bei 190 °C im Ofen 20–25 Minuten überbacken, bis sich eine goldbraune Kruste gebildet hat.

PECORINO

Dieser aus Schafmilch hergestellte Hartkäse wird wie Parmesan verwendet. Da die Aufzucht von Schafen im Vergleich zu Rindern in der Regel weniger mit Hormonen und anderen chemischen Hilfsstoffen erfolgt, bevorzuge ich Schafkäse. Pecorino hat einen milden, würzig-pikanten Geschmack und ist wie Parmesan körnig und leicht brüchig. Beide Käse schmecken unvergleichlich besser, wenn sie frisch vom Stück gerieben werden.

PARMESAN

Dieser edle Hartkäse, hergestellt aus entrahmter Rohmilch von der Kuh, reift meist 2–3 Jahre heran, bevor er angeschnitten wird. Im Kommen ist auch ein »vegetarischer« Parmesan, der ohne Lab, einem Enzym aus dem Magen frisch geschlachteter Kälber, hergestellt wird.

PASTA KOCHEN

Dies ist meine ganz persönliche Art, Pasta zu kochen, und ich schwöre darauf. Sie funktioniert immer und verhindert außerdem, daß das Wasser überkocht und den ganzen Herd überschwemmt – entsetzlich, die Vorstellung! Versuchen Sie es einmal mit meiner Methode, und Sie werden dabei bleiben. Auf 250 Gramm Pasta rechne ich 2 Liter Wasser.

1. Das Wasser in einem großen Topf zum Kochen bringen und je Liter Wasser 1 Teelöffel Meersalz einstreuen.

2. Die Pasta ins sprudelnd kochende Wasser einlegen, erneut aufkochen lassen und den Topf von der Kochstelle nehmen. 1 Eßlöffel Olivenöl zugießen (verhindert ein Zusammenkleben der Nudeln) und den Topf mit einem Deckel verschließen.

3. Je nach Pastasorte zwischen 5 und 10 Minuten stehen lassen. Chinesische Nudeln beispielsweise – hergestellt aus Weichweizen – sind bereits nach 4–5 Minuten gar, Penne dagegen benötigen bis zu 9 oder 10 Minuten.
   Zwischendurch hin und wieder umrühren. Sobald sie gar, aber noch bißfest – *al dente* – sind, abgießen und in einem Durchschlag abtropfen lassen, dabei kräftig rütteln, damit die überschüssige Flüssigkeit heraustropft. Die Nudeln nicht abspülen, sondern sofort mit der Sauce vermischen und servieren.

Buchweizennudeln mit brauner Butter, Lauch und Pilzen

Der kernige Geschmack von Buchweizennudeln paßt ausgezeichnet zum nussigen Aroma der braunen Butter, auch Nußbutter genannt. Für die Pilze gilt: Je mehr Arten verwendet werden, um so besser. Wohl dem, der im Herbst frische Pfifferlinge oder Steinpilze findet. Diese Pilze garantieren höchsten Geschmack.

FÜR 2–3 PERSONEN
(mit Margarine) V

Getrocknete Teigwaren sind lange haltbar, deshalb sollte man sie stets vorrätig haben. Gerade für vielbeschäftigte Menschen sind sie ideal, da sie dem Körper relativ langsam Energie zuführen, diese aber recht lange vorhält. Sportler essen aus diesem Grund viel Nudeln. Auch Kinder mögen Nudeln – selbst die Kinder, die dauernd etwas zu mäkeln haben, überrascht man eines Tages beim Spaghetti-Essen.

3 EL Olivenöl
350 g Lauch, gewaschen und in feine Scheiben geschnitten
175 g Pilze, zum Beispiel braune oder weiße Champignons mit flachem Hut, Steinpilze, Pfifferlinge usw., feinblättrig geschnitten
2 Knoblauchzehen, geschält und in feine Scheiben geschnitten
1 kleine getrocknete Chilischote, in feine Scheiben geschnitten
Meersalz, frisch gemahlener schwarzer Pfeffer
175 g Buchweizennudeln
50 g Butter oder Margarine

In einem schweren Topf 1½ Eßlöffel Olivenöl erhitzen und darin die Lauchscheiben unter Rühren andünsten, bis sie gänzlich mit Fett überzogen sind, dann zugedeckt bei mittlerer Hitze in etwa 10 Minuten weich dünsten.

In der Zwischenzeit das restliche Öl in einer Kasserolle stark erhitzen und die Pilze, den Knoblauch und die Chilischote darin bei mittlerer Hitze unter Rühren dünsten; die Pilze sollten gar, aber noch fest sein. Unter den Lauch rühren und mit Salz und Pfeffer abschmecken.

Die Nudeln in sprudelnd kochendes Salzwasser geben und erneut aufkochen lassen. Abseits der Kochstelle 4–8 Minuten – je nach Nudelsorte – ziehen lassen. Die auf der Packung vermerkten Kochzeiten sind identisch mit der Zeit, in der die Nudeln ziehen müssen. Abgießen und abtropfen lassen.

Die Butter oder Margarine in einem kleinen Topf bei mittlerer bis starker Hitze aufschäumen und goldbraun werden lassen. Sofort über die Nudeln gießen, die Pilz-Lauch-Mischung behutsam untermischen und servieren.

Frische Eiernudeln mit sahniger Tomaten-Kräuter-Sauce

Der leichte, frische Geschmack dieser Speise wird durch den feinwürzigen Estragon noch betont. Das Gericht ist einfach und schnell zubereitet und schmeckt vorzüglich mit dem Sommersalat von Seite 187.

FÜR 3–4 PERSONEN

400 ml Crème fraîche oder Sahne
2 Schalotten, in Scheiben geschnitten
1 Dose Tomaten (200 g), abgetropft und gehackt
1 Bund Estragon, gehackt
1 Bund Petersilie, gehackt
Salz
Frisch gemahlener Pfeffer
350 g frische Eiernudeln, z. B. Tagliatelle
Frische Estragonblätter zum Garnieren
Frisch geriebener Pecorino oder Parmesan zum Bestreuen bei Tisch

Die Sahne mit den Schalotten erhitzen und 3 Minuten sanft köcheln lassen. Die Tomaten und Kräuter einrühren und die Sauce in etwa 10 Minuten bei schwacher Hitze etwas einkochen lassen. Mit Salz und Pfeffer abschmecken und durchziehen lassen, bis die Nudeln gekocht sind. ◈

Die Nudeln *al dente* kochen (Seite 122), abgießen und sofort mit der Sauce vermischen. Auf vorgewärmten Tellern anrichten. Jede Portion mit einigen Estragonblättern garnieren. Frisch geriebenen Käse getrennt dazu reichen.

Spiralnudeln mit Chillies, Knoblauch und Olivenöl

Für dieses Rezept ist das beste Olivenöl gerade gut genug, denn sein kostbarer Geschmack veredelt dieses einfache Gericht, für das die Nudeln mit Chillies, Lauch und Knoblauch vermischt werden. Es schmeckt einfach himmlisch, vor allem in Kombination mit ofenfrischem Vollkornbrot und einem gemischten Salat der Saison.

Für 6 Personen
(ohne Käse) V

3 Knoblauchzehen, geschält
150 ml natives Olivenöl extra
2 winzige frische rote Chilischoten, sehr fein gehackt
625 g Spiralnudeln oder Fusilli
1 sehr kleine Stange junger Lauch, in feine Längsstreifen geschnitten
Meersalz
Frisch geriebener Parmesan zum Bestreuen

Den Knoblauch durch die Presse ins Öl drücken, die fein gehackten Chillies unterrühren und darin ziehen lassen, bis die Nudeln gar sind. ◆

Die Nudeln *al dente* kochen (Seite 122), die Lauchstreifen 2 Minuten vor Ende der Garzeit zugeben. Die Nudeln abgießen, gründlich abtropfen lassen und in dem gewürzten Öl schwenken. Gegebenenfalls nachsalzen. Sofort servieren und geriebenen Käse getrennt dazu reichen.

Tagliatelle mit Zuckerschoten und Safransahnesauce

Dies ist eines der besten Nudelgerichte, die ich kenne. Der würzige, süßbittere Geschmack des Safrans harmoniert vortrefflich mit dem Kerbel und den Schalotten in sahniger Sauce. Mit diesem Gericht legen Sie Ehre ein. Reichen Sie dazu warme Ciabatta (Seite 70) und einen gemischten Salat, der angenehm nach Knoblauch duftet.

Für 4 Personen

350 g Zuckerschoten, abgefädelt
6–8 Safranfäden, ersatzweise 1 TL gemahlene Kurkuma
200 ml Crème fraîche oder Sahne
500 g frische Tagliatelle
25 g ungesalzene Butter oder Margarine
3 Schalotten, in sehr feine Scheiben geschnitten
2 Streifen Zitronenschale, in Julienne geschnitten
Salz und frisch gemahlener Pfeffer
1 Bund Kerbel, fein gehackt
Geriebener Parmesan oder Pecorino zum Bestreuen

Die Zuckerschoten 2–3 Minuten dämpfen, so daß sie noch bißfest sind. In 1 cm lange Stücke schneiden.

Die Safranfäden oder die gemahlene Kurkuma mit 3 Eßlöffeln Sahne verrühren und behutsam erhitzen, damit sich das Aroma entfalten kann, abkühlen lassen.

Jetzt die Nudeln aufsetzen und *al dente* kochen (Seite 122).

In der Zwischenzeit das Fett in einer Pfanne zerlassen und die Schalotten darin zugedeckt bei sehr schwacher Hitze in 6–7 Minuten weich dünsten. Die Safransahne und die feinstreifig geschnittene Zitronenschale unterrühren und sanft köcheln lassen.

Die Zuckerschoten und die restliche Sahne unterrühren und mit Salz und frisch gemahlenem Pfeffer abschmecken. Den gehackten Kerbel behutsam untermischen. ◆

Die gekochten, abgetropften Tagliatelle mit der Sauce vermischen und sofort servieren. Den geriebenen Käse getrennt dazu reichen.

TAGLIATELLE

Tagliatelle sind schmale Bandnudeln, die unter Zugabe von Eiern hergestellt werden. Sie kommen frisch (aus der Kühltheke) und getrocknet – gerade oder als handtellergroße Nester – in den Handel sowie mit natürlichen Zutaten eingefärbt: grün (mit Spinat), rot (mit Tomaten/Paprika), braun (mit Pilzen) und schwarz (mit der Tinte vom Tintenfisch).

Taglierini mit jungen Zucchini und Gartenkräutern

Dieses Gericht schmeckt am besten im Frühsommer mit erntefrischen Kräutern aus dem Garten, die zu dieser Zeit auf dem Höhepunkt ihrer Reife sind: noch jung und zart, aber schon voller Aroma. Zusammen mit dem Salat von Seite 187 ergeben die Bandnudeln ein bekömmliches Abendessen.

FÜR 4 PERSONEN
(ohne Käse) V

TAGLIERINI
Diese kleinere Ausgabe von Tagliatelle (Seite 124) wird ohne Ei hergestellt und ist demnach für Veganer geeignet.

1 großes Bund frische Gartenkräuter, zum Beispiel Zitronenmelisse, Schnittlauch, Rainfarn, Rosmarin, Estragon, Fenchelkraut, Thymian usw., sehr fein gehackt
200 ml Crème fraîche oder Sahne (für Veganer Sojasahne)
100 g Zuckerschoten, abgefädelt
500 g frische Taglierini
3 Schalotten, fein gehackt
3 EL Olivenöl
Salz
Frisch gemahlener schwarzer Pfeffer
1 TL Cayennepfeffer
625 g junge Zucchini, leicht gedämpft und gewürfelt
Geriebener Parmesan oder Pecorino zum Bestreuen

Die gehackten Kräuter mit der Sahne vermischen und etwa 1 Stunde durchziehen lassen.

In der Zwischenzeit die Zuckerschoten 1 Minute in kochendem Wasser blanchieren und unter fließendem kaltem Wasser abschrecken. Die Nudeln *al dente* kochen (Seite 122).

Die Schalotten bei milder Hitze im heißen Olivenöl weich dünsten, die Kräutersahne unterrühren. Mit Salz, Pfeffer und Cayenne abschmecken und die Zucchiniwürfel untermischen.

Unter die heißen, gründlich abgetropften Nudeln mischen und mit Parmesan oder Pecorino bestreuen. Nach Belieben kann der geriebene Käse auch getrennt dazu gereicht werden.

GESUNDE ERNÄHRUNG

Unter einer gesunden Ernährung versteht man im allgemeinen eine Kost, die relativ arm an gesättigten Fettsäuren, dafür reich an Ballaststoffen und Kohlenhydraten ist, auf isolierten Zucker weitgehend verzichtet und einen hohen Gehalt an Vitaminen und Mineralstoffen aufweist. Wenn Sie also reichlich Gemüse und Obst essen, auch Getreide und Hülsenfrüchte sowie Milch und Milchprodukte in Maßen zu sich nehmen, dann ernähren Sie sich abwechslungsreich und gesund. Von zuviel Butter, Sahne, Käse und Eiern wird abgeraten. Vermeiden Sie Kuchen und Gebäck, zuckrige Marmeladen, Konfitüren und Eingemachtes. Solange Sie Ihren Bedarf an Eiweiß, Vitaminen und Mineralstoffen (Seite 219, 220) decken, ernähren Sie sich ausgewogen.

Nach neuesten medizinischen Erkenntnissen leben Vegetarier gesünder als Fleischesser. Sie sind weniger anfällig für bestimmte Krebs- und Herzerkrankungen. Fettleibigkeit und Bluthochdruck treten bei ihnen weitaus seltener auf, ebenso einige Formen von Diabetes. Vegetarier behaupten von sich, daß sie sich sehr gesund und energiegeladen *fühlen* und die Folgen des Älterwerdens kaum spüren.

Schmetterlingsnudeln mit Kürbis und Zitronensahnesauce

Genau das Richtige für alle, die stilvolles und zugleich einfaches Essen lieben. Ein Spritzer Zitronensaft und würziges Garam masala *runden die Sahnesauce ab, bei deren Anblick einem das Wasser im Mund zusammenläuft.*

Für 4–6 Personen

V

500 g Speisekürbis, zum Beispiel Türkenturban, Squash, Butternut usw.
500 g Schmetterlingsnudeln (Farfalle)
2 EL Olivenöl
Saft von 1 Zitrone
Abgeriebene Schale von ½ unbehandelten Zitrone
200 ml Crème fraîche (für Veganer Sojasahne)
2–3 TL grüne Garam-masala-*Paste*

Zunächst den Kürbis vorbereiten: Den Kürbis schälen, die Kerne und anhängende Fasern herausschaben und das Kürbisfleisch in kleine Würfel schneiden. Die Würfel 3–4 Minuten dämpfen, sie sollen so eben gar sein, aber noch nicht zerfallen. Etwas abkühlen lassen. ◆

Die Schmetterlingsnudeln *al dente* kochen (Seite 122).

Das Öl mit dem Zitronensaft und der abgeriebenen Zitronenschale mischen, die Sahne nach und nach zugießen und glatt rühren. Behutsam erhitzen und die Würzpaste unterrühren. Die Sahnesauce unter die Kürbisstückchen mischen.

Mit den gründlich abgetropften Nudeln mischen und sofort servieren.

Penne mit leichter Roquefortsauce (Pariser Art)

Dieses Gericht gab es abends auf einer Party bei meiner lieben Freundin in Paris, und ich durfte ihr bei der Zubereitung zusehen. Von der schlichten Eleganz der Sauce überwältigt, griff ich sogleich zu meinem Notizbuch, um das Rezept niederzuschreiben, und hier ist es.

Für 4 Personen

Penne
Diese getrockneten kurzen Röhrennudeln, die in ihrer Form an den schräg geschnittenen Kiel der Gänsefedern erinnern, werden glatt oder gerillt angeboten.

3 EL Olivenöl
½ Zwiebel, sehr fein gehackt
350 g Penne
150 g Roquefort, zerkrümelt
150 ml fettarme Kuhmilch oder Sojamilch
Frisch geriebene Muskatnuß
40 g Walnüsse, fein gehackt, zum Garnieren

Das Öl in einem kleinen Topf erhitzen und die Zwiebel darin zugedeckt bei sehr schwacher Hitze in etwa 10 Minuten weich dünsten. In der Zwischenzeit die Nudeln *al dente* kochen (Seite 122).

Den zerkrümelten Käse unter die Zwiebel rühren und behutsam erhitzen, bis der Käse schmilzt. Dann die Milch in dünnem Strahl zugießen und zu einer glatten Sauce rühren. Verschwenderisch mit frisch geriebener Muskatnuß würzen.

Die gut abgetropften Nudeln mit der Sauce mischen, mit den gehackten Walnüssen bestreuen und sofort servieren. Zum Nachwürzen schwarzen Pfeffer in der Mühle auf den Tisch stellen.

Pilzlasagne mit Ziegenkäse

Diese Lasagne ist schlicht vollkommen: Ich habe nämlich eine Schwäche für Pilze, und in diesem Gericht sind reichlich davon. Verfeinert mit einem Schuß Weißwein und belegt mit Ziegenkäse, wird die Lasagne zu einem Essen, das der ganzen Familie schmeckt.

Für 6–8 Personen

2 EL Olivenöl
1 Zwiebel, geschält und fein gehackt
2 Möhren, in dünne Scheiben geschnitten
2 Stangen Staudensellerie, in feine Scheiben geschnitten
1 großes Bund frische Kräuter wie Thymian, Majoran, Petersilie, Estragon, Schnittlauch usw., gehackt
3 Knoblauchzehen, geschält und gehackt
750 g gemischte Pilze wie Shiitake, braune Champignons, Pfifferlinge, Steinpilze usw., in Scheiben geschnitten
4 EL Tomatenpüree
5 EL Weißwein
Meersalz und frisch gemahlener Pfeffer
350 g Lasagneblätter, frisch gekocht
900 ml Béchamelsauce, zubereitet mit 600 ml Milch und 300 ml Sahne (Seite 218)
300 g erstklassiger Ziegenkäse, in Scheiben geschnitten
50 g Cheddar, gerieben
Etwas geriebener Pecorino zum Bestreuen

Das Öl in einem Wok erhitzen und Zwiebel, Möhren, Sellerie und Kräuter darin 3–4 Minuten andünsten. Knoblauch und Pilze zugeben und weitere 5–6 Minuten unter Rühren dünsten, bis die Pilze weich sind. Tomatenpüree und Weißwein unterrühren und einige Minuten köcheln lassen. Salzen und pfeffern. ◆

Eine große, feuerfeste Form fetten und wie folgt einschichten: Nudelblätter, Béchamelsauce, Nudelblätter, Pilzmischung, Nudelblätter, Ziegenkäse. Diesen Vorgang wiederholen, bis alle Zutaten (bis auf ⅓ der Sauce) verbraucht sind.

Die restliche Béchamelsauce behutsam erhitzen und den geriebenen Käse darin schmelzen. Über die Lasagne gießen und mit dem Pecorino bestreuen.

Bei 190 °C 1 Stunde backen, bis sich eine goldgelbe Kruste gebildet hat.

Chinesische Nudeln mit Bohnensprossen

Ein tolles Rezept! Wie oft ich dieses Gericht schon zubereitet habe, kann ich gar nicht mehr zählen, mal mit Bohnensprossen, mal mit anderem Gemüse wie Zuckerschoten, Zucchini und vor allem auch mit Brokkoli. Schwarze-Bohnen-Sauce, geröstetes Sesamöl und Chilisauce habe ich stets vorrätig, denn diese Würzmittel verleihen dem Essen im Nu einen Hauch von Exotik.

Für 3–4 Personen

V

Für die Sauce
2 EL Schwarze-Bohnen-Sauce
3 EL geröstetes Sesamöl
3 Knoblauchzehen, geschält und zerdrückt
2–3 TL Chilisauce (die Schärfe ist abhängig von der Saucenmarke)
2 TL Sojasauce

Für die Nudeln
175 g Chinesische Nudeln mit oder ohne Ei
100 g Zuckerschoten, abgefädelt und klein geschnitten
250 g Bohnensprossen, 2–3 Minuten gedämpft
1 Zweig Koriandergrün zum Garnieren

Alle Zutaten für die Sauce gründlich vermischen. ◆

Die Nudeln in siedendem Salzwasser in etwa 3 Minuten *al dente* kochen; die Zuckerschoten in der letzten Minute dazugeben. Abgießen und abtropfen lassen. Sofort mit der Sauce mischen, die abgetropften Bohnensprossen behutsam unterheben. Mit Koriandergrün garnieren und sofort servieren.

Penne mit Spinat, Erbsen und Ziegenkäse

Dieses exquisite Gericht habe ich schon auf so mancher Dinnerparty serviert, und jeder ist begeistert von der stilvollen Kombination aus grünem Gemüse und aromatischem Ziegenkäse.

FÜR 6 PERSONEN

500 g Penne
125 ml Olivenöl
100 g Zuckerschoten, abgefädelt
250 g Blattspinat, gewaschen und in Streifen geschnitten
240 g feine Markerbsen, gekocht
400 g guter Ziegenkäse, zerkrümelt
Salz und frisch gemahlener Pfeffer
Parmesan oder Pecorino, dünn gehobelt, zum Bestreuen
1–2 EL fein gehackte Petersilie zum Garnieren

Die Nudeln *al dente* kochen (Seite 122), abgießen und gründlich abtropfen lassen. In 2 Eßlöffel Öl schwenken und zugedeckt stehen lassen, während das Gemüse zubereitet wird.

Das restliche Öl erhitzen und die Zuckerschoten etwa 2 Minuten darin unter Rühren andünsten. Den Spinat zugeben und 1 Minute unter Rühren weiterdünsten, zuletzt die feinen Erbsen unterrühren.

Das Gemüse mit den heißen Nudeln mischen, den zerkrümelten Ziegenkäse unterheben und mit Salz und Pfeffer abschmecken.

Die Nudeln mit gehobeltem Käse garnieren, fein gehackte Petersilie darüber streuen und sofort zu Tisch bringen.

Linguine mit Paprika und Haselnüssen

Das unnachahmliche Aroma von gerösteten Paprikaschoten geht hier mit den Nudeln in kalter Sauce eine ungewohnte Kombination ein. Dazu ein Hauch von Knoblauch und Chili, die gerösteten Haselnüsse und frischer Koriander als Garnitur – köstlicher geht's kaum.

FÜR 4 PERSONEN
(ohne Käse) V

2 große Paprikaschoten, rot und gelb
Olivenöl zum Beträufeln
3 EL Balsamessig
4 EL Olivenöl
3 Knoblauchzehen, geschält und zerdrückt
1 milde Chilischote, sehr fein gehackt
500 g frische Linguine
Meersalz
50 g Haselnüsse, gehackt und geröstet (Seite 134)
1 Bund Koriandergrün, gehackt
Geriebener Pecorino zum Bestreuen

Die Paprikaschoten vierteln und Samen und Scheidewände entfernen. Die Viertel in dünne Scheiben schneiden, in eine Fettpfanne legen und mit Olivenöl beträufeln. Bei 200 °C im Ofen rösten, bis die Haut Blasen wirft. Abkühlen lassen.

Den Essig mit Öl, Knoblauch und Chili zu einer Sauce verrühren und die Paprikastreifen 1–2 Stunden darin marinieren. ◆

Die Nudeln *al dente* kochen (Seite 122), abgießen, gründlich abtropfen lassen und mit der Marinade mischen. Gegebenenfalls nachsalzen, dann die gerösteten Haselnüsse und den gehackten Koriander untermischen. In eine vorgewärmte Schüssel füllen, mit Pecorino bestreuen und sofort servieren.

LINGUINE
Diese besonders schmalen Bandnudeln werden ohne Zugabe von Eiern hergestellt und sind somit ideal für Veganer.

Tortellini »Ivy«

Artischockenherzen sind eine Delikatesse – fürwahr eine Speise für die Götter. Kombiniert mit sonnengetrockneten Tomaten und Dill, sind sie ein wohlschmeckender Kontrast zu den mit Käse gefüllten Tortellini – das ideale Party-Gericht.

FÜR 6 PERSONEN

2 Dosen Artischockenherzen (je 400 g)
2 TL getrockneter Thymian
Olivenöl zum Beträufeln
500 g Tortellini mit Ricotta- oder Vier-Käse-Füllung
3 Knoblauchzehen, geschält und in Scheibchen geschnitten
1–2 EL Olivenöl
100 g sonnengetrocknete Tomaten in Öl, abgetropft und gehackt
1 kleines Bund Dill, fein gehackt
Meersalz
Geriebener Parmesan zum Bestreuen
1 Zweig frischer Dill zum Garnieren

Die Artischockenherzen abgießen und unter fließendem kaltem Wasser abspülen. Mit Küchenpapier trockentupfen. Mit dem getrockneten Thymian in eine Fettpfanne geben und mit Olivenöl beträufeln. Bei 220 °C im Ofen in 40–45 Minuten goldbraun rösten. ◈

Die Tortellini kochen (Seite 122).

Den Knoblauch im Öl anschwitzen. Die sonnengetrockneten Tomaten kurz mitschwitzen, dann die Artischockenherzen und den Dill untermischen. Mit Meersalz abschmecken.

Das Gemüse mit den gekochten Tortellini mischen, mit Parmesan bestreuen und, mit dem Dill garniert, zu Tisch bringen.

TORTELLINI

Tortellini sind kleine Teigtaschen mit diversen Füllungen. Sie werden in den meisten Supermärkten als getrocknete Teigware oder auch frisch im gekühlten Vakuumpack angeboten.

Nudeln mit Gemüse süß-sauer

Es gibt kaum ein Gericht, das so blitzschnell und einfach zubereitet ist wie dieses. Durch das Pfannenrühren bleiben Aroma und Inhaltsstoffe und die knackige Konsistenz des Gemüses weitgehend erhalten, und die süß-saure Sauce, erhältlich in asiatischen Lebensmittelgeschäften und gut sortierten Supermärkten, macht sie erst recht unwiderstehlich.

FÜR 3–4 PERSONEN
V

2 EL Erdnußöl
4 Frühlingszwiebeln, in feine Scheiben geschnitten
350 g Brokkoliröschen, in Scheiben geschnitten
250 g Zucchini, in dünne Scheiben geschnitten
100 g Zuckerschoten, abgefädelt
175 g junge Möhren, in feine Scheiben geschnitten
175 g kurze Nudeln (ohne Ei), gekocht und gründlich abgetropft
300 ml chinesische süß-saure Sauce
2 EL gehackte Erdnüsse
1 Zweig Koriandergrün zum Garnieren

Das Öl in einem Wok oder einer großen Bratpfanne erhitzen und die vorbereiteten Gemüsestückchen darin 4 Minuten pfannenrühren. Die Hitzezufuhr reduzieren, 2–3 Eßlöffel Wasser zugießen und das Gemüse zugedeckt 8–10 Minuten im Dampf bißfest garen.

Die Nudeln und die süß-saure Sauce unterrühren. Die gehackten Erdnüsse darüber streuen, mit Koriandergrün garnieren und sofort servieren.

Nudelsalat nach chinesischer Art

Dieser pikant-würzige Salat ist der ideale Begleiter für den pfannengerührten Blumenkohl von Seite 36. Auch auf einem Buffet macht er sich gut; die Gäste werden begeistert sein von der aromatischen Salatkomposition mit würzigem Sesamöl und einem Hauch von Chili. Die Möhren können nach Belieben durch geraspelte Zucchini ersetzt werden.

Für 4 Personen

V

Für die Nudeln

250 g dünne chinesische Nudeln mit oder ohne Ei
250 g Bohnensprossen
2 mittelgroße Möhren, fein geraspelt
6 Frühlingszwiebeln, in feine Scheiben geschnitten
½ Bund Koriandergrün, gehackt

Für die Sauce

4 EL geröstetes Sesamöl
1 EL Schwarze-Bohnen-Sauce
2 TL Chilisauce
2 Knoblauchzehen, geschält und zerdrückt
1 knapper TL Balsamessig
Gehackte geröstete Erdnüsse zum Garnieren

Die Nudeln in sprudelnd kochendes Salzwasser einlegen und in etwa 2 Minuten *al dente* kochen. Die Bohnensprossen in den letzten 20–30 Sekunden zugeben. Abgießen und unter fließendem kaltem Wasser abschrecken. Gründlich abtropfen lassen.

Die Zutaten für die Sauce verrühren und unter die Nudeln und Bohnensprossen mischen. Die geraspelten Möhren, die Frühlingszwiebeln und das Koriandergrün unterheben. Den Salat in eine Servierschüssel umfüllen und mit den gehackten Erdnüssen bestreuen.

Nudelsalat mit gebackenem Kürbis und Minze

Kalte Nudelsalate sind ein echtes Muß – nicht nur auf Partys, sondern auch dann, wenn Vorkochen angesagt ist. Nudelsalate sind nämlich preiswert und unkompliziert und alles andere als ein langweiliges Essen. In diesem Rezept sorgt die Minze für Pep, nicht zuletzt harmoniert sie auch gut mit dem Kürbis.

Für 4–6 Personen

V

350 g kurze Nudeln (zum Beispiel Penne, Rigatoni), al dente *gekocht*
2 EL Tomatenpüree
1 EL Balsamessig
4 EL Olivenöl
4 Knoblauchzehen, geschält
500 g Speisekürbis, geschält und gewürfelt
2 EL gehackte Minze
20 schwarze Oliven, entsteint
Meersalz und frisch gemahlener schwarzer Pfeffer

Die Nudeln abgießen und unter fließendem kaltem Wasser gründlich abkühlen. In dem Durchschlag kräftig trockenschütteln. Das Tomatenpüree mit dem Essig und 2 Eßlöffeln Olivenöl verrühren. Diese Sauce unter die erkalteten Nudeln mischen und durchziehen lassen. ◆

Die geschälten Knoblauchzehen 5 Minuten in kochendem Wasser blanchieren, abgießen und trockentupfen. Zusammen mit den Kürbiswürfeln in eine Fettpfanne geben, mit dem restlichen Olivenöl beträufeln und bei 230 °C im Ofen 30–35 Minuten backen, bis die Kürbisstückchen goldgelb sind; zwischendurch hin und wieder wenden.

Das Gemüse mit dem Saft aus der Fettpfanne unter die Nudeln mischen und den Salat mit der Minze und den Oliven bestreuen. Gut durchheben, mit Salz und Pfeffer abschmecken und bis zum Verzehr kühl stellen.

Fettuccine mit Knoblauch und Pinienkernen

Das ist ein sogenanntes Wochenend-essen – es enthält so viel Knoblauch, daß Sie am Tag darauf nur von Ihren Lieben geduldet werden. Aber es ist ein echter Muntermacher – nicht nur wegen des Knoblauchs, auch wegen des Chilipulvers.

FÜR 3–4 PERSONEN

FETTUCCINE

Diese breiten Bandnudeln sehen den schmaleren Tagliatelle sehr ähnlich und werden unter Zugabe von Ei hergestellt. Es gibt sie auch in Grün (mit Spinat gefärbt) und Rot (mit Tomatenmark gefärbt).

150 ml Olivenöl
¼ TL Chilipulver
4 Knoblauchzehen, geschält und zerdrückt
350 g Fettuccine
75 g Pinienkerne, geröstet (siehe unten)
3 EL gehacktes frisches Basilikum
Frisch geriebener Parmesan oder Pecorino zum Bestreuen

Das Öl in einem Topf erhitzen und das Chilipulver einrühren. Von der Kochstelle nehmen und abkühlen lassen. Den durchgepreßten Knoblauch unterrühren.

Die Nudeln *al dente* kochen (Seite 122), abgießen, gründlich abtropfen lassen und mit dem gewürzten Öl mischen. Pinienkerne und Basilikum darüber streuen und sofort servieren.

Den frisch geriebenen Käse zum Bestreuen getrennt dazu reichen.

NÜSSE RÖSTEN

Das Rösten von Nüssen unter dem heißen Grill ist eine heikle Angelegenheit, denn sie können dabei sehr schnell verbrennen.

Die Nüsse auf einem Backblech ausbreiten und unter den heißen Grill schieben. Das Backblech gelegentlich rütteln, damit die Nüsse gleichmäßig bräunen, und sie während des gesamten Röstvorgangs im Auge behalten.

Pinienkerne sind beim Rösten besonders gefährdet, denn sie haben im Nu eine goldbraune Farbe angenommen.

Tagliatelle mit viererlei Käse und Basilikum

Ein nicht alltägliches Nudelgericht mit vier berühmten Käsesorten und goldbrauner Kruste. Dazu der würzige Duft von Basilikum, der den Nudel-Käse-Schichten entströmt – da läuft einem das Wasser im Mund zusammen.

FÜR 3–4 PERSONEN

250 g Tagliatelle, al dente *gekocht (Seite 122)*
1 EL natives Olivenöl extra
1 Handvoll frische Basilikumblätter, zerpflückt
Je 40 g Provolone, Fontina, Bel Paese und Parmesan (oder Pecorino), gerieben
Geriebener Parmesan oder Pecorino zum Bestreuen

Die gründlich abgetropften Nudeln mit dem Olivenöl mischen und mit dem Basilikum bestreuen. In eine gebutterte feuerfeste Form Nudeln und Käse so einschichten, daß insgesamt vier Lagen entstehen.

Die abschließende Käseschicht zusätzlich mit Parmesan oder Pecorino bestreuen und bei 180 °C im Ofen in etwa 20 Minuten goldbraun backen.

RICOTTA

Dieser italienische Frischkäse wird aus der Molke von Schafmilch gewonnen, die bei der Herstellung von Hart- und Schnittkäse anfällt. Ricotta, cremig-weiß, mild im Geschmack und von weicher, quarkähnlicher Konsistenz, wird meist frisch verwendet. Frische Ricotta ist ungesalzen und somit für pikante und süße Speisen geeignet. Der Käse wird auch gesalzen und geräuchert angeboten.

PROVOLONE

Der aus roher Kuhmilch hergestellte Hartkäse (Brühkäse) wird von Hand unterschiedlich geformt (rund, zylindrisch, oft stumpfkegelig). Ab einer Reifezeit von 6 Monaten wird er zum Reiben, jünger als Tafelkäse verwendet. Die geknetete, plastische Masse ist fast ohne Löcher. Der Käse schmeckt je nach Reifegrad milchig-süßlich bis pikant.

FONTINA

Dieser Schnittkäse, eine der berühmtesten Käsesorten Italiens, stammt aus dem Aostatal im Nordwesten des Landes. Er wird aus roher Kuhmilch hergestellt, hat eine gelblichbraune Rinde und ist innen blaßgelb. Fontina schmeckt aromatisch und leicht süßlich. Seine Konsistenz ist vergleichbar mit Gruyère (Greyerzer): weich, etwas zäh und mit vielen kleinen, runden Löchern.

BEL PAESE

Dieser fette halbfeste Schnittkäse mit strohfarbener bis rötlicher Rinde schmeckt mild und leicht säuerlich. Er ist innen strohgelb und von butterzarter Konsistenz.

PARMESAN UND PECORINO Siehe Seite 122.

Hülsenfrüchte, Reis und Polenta

Reis zählt zu den klassischen Grundnahrungsmitteln, viele weltberühmte Gerichte basieren darauf. Reisgerichte können Sie Ihren Lieben getrost vorsetzen – sie werden seit jeher von der ganzen Familie gern gegessen.

Thailändische Reisnudeln mit Gemüse in feuriger Erdnußsauce

Ein Hauch von Fernost haftet den Zutaten dieser Speise an: Zitronengras, Chillies, Erdnüsse und Kokosmilch.

Für 4 Personen

V

100 g Erdnüsse
2 EL Olivenöl
3 kleine rote Chilischoten, in feine Ringe geschnitten
6 große Frühlingszwiebeln, in Scheiben geschnitten
1 EL Schnittlauchröllchen
300 ml Kokosmilch (Seite 104)
1 Stengel frisches Zitronengras, angedrückt
350 g Blumenkohlröschen, al dente *gedämpft*
250 g Bohnensprossen, 2 Minuten gedämpft
Zitronensaft
Salz
1 Bund Koriandergrün, gehackt
250–300 g Reisnudeln, 10 Minuten in heißem Wasser eingeweicht

Die Erdnüsse in der Küchenmaschine grob mahlen.

Das Olivenöl erhitzen und die Chillies und Frühlingszwiebeln darin bei schwacher Hitze in 4–5 Minuten weich dünsten. Die Schnittlauchröllchen dazugeben, die Kokosmilch zugießen und erhitzen. Das Zitronengras und die Erdnüsse unterrühren und 5 Minuten sanft köcheln lassen. ◆

Die Blumenkohlröschen und die Bohnensprossen unter die Sauce mischen, mit Zitronensaft und Salz abschmecken, dann das gehackte Koriandergrün unterheben.

Die Reisnudeln abgießen, abtropfen lassen und als Kranz auf einer Servierplatte anrichten. Das Thai-Gemüse in die Mitte füllen und umgehend servieren.

Hummus (Kichererbsenpüree)

Ich möchte Ihnen hier zwei Varianten der zu Recht berühmten orientalischen Spezialität vorstellen: ein Rezept unter Verwendung von getrockneten Kichererbsen und das andere für Leute, die nie Zeit haben, aber trotzdem nicht auf gutes Essen verzichten wollen. Es lohnt sich allemal, eine ordentliche Portion davon zu bereiten, denn dieses Püree läßt sich prima einfrieren.

FÜR 8 PERSONEN

TAHIN (SESAMPASTE)
Tahin oder Tahini ist eine dicke, ölige Paste aus gemahlenen Sesamsamen, die manchmal vor dem Mahlen noch geröstet werden, was der Paste einen nußartigen Geschmack verleiht. Dunkles Tahin wird aus ungeschältem Sesam gewonnen. Tahin ist in Naturkostläden und türkischen oder asiatischen Lebensmittelgeschäften erhältlich und im Kühlschrank unbegrenzt haltbar.

MIT GETROCKNETEN KICHERERBSEN

250 g getrocknete Kichererbsen
Saft von 1 Zitrone
1 gehäufter TL gemahlener Kreuzkümmel
3 EL Naturjoghurt
1–2 EL Tahin (Sesampaste), nach Belieben
2 Knoblauchzehen, geschält
Meersalz

Die Kichererbsen 5–6 Stunden in Wasser einweichen. Abgießen und, mit reichlich kaltem Wasser bedeckt, in einem großen Topf zum Kochen bringen. Zugedeckt 1 Stunde sanft köcheln, dann abkühlen lassen.

Abgießen, etwas Kochflüssigkeit auffangen. Die Kichererbsen mit dem Zitronensaft, Kreuzkümmel, Joghurt, der Sesampaste und dem Knoblauch im Mixer fein pürieren. Mit der zurückbehaltenen Kochflüssigkeit zur gewünschten Konsistenz verdünnen und die Paste mit Salz abschmecken.

MIT KICHERERBSEN AUS DER DOSE

1 Dose Kichererbsen (400 g), abgetropft
Saft von ½ Zitrone
½ TL gemahlener Kreuzkümmel
2 EL Naturjoghurt
Etwas Tahin (Sesampaste), nach Belieben
1–2 Knoblauchzehen, geschält und zerdrückt
Meersalz
Etwas Olivenöl

Die Kichererbsen mit Zitronensaft, Kreuzkümmel und Joghurt in der Küchenmaschine fein pürieren. Nach Belieben mit Sesampaste würzen, Knoblauch und Meersalz untermixen. Gegebenenfalls mit etwas Olivenöl verdünnen.

Gemischter Bohnentopf

Dies ist fast schon ein Instantgericht, aber dennoch sehr nahrhaft und sättigend. Die meisten der dafür benötigten Zutaten haben Sie bestimmt vorrätig. Dazu paßt der Zitronenreis von Seite 144.

FÜR 4 PERSONEN

2 EL Sonnenblumenöl
1 große Zwiebel, geschält und gehackt
2 Knoblauchzehen, geschält und zerdrückt
1–2 TL Chilipulver
1 Dose Tomaten in Stücken (400 g)
2 EL Tomatenpüree
1 EL getrocknete Kräutermischung
100 g grüne Bohnen aus der Dose
1 Dose Cannellini-Bohnen (400 g), abgetropft
1 Dose Kidney-Bohnen (400 g), abgetropft

Das Öl in einem großen Topf erhitzen und die Zwiebel darin 1–2 Minuten unter Rühren anschwitzen. Die Hitzezufuhr reduzieren, den Topf mit einem Deckel verschließen und die Zwiebel in etwa 10 Minuten weich dünsten.

Den Knoblauch und das Chilipulver unterrühren und anschwitzen. Die Tomaten mitsamt dem Saft, das Tomatenpüree und die Kräuter einrühren, aufkochen und zugedeckt 5 Minuten sanft köcheln lassen. Zuletzt die Bohnen unterrühren und erhitzen. Abschmecken und zu Tisch bringen.

Polenta »Emanuele«

Meine Freundin Emanuele servierte mir diese Polenta an einem stürmischen Herbstabend in England, und ich war von dieser rustikalen, einfachen Speise hellauf begeistert. Sie bereitete die Polenta aus grobem Maisgrieß, den sie aus ihrem Heimatdorf in Südfrankreich mitgebracht hatte. Er verleiht dem Brei eine wunderbare Konsistenz. Wer den groben Maisgrieß nicht bekommt, kann auch das gewöhnliche feine Maismehl verwenden oder greift auf Kukuruz zurück, feines, griffiges Mehl mit groben Maisbestandteilen. Das Ergebnis ist ein schmackhaftes Abendessen, preiswert, unkompliziert und nahrhaft.

FÜR 4 PERSONEN

POLENTA

Polenta ist wahrlich ein Genuß und nicht, wie manch einer vermuten könnte, eine dicke, pappige Masse aus Maisgrieß. Die hier vorgestellten Polentarezepte werden selbst die größten Zweifler überzeugen. Inspiriert wurde ich durch zahlreiche Restaurantbesuche in San Francisco, wo im Stadtteil Little Italy die Köche mit der Zubereitung von Polenta wirklich bestens vertraut sind.

175 g grober Maisgrieß (Polenta) oder Maismehl
1 l Gemüsebrühe (Seite 218)
50 g Butter oder Margarine
Cayennepfeffer, Chilipulver und gemahlener Macis
1 EL Sonnenblumenöl
1 große Zwiebel, geschält und gehackt
250 g Champignons, feinblättrig geschnitten
1 EL getrocknete Kräuter der Provence
1 Dose Tomaten in Stücken (400 g), abgetropft
50 g Rosinen
75 g Cheddar (nach Belieben fettarm), gerieben

Den Maisgrieß mit der Brühe in einem großen Topf langsam zum Kochen bringen; dabei ständig rühren, damit die Masse nicht klumpt. Nach dem Aufkochen die Hitzezufuhr reduzieren und 10–12 Minuten unter gelegentlichem Rühren sanft köcheln lassen.

Sobald die Polenta gequollen ist, das Fett vollständig unterrühren und mit den Gewürzen abschmecken. Den Brei in eine flache, gebutterte Auflaufform füllen und glatt streichen. Abkühlen lassen. (Im voraus zubereitete Polenta bis zur Weiterverarbeitung in den Kühlschrank stellen.) ◈

Das Öl in einer Pfanne erhitzen und die Zwiebel darin zugedeckt bei sehr schwacher Hitze in 6–8 Minuten weich dünsten. Die Pilze und die Kräuter untermischen und zugedeckt bei milder Hitze 5 Minuten mitdünsten; gelegentlich umrühren.

Die Dosentomaten einrühren und erhitzen. 5 Minuten sanft köcheln lassen. Zuletzt die Rosinen unterrühren. ◈

Die Polenta mit dem geriebenen Käse bestreuen und die Gemüsemischung darüber verteilen. Bei 180 °C im Ofen 30 Minuten backen.

DIE EIWEISSVERSORGUNG

Eine fleischlose Ernährung mit einem niedrigen Eiweißanteil wird über kurz oder lang zu schwerwiegenden Mangelerscheinungen führen. Eiweiß ist in vielen pflanzlichen Lebensmitteln enthalten; auch Milch und Milchprodukte sind eine gute Eiweißquelle. Allerdings kann ein übermäßiger Eiweißkonsum zu Krankheiten wie Osteoporose und zu verminderter Nierenfunktion führen und darüber hinaus bestimmte Krebsarten begünstigen. Eine fleischlose Ernährung ist demnach nur dann besser als eine überwiegend tierische Kost, wenn ihr Eiweißanteil angemessen und nicht zu hoch ist. Eine ausgewogene vegetarische Ernährung wird diesem Anspruch gerecht, denn sie deckt den täglichen Bedarf an Proteinen.

Die Sojabohne enthält hochwertiges Eiweiß, deshalb stellen (alle) Sojaprodukte wie Sojamilch und Tofu wirklich gute Quellen für pflanzliches Eiweiß dar. Auch Kichererbsen und Linsen haben einen besonders hohen Gehalt an Eiweiß, ebenso gebackene Bohnen, Müsli, Nüsse und Samen.

Reichlich hochwertiges Eiweiß findet sich ferner in Eiern, Erdnüssen, (Vollkorn-)Brot und Hartkäse. Kleinere Mengen sind in braunem Reis, Porridge, Kartoffeln, Brokkoli und Spinat enthalten.

Weitere Einzelheiten entnehmen Sie bitte der Zusammenstellung »Die Nährstoffe im Überblick« auf Seite 219 und 220.

Gratinierte Käsepolenta mit Champignons und geröstetem Knoblauch

Meine Liebe zu Polenta entdeckte ich in San Francisco in einem kleinen Lokal, wo dieser Maisbrei heiß mit geröstetem Knoblauch und Salbei in Begleitung eines exquisiten Blattsalates serviert wurde. Seit dieser Zeit habe ich selbst viele tolle und schmackhafte Polenta-Variationen kreiert – keine Spur von furchtbarer »Pampe«, wie ich anfangs vermutet hatte. Und so steht Polenta heute oft auf meinem Speiseplan, ist es doch ein preiswertes und unkompliziertes Essen, das zudem auch noch phantastisch schmeckt.

ERGIBT 4 POLENTASCHNITTEN

FÜR DIE POLENTA

75 g grober Maisgrieß (Polenta)
600 ml Gemüsebrühe (Seite 218)
1 TL Cayennepfeffer (oder zur Abwechslung eine Mischung aus folgenden Gewürzen und Kräutern: 1 große Knoblauchzehe, geschält und zerdrückt; ½ TL Chilipulver und 1 TL gemahlener Kreuzkümmel)
Meersalz
25 g Butter oder Margarine
50 g Cheddar (nach Belieben fettarm), dünn gehobelt

FÜR DEN GERÖSTETEN KNOBLAUCH

1 Knoblauchknolle mit großen Zehen, zerteilt und in der Schale belassen
Olivenöl zum Bepinseln
Getrockneter Thymian und Rosmarin zum Bestreuen
Salz und frisch gemahlener Pfeffer

FÜR DIE CHAMPIGNONGARNITUR

225 g große Champignons mit flachem Hut, in dickere Scheiben geschnitten
Olivenöl zum Bepinseln

Zuerst die Polenta zubereiten. Dafür den Maisgrieß mit der Brühe in einen Topf füllen und glatt rühren. Zum Kochen bringen und unter gelegentlichem Rühren 10 Minuten sanft köcheln lassen.

Den Cayennepfeffer oder die Gewürzmischung, falls verwendet, zugeben, salzen und das Fett vollständig unterrühren. Den Brei in eine kleine, rechteckige Form füllen, glatt streichen und abkühlen lassen. Nach Belieben über Nacht stehen lassen. ◈

Inzwischen den Knoblauch rösten. Die Spitzen der Knoblauchzehen abschneiden, die Schale aber nicht entfernen. Mit Olivenöl bestreichen und auf einem Backblech ausbreiten. Mit den Kräutern, Salz und Pfeffer bestreuen und bei 180 °C im Ofen 40 Minuten backen, bis sie butterweich sind. Leicht abkühlen lassen, dann das Fleisch aus den Schalen drücken.

Als nächstes die Champignons grillen. Die Pilzscheiben großzügig mit Olivenöl bestreichen und einige Minuten unter den heißen Grill schieben, bis sie gar sind.

Die erkaltete Polenta mit dem gehobelten Käse bestreuen und in vier gleich große Stücke (Rechtecke) schneiden. Aus der Form nehmen, auf eine feuerfeste Servierplatte legen und einige Minuten unter den vorgeheizten Grill schieben, bis der Käse geschmolzen und die Polenta heiß ist. Oder die Schnitten 1 Minute auf höchster Stufe in das Mikrowellengerät stellen.

Die Schnitten mit dem gerösteten Knoblauch garnieren und die gegrillten Pilze rundherum verteilen.

Chilibohnen unter einer Teigkruste

Bei klirrender Kälte ist dies das ideale Essen für die ganze Familie. Besonders gut schmeckt es mit der Leichten Tomaten-Basilikum-Sauce von Seite 174 und mit gedämpftem Brokkoli als Gemüsebeilage.

Für 4–6 Personen

Für die Bohnen
1 EL Olivenöl
1 große Zwiebel, geschält und gehackt
2 Knoblauchzehen, geschält und gehackt
½–1 TL Chilipulver, nach Geschmack
1 Dose Tomaten in Stücken (400 g), abgetropft
1 Peperoni aus dem Glas, gehackt
2 Stangen Staudensellerie, in Scheiben geschnitten
1 Dose Kidney-Bohnen (400 g), abgetropft

Für die Teigkruste
100 g Maismehl
25 g Weizenmehl
Salz und frisch gemahlener Pfeffer
2 TL Backpulver
1 Ei, verschlagen
125 ml entrahmte Kuhmilch oder Sojamilch
2 EL gehackter Dill
50 g Cheddar (nach Belieben fettarm), gerieben

Das Öl in einem Topf erhitzen und die Zwiebel darin zugedeckt bei milder Hitze in 10 Minuten weich dünsten.

Den Knoblauch und das Chilipulver 1 Minute unter Rühren mitdünsten. Die Tomaten, die Peperoni und den Sellerie unterrühren und 5 Minuten unter gelegentlichem Rühren weitergaren. Die Kidney-Bohnen untermischen und diese Mischung in eine Auflaufform füllen.

Für die Teigkruste die trockenen Zutaten in eine Schüssel sieben und in die Mitte eine Vertiefung drücken.

In einer separaten Schüssel das Ei mit der Milch und dem Dill verschlagen. Die Flüssigkeit in die Vertiefung gießen und mit der Mehlmischung zu einem glatten, dickflüssigen Teig rühren.

Diesen Teig gleichmäßig über die Chilibohnen verteilen, den Käse aufstreuen und bei 200 °C im Ofen 25 Minuten backen, bis der Teig aufgegangen ist und sich eine goldbraune Kruste gebildet hat.

Hülsenfrüchte

Gerichte mit getrockneten Hülsenfrüchten erfordern Zeit und Planung, denn sie müssen lange vor der eigentlichen Garzeit eingeweicht werden. Wenn die Zeit drängt, sind gekochte Hülsenfrüchte aus der Dose eine praktische Alternative. Ich greife regelmäßig darauf zurück und bin damit sehr zufrieden. Hülsenfrüchte, erdfarben und manche leicht erdig im Geschmack, stecken voller guter Inhaltsstoffe. Wenn es draußen kalt ist, wärmen sie wunderbar den Magen; als Salatzutat schmecken sie zu jeder Jahreszeit.

Reisformen, Reissorten, Reiserzeugnisse

Viele weltberühmte Gerichte basieren auf Reis: Paella, Pilaw, Risotto und Nasi Goreng, um nur einige zu nennen. Wichtig ist, daß für das jeweilige Gericht die richtige Reisform und -sorte verwendet wird. Grundsätzlich wird zwischen Langkorn- und Rundkornreis unterschieden.

BRAUNER REIS (NATURREIS)

Ernährungsphysiologisch ist Naturreis der beste Reis. Er besteht aus dem vollen Korn mit Silberhäutchen und Keim, ist lediglich entspelzt und besitzt somit alle Vitamine, Mineral- und Ballaststoffe. Außerdem schmeckt er viel würziger als weißer Reis und bleibt schön körnig. Brauner Reis benötigt jedoch mehr Flüssigkeit und eine längere Garzeit als weißer Reis – etwa 30–40 Minuten.

JASMIN-REIS (DUFTREIS)

Dieser roh und gekocht zart duftende Reis wird aus Thailand und China importiert und ist ideal für alle ostasiatischen Gerichte. Es handelt sich hierbei um einen (teuren) Langkornreis, der, in Kokosmilch (Seite 104) gekocht, phantastisch schmeckt.

RUNDKORNREIS

Diese oft für Risotto und Süßspeisen verwendete Reisform wird meist als Weißreis angeboten, das heißt auch ohne Keim und Silberhaut. Brauner Rundkornreis eignet sich vorzüglich für einen Risotto.

BASMATI-REIS

Aromatischer Langkornreis aus Indien oder Italien mit einem ausgeprägt nussigen Geschmack. Er ist traditioneller Bestandteil indischer Gerichte und wird als brauner und weißer Reis angeboten.

ARBORIO-REIS

Ein hochwertiger Reis aus Italien mit rundlichen, großen Körnern – wie geschaffen für die Zubereitung von Risotto, da er längeren Kochzeiten stand hält. Er ist als Braun- und Weißreis in Feinkostläden erhältlich.

PATNA-REIS

Vielseitigste und beliebteste Reissorte mit länglichem, hartem Korn. Patna-Reis wird für pikante Zubereitungen verwendet und als Braun- und Weißreis angeboten.

MILCHREIS

Ein polierter Rundkornreis (Weißreis) mit hohem Stärkeanteil, der weich und breiig kocht. Er ist besonders gut für süßen, cremigen Reispudding geeignet.

WILDREIS

Wildreis ist genaugenommen kein Reis, sondern der Samen eines Wassergrases. Die langen, schmalen Körner sind graubraun und rauchig-nußartig im Geschmack. Wildreis erfordert eine längere Garzeit – 30–40 Minuten – und wird gern mit Weißreis gemischt.

REISMEHL

Schneeweißes, kleberarmes Mehl mit hohem Stärkegehalt, ein vorzügliches Bindemittel für Saucen und Eintöpfe, das aber auch zum Backen (nicht für Brot) verwendet werden kann. Reismehl ist ein adäquater Ersatz für Weizenmehl und unverzichtbar für Menschen, die allergisch auf das Gluten (Klebereiweiß) reagieren.

REISFLOCKEN

Reisflocken entstehen durch Dämpfen und Walzenpressung von geschälten Reiskörnern. Die Flocken benötigen nur eine kurze Garzeit. Sie werden gern zum Andicken von Suppen und Eintopfgerichten sowie für Milchpuddings verwendet.

Zitronenreis

Eine einfache und ungewöhnliche Art, Reis zu kochen. Der fertige Reis sieht appetitlich aus und ergibt eine erfrischende Beilage.

FÜR 3–4 PERSONEN
V

175 g Naturreis
Abgeriebene Schale und Saft von 1 Zitrone
Salz, 2 EL Olivenöl
2 EL gehackte Petersilie

Den Reis in einem Topf mit Wasser bedecken, Zitronensaft und -schale zufügen und zum Kochen bringen. Einen fest schließenden Deckel auflegen und bei sehr milder Hitze 30–35 Minuten köcheln lassen, bis der Reis gar ist.

Von der Kochstelle nehmen, 5 Minuten ausquellen lassen. Salz, Olivenöl und Petersilie unterrühren. Vor dem Servieren mit einer Gabel auflockern.

Würziges Dal

Diese berühmte indische Linsenspeise ist eine vorzügliche Beilage zu einem Currygericht. Dhal schmeckt aber auch gut »solo«, nur mit Reis und einem Salat.

FÜR 4–5 PERSONEN
(ohne Crème fraîche) V

175 g grüne Linsen
50 g frischer Ingwer, geschält und in dicke Scheiben geschnitten
3 Knoblauchzehen, geschält
2 TL gemahlene Kurkuma
2 Jalapeño-Chillies, längs halbiert
Salz
100 ml Crème fraîche (nach Belieben)

Die Linsen 3–4 Stunden in Wasser einweichen, abgießen und gründlich abspülen. Mit dem Ingwer, den ganzen Knoblauchzehen, der gemahlenen Kurkuma und den Chillies in einen Topf füllen und, mit Wasser bedeckt, zum Kochen bringen. In etwa 1½ Stunden weich köcheln. Abkühlen lassen, die Gewürze herausfischen und die Linsen abtropfen lassen; die Kochflüssigkeit auffangen. Die Linsen im Mixer pürieren und mit der Kochflüssigkeit auf die gewünschte Konsistenz verdünnen, Dal sollte relativ dünn sein. Salzen und nach Belieben die Crème fraîche unterrühren.

REIS KOCHEN

Reis und Wasser im Verhältnis 1:2 verwenden. Dafür die Reismenge abwiegen und in einen Meßbecher füllen. Sie benötigen dann zum Kochen doppelt so viel Wasser wie Reis im Meßbecher.

AUF DEM HERD KOCHEN

Den Reis in einem Sieb gründlich unter fließendem Wasser abspülen, in einen Topf füllen und die entsprechende Flüssigkeitsmenge zugießen. Zum Kochen bringen, umrühren, die Hitze reduzieren und den Reis zugedeckt sanft köcheln lassen – und der Versuchung widerstehen, den Deckel während des Garens zu lupfen, damit der Garprozeß ungestört vonstatten gehen kann. Es dauert etwa 8–10 Minuten – je nach verwendeter Reissorte –, bis der Reis alle Flüssigkeit aufgesogen hat. Naturreis braucht mindestens 30 Minuten. Leicht salzen, mit einer Gabel auflockern und servieren.

IN DER MIKROWELLE GAREN

250 g Reis mit 450 ml kochendem Wasser in ein mikrowellengeeignetes Geschirr füllen. Umrühren und zugedeckt auf höchster Leistungsstufe 5 Minuten garen. Erneut umrühren und zugedeckt 6 Minuten auf der Auftaustufe garen. 3 Minuten ruhen lassen, auflockern und servieren.

Kürbisrisotto mit Pecorino

Sie können sowohl hart- als auch weichschalige Kürbisse verwenden. Leider führt dieses vielseitige Gemüse hierzulande ein Schattendasein – schade drum. Gerade durch die Kürbisse wird dieser köstliche Risotto delikat und saftig. Die exquisite Aufmachung des Gerichts läßt vergessen, wie unkompliziert es eigentlich ist. Der Kürbis kann zur Abwechslung durch Lauch ersetzt werden.

Für 4 Personen
(ohne Käse) V

1 EL Olivenöl
4 Schalotten, fein gehackt
250 g Reis, vorzugsweise Arborio (Seite 143)
500 g Speisekürbis, geschält und entkernt
1 TL gemahlener Safran, mit
90 ml trockenem Weißwein verrührt
750 ml Gemüsebrühe (Seite 218)
1 EL getrockneter Oregano
50 g Pecorino, fein gerieben
Salz und frisch gemahlener schwarzer Pfeffer
1 Zweig frische Petersilie zum Garnieren

Das Öl in einem Schmortopf erhitzen und die Schalotten darin bei schwacher Hitze unter gelegentlichem Rühren weich dünsten, ohne daß sie Farbe annehmen. Die Hitzezufuhr erhöhen und den Reis unterrühren, bis er gänzlich mit Fett überzogen ist.

Das Kürbisfleisch grob raspeln (nach Möglichkeit die Küchenmaschine verwenden, das spart Zeit und Arbeit), unter den Reis mischen und 3–4 Minuten unter Rühren braten. Die Hitzezufuhr noch weiter erhöhen, den Wein zugießen und rühren, bis die Flüssigkeit vom Reis aufgesogen ist. Dann nach und nach die Gemüsebrühe zugießen. Dazu die Temperatur etwas reduzieren, und immer erst dann die nächste Menge Brühe zugießen, wenn die vorherige aufgesogen ist. Dabei ständig rühren.

Nach der Hälfte der Garzeit den Oregano zugeben und den Reis fertig garen. Das Kürbisfleisch sollte sehr weich sein. Den Topf von der Kochstelle nehmen, den Käse unterrühren und den Reis zugedeckt noch etwa 10 Minuten ausquellen lassen. Salzen, pfeffern, mit dem Petersilienzweig garnieren und auf vorgewärmten Tellern oder (wie auf der Abbildung) in ausgehöhlten Kürbissen anrichten.

Reste von Reisgerichten

Reisreste vom Vortag lassen sich sehr gut wieder aufwärmen – in der Mikrowelle oder in einem Dämpfer (Seite 30), zugedeckt mit einem Teller oder Deckel.

Südindischer Pilzreis

Diese delikate Speise besteht aus aromatisch gewürzten Pilzen, die in feiner Kokosmilch gegart und auf dem Reis angerichtet werden, der die köstliche Sauce aufsaugt. Das Rezept stammt von einem Freund, der in dem schönen südindischen Staat Kerala lebt.

FÜR 3 PERSONEN

V

1–2 kleine grüne Chillies, in feine Scheiben geschnitten
1 TL gemahlener Koriander
1 TL gemahlener Kreuzkümmel
4 Knoblauchzehen, geschält
1 kleine Zwiebel, geschält und in Scheiben geschnitten
60 g Kokosmilchpulver
450 ml Wasser
500 g kleine braune Champignons mit geschlossenem Hut
Salz
250 g Basmati-Reis

Die Chillies mit den Gewürzen, den ganzen Knoblauchzehen und der Zwiebel im Mixer zu einer Paste verarbeiten.

Das Kokosmilchpulver mit dem Wasser zu einer glatten Creme verrühren. Mit der Würzpaste in einen Topf füllen und aufkochen lassen.

Die Pilze zugeben, die Hitze reduzieren und im offenen Topf 20 Minuten köcheln lassen, bis die Sauce eindickt und die Pilze weich sind. Salzen. 15 Minuten abkühlen lassen, wobei die Sauce weiter eindickt. ◆

Den Reis kochen und in eine Schüssel füllen. Die Pilze darauf anrichten und mit der Sauce begießen. Warm servieren.

Pilaw mit Orangenschale und Rosinen

Orangenschale und Rosinen verleihen diesem Gewürzreis einen Hauch von Exotik. Die persische Küche läßt grüßen! Pilaw schmeckt gut zu dem Ofengemüse von Seite 100 und der Leichten Tomaten-Basilikum-Sauce von Seite 174.

FÜR 4 PERSONEN

V

Dünn abgeschälte Schale von ¼ unbehandelten Orange
2 EL Pflanzenöl
250 g Basmati-Reis
1 TL gemahlene Kurkuma
4 Frühlingszwiebeln, in Scheiben geschnitten
75 g Rosinen oder Sultaninen
½ TL Piment
600 ml Wasser
Salz

Die Orangenschale in hauchdünne Streifen von etwa 1 cm Länge schneiden.

Das Öl in einem Topf mit schwerem Boden stark erhitzen und den Reis mit Orangenschale, Kurkuma, Frühlingszwiebeln, Rosinen und Piment einrühren. Bei mittlerer Hitze einige Minuten weiterrühren, bis alle Zutaten gut vermischt und der Reis gänzlich mit Fett überzogen ist. Das Wasser zugießen und zum Kochen bringen.

Zugedeckt bei sehr milder Hitze 25–30 Minuten köcheln lassen. Mit Salz abschmecken und bis zum Servieren den Reis weitere 25–30 Minuten ausquellen lassen.

Pilzrisotto mit roten Chillies

Dieser Risotto gehört zu den Leibspeisen, deren ich nie überdrüssig werde. Er ist überaus schmackhaft und dabei sehr preiswert und unkompliziert in der Zubereitung. Ein Minimum an Arbeitsaufwand wird mit einem Maximum an Geschmack belohnt: das volle Aroma der Pilze und die feine Schärfe der Peperoni und Chilischote. Reichen Sie getrennt dazu geriebenen Pecorino und einen grünen Salat.

FÜR 4 PERSONEN
(ohne Käse) V

2 EL Sonnenblumenöl
5 Frühlingszwiebeln, in Scheiben geschnitten
250 g Braune Egerlinge (Cremechampignons), geviertelt
½ Jalapeño-Chili, in feine Ringe geschnitten
1 ganze Peperoni aus dem Glas, in Ringe geschnitten
300 g Basmati-Reis
450 ml Gemüsebrühe (Seite 218)
Salz, geriebener Pecorino

Das Öl in einem großen Topf erhitzen und die Frühlingszwiebeln darin zugedeckt bei sehr milder Hitze in etwa 10 Minuten weich dünsten. Dabei gelegentlich umrühren.

Die Pilze, die Chilischote und die Peperoni untermischen und rühren, bis alles gänzlich mit Fett überzogen ist. Den Reis einstreuen und bei mittlerer Hitze unter Rühren 3–4 Minuten anschwitzen. Die Brühe aufgießen und aufkochen lassen.

Einen fest schließenden Deckel auflegen, die Hitze reduzieren und 25 Minuten sanft köcheln lassen, bis der Reis gar ist und alle Flüssigkeit aufgesogen hat. Den Risotto salzen.

Vor dem Servieren mit einer Gabel auflockern. Geriebenen Pecorino getrennt dazu reichen.

Reis mit gelben Splittererbsen und Knoblauch

Ein ähnliches Gericht habe ich einst in einem bescheidenen Hotel in Udaipur, einer Stadt in Nordindien, gegessen, und seine wohltuende, wärmende Wirkung ist mir in guter Erinnerung geblieben. Indisches Essen ist ein Dufterlebnis, das auch dem Gaumen schmeichelt.

FÜR 4 PERSONEN
V

250 g gelbe Splittererbsen
1 EL Sonnenblumenöl
2,5 cm Zimtstange
1 grüne Chilischote, fein gehackt
2 Gewürznelken
3 Knoblauchzehen, geschält und fein gehackt
1 kleine Zwiebel, geschält und in hauchdünne Scheiben geschnitten
175 g Basmati-Reis
1 TL Salz
600 ml Wasser

Die Splittererbsen unter fließendem kaltem Wasser abspülen und 1 Stunde in kaltem Wasser einweichen.

Das Öl in einem Topf erhitzen und die Zimtstange, die Chilischote und die Gewürznelken einrühren. Den Knoblauch und die Zwiebel zugeben und unter Rühren anschwitzen, bis sie Farbe annehmen.

Den Reis, die abgetropften Splittererbsen und das Salz einstreuen und bei mittlerer Hitze einige Minuten mitschwitzen. Das Wasser aufgießen und zum Kochen bringen. Einen fest schließenden Deckel auflegen und bei sehr milder Hitze 35–40 Minuten köcheln lassen.

Vor dem Servieren die Zimtstange und die Nelken entfernen.

Couscous auf marokkanische Art

Als ich das erste Mal in Marokko Couscous gegessen habe, glaubte ich zu träumen. Nicht zu vergleichen mit der klebrigen, pappigen Masse, die hierzulande oft serviert wird, war der dortige Couscous. Er war leicht und locker, angereichert mit exotischen Gewürzen, und dazu wurde ein Topf mit Gemüse in einer sämigen, gewürzten Sauce serviert. Mit Hilfe der mittlerweile verbesserten Rezeptur von Couscous aus dem Supermarkt möchte ich Ihnen hier eine Couscous-Variante vorstellen, die dem Original, das wir unter dem Sternenhimmel in der Wüste aßen, am nächsten kommt.

Für 4 Personen
(ohne Butter) V

Für den Gemüsetopf

2 Zwiebeln
2 große Stangen Lauch
350 g Auberginen
4 große, vollreife Tomaten
3 große Zucchini
2 große Möhren
300 ml Wasser
Etwas Meersalz
2 EL Gewürzmischung, bestehend aus Safran, Chilipulver, Kreuzkümmel, Koriander usw.
Tabasco (nach Belieben)

Für den Couscous

600 ml Wasser
250 g Couscous
2 EL Olivenöl oder 1 EL Butter oder Margarine

Zunächst das Gemüse vorbereiten: Die einzelnen Gemüsesorten waschen, putzen und in daumendicke Stücke schneiden. Mit dem Wasser und Salz in einen Schmortopf füllen, mit Alufolie abdecken und zusätzlich mit einem Deckel verschließen. Bei 150 °C im Ofen 2 Stunden und 40 Minuten garen.

Das Gemüse aus dem Ofen nehmen, die Gewürzmischung unterrühren und für weitere 20 Minuten in den Ofen schieben.

In der Zwischenzeit den Couscous zubereiten: Das Wasser in einem großen Topf zum Kochen bringen, den Couscous langsam einrieseln lassen, dabei ständig rühren, bis das Wasser wieder kocht. Den Topf von der Kochstelle nehmen und den Couscous zugedeckt 10 Minuten aufquellen lassen. Mit einer Gabel auflockern und zuletzt das Öl, Butter oder Margarine untermischen.

Sobald das Gemüse gar ist, noch einmal abschmecken – nach Belieben mit einem Spritzer Tabasco etwas mehr Schärfe hineinbringen – und den Gemüsetopf mit dem Couscous servieren.

Couscous

Couscous ist meine Leidenschaft. Nachdem ich die alte Vorstellung von zusammenklebenden, fade schmeckenden Grießklumpen über Bord geworfen hatte, stellte ich fest: Couscous ist locker und luftig, delikat im Geschmack und sättigend – und obendrein unglaublich einfach in der Zubereitung. Deshalb steht er nun häufig auf meinem Speisezettel.

Couscous ist seit alters her ein Grundnahrungsmittel in den nordafrikanischen Ländern. Die Herstellung erfolgt heutzutage maschinell: Grobkörniger Hartweizengrieß wird mit Wasser befeuchtet und anschließend zwischen zwei Flächen leicht gerieben, bis das Wasser aufgesogen ist und sich Kügelchen bilden, die dann gesiebt und mit feinem Weizenmehl bestaubt werden. Couscous ist reich an Stärke und Eiweiß.

Traditionell wird Couscous in einem Dämpfeinsatz über dem würzigen Eintopf gegart, der stets dazu gereicht wird. Mittlerweile ist aber auch eine vorgekochte Couscous-Variante auf dem Markt, die die Zubereitung sehr vereinfacht (siehe oben).

Couscous können Sie mit Gemüseeintöpfen und pfannengerührten Gerichten reichen oder aber zusammen mit gedünstetem Gemüse aufbraten. Kalt ist Couscous eine gern verwendete Zutat in gemischten Salaten.

Reisnudeln mit Brokkoli, Ingwer, Knoblauch und Schwarzer-Bohnen-Sauce

Hiermit holen Sie sich das Flair der ostasiatischen Kochkunst an den heimischen Herd, und das ohne große Mühe. Sie sollten für chinesische Gerichte wie dieses stets ein Glas Schwarze-Bohnen-Sauce vorrätig haben und im Gefrierfach ein Stück Ingwerwurzel bereithalten. Diese appetitanregende Speise steht regelmäßig auf meinem Speisezettel und wird immer wieder gern gegessen.

Für 6 Personen

V

Für die Sauce

4 Frühlingszwiebeln, in feine Scheiben geschnitten
2,5 cm frischer Ingwer, geschält und sehr fein gerieben
2–3 Knoblauchzehen, geschält und zerdrückt
3 EL Schwarze-Bohnen-Sauce
1 EL Sojasauce
90 ml geröstetes Sesamöl

Für die Nudeln

1,25 kg Brokkoli
500 g Reisnudeln (Vermicelli)

Alle Zutaten für die Sauce gründlich mischen und durchziehen lassen, bis die Nudeln und der Brokkoli fertig sind. ◈

Den Brokkoli im ganzen dämpfen, dann in kleine Röschen zerteilen.

Die Reisnudeln in einem großen Topf mit kaltem Wasser bedecken, zum Kochen bringen und abseits der Kochstelle 3–4 Minuten ausquellen lassen. Abgießen, gründlich abtropfen lassen und mit den Brokkoliröschen und der vorbereiteten Sauce mischen. Warm servieren.

Riso verde (Grüner Reis)

Dieses attraktiv geschichtete Gericht in Grün und Weiß ist die ideale Beilage zum Blätterteigzopf mit Paprika-Pilz-Füllung von Seite 158. Für eine einfache selbständige Mahlzeit reicht es, wenn Sie einen Salat dazu reichen.

Für 4–6 Personen
(mit Margarine) V

500 g Spinat, gewaschen und tropfnaß im eigenen Saft gegart
Geriebene Muskatnuß
Salz und frisch gemahlener Pfeffer
40 g Butter oder Margarine
175 g Basmati-Reis, gekocht (Seite 144)
500 g Tiefkühlerbsen, gegart
2–3 EL Sahne oder Sojasahne für Veganer
2 EL gehackte Minze
175 g Pistazien, geschält und fein gehackt

Den Spinat gründlich abtropfen lassen und hacken. Mit Muskatnuß, Salz und Pfeffer würzen und den Boden einer feuerfesten Form damit auslegen. ◈

Die Butter oder Margarine unter den gekochten Reis rühren, bis das Fett geschmolzen und gleichmäßig verteilt ist. Mit Salz und Pfeffer würzen und den Reis auf dem Spinat verteilen.

Die gegarten Erbsen abtropfen lassen und mit der Sahne fein pürieren. Die gehackte Minze unterrühren und das Püree über den Reis streichen. Mit den gehackten Pistazien bestreuen und bei 180 °C im Ofen 25 Minuten backen.

Vietnamesische Reisnudeln mit gedämpftem Gemüse und Minze

Ich aß dieses köstliche Gericht in einem vietnamesischen Lokal in San Franciscos berühmter Chinatown. Es war schlicht und doch vollkommen, wie es für vietnamesisches Essen typisch ist, und sein phantastischer Geschmack wird mir stets in Erinnerung bleiben. Ein Glas Chili-Knoblauch-Sauce sollte in keinem Vorratsschrank fehlen; erhältlich ist diese scharfe Sauce in asiatischen Lebensmittelgeschäften.

FÜR 4 PERSONEN

V

FÜR DAS GEDÄMPFTE GEMÜSE

1 kg Gemüse, zum Beispiel Brokkoli, Möhren, Zuckermais, Pilze, Bambussprossen, Zucchini, Zuckerschoten und Bohnensprossen

FÜR DIE SAUCE

3 EL Schwarze-Bohnen-Sauce
2 TL geriebener frischer Ingwer
1 Knoblauchzehe, geschält und zerdrückt
2 EL geröstetes Sesamöl

FÜR DIE NUDELN

250 g Reisnudeln (Vermicelli)
1 EL scharfe Chili-Knoblauch-Sauce
3 EL Olivenöl

ZUM SERVIEREN

1 kleiner Kopfsalat, in Streifen geschnitten
1 kleines Bund frische Minze, fein gehackt

Zuerst das Gemüse vorbereiten: Das gewaschene und geputzte Gemüse in mundgerechte Stücke schneiden und bißfest dämpfen. Etwas abkühlen lassen.

Die Zutaten für die Sauce vermischen, über das noch warme Gemüse gießen und gründlich vermengen.

Die Reisnudeln in einem Topf mit Wasser bedecken, zum Kochen bringen, vom Herd nehmen und in 3–4 Minuten ausquellen lassen, anschließend abgießen.

Die Chili-Knoblauch-Sauce mit dem Öl verrühren und behutsam unter die Nudeln mischen.

Zum Servieren die Salatstreifen mit der Minze mischen und eine große Platte damit auslegen. Die Nudeln darauf anrichten und das mit der Sauce vermischte Gemüse darüber verteilen.

Pikante Kuchen, Pie und Pizza

Frühlingsrollen

Frühlingsrollen esse ich für mein Leben gern. Diese hier enthalten eine wohlschmeckende Füllung aus kleingeschnittenem Gemüse und Reisnudeln in einer reich gewürzten Sauce. Reichen Sie die Frühlingsrollen als Vorspeise für ein feines Essen oder als leichte Mahlzeit am Abend zu Jasmin-Reis, einem appetitlichen Salat und einer Auswahl an Dipsaucen (Seite 34).

Ergibt 12 Frühlingsrollen

V ●

- *2 EL Sonnenblumenöl*
- *500 g gemischtes Gemüse wie Zuckererbsen, Prinzeßbohnen, Brokkoli, Zucchini, Wasserkastanien und Spargel, alles sehr klein geschnitten*
- *5 cm frischer Ingwer, geschält und gerieben*
- *3 Knoblauchzehen und 4 Frühlingszwiebeln, fein gehackt*
- *1 EL Koriandergrün, fein gehackt*
- *½ frische Chilischote, sehr fein gehackt*
- *1 EL Schwarze- oder Gelbe-Bohnen-Sauce*
- *50 g Reisnudeln (Vermicelli), 10 Minuten in heißem Wasser eingeweicht, abgetropft, gehackt*
- *24 Phylloteigblätter (30 × 15 cm)*
- *Sonnenblumenöl zum Fritieren*

Das Öl in einem Wok oder einer tiefen Bratpfanne erhitzen und das vorbereitete Gemüse mit Ingwer, Knoblauch und Frühlingszwiebeln darin bei starker Hitze unter Rühren braten, bis die Stückchen so eben gar sind. Koriandergrün und Chili, dann die Bohnensauce und die Reisnudeln unterrühren und zugedeckt – abseits der Kochstelle – kurz durchziehen lassen. ◆

Je 1–2 Eßlöffel auf 12 Teigblätter verteilen. Die Teigränder über die Füllung schlagen, fest aufrollen. Jedes Päckchen in ein zweites Teigblatt einrollen.

Reichlich Öl in einer Friteuse oder einem Wok auf 180 °C erhitzen (das Öl sollte etwa 2 cm hoch im Topf stehen) und die Frühlingsrollen portionsweise darin goldbraun fritieren. Auf Küchenpapier abtropfen lassen und warm halten. Alsbald servieren.

Teigtaschen mit Spinat-Blauschimmelkäse-Füllung

Die Füllung für diese delikaten, locker-luftigen Teigtaschen läßt sich der Jahreszeit entsprechend beliebig variieren: Auch Brokkoli, Zucchini, Erbsen, Lauch und Pilze schmecken vorzüglich in der zarter Umhüllung aus Blätterteig. Außerdem sind die Taschen schnell gemacht und werden, zumindest in meinem Haushalt, immer gern gegessen.

ERGIBT 6 TEIGTASCHEN

500 g Spinat, gekocht, abgetropft und gehackt
300 ml Béchamelsauce (Seite 218)
40 g Blauschimmelkäse, zerkrümelt
500 g Tiefkühl-Blätterteig, aufgetaut, oder Mürbeteig (Seite 218)
1 Eigelb, verquirlt

Zuerst die Füllung zubereiten: Den vorbereiteten Spinat unter die Béchamelsauce mischen und den zerkrümelten Käse unterheben. ◈

Den Teig ziemlich dünn ausrollen und in sechs Quadrate mit 15 cm Seitenlänge schneiden. Je ein Sechstel der Füllung in die Mitte eines Teigquadrats setzen und diagonal falten, so daß ein Dreieck entsteht. Die Teigränder an der Innenseite befeuchten und mit einer Gabel zusammendrücken, damit die Füllung nicht ausläuft.

Die Teigtaschen mit dem verquirlten Eigelb bestreichen und auf ein gut gefettetes Backblech setzen. Bei 220 °C im Ofen 20–25 Minuten backen, bis der Teig aufgegangen und schön gebräunt ist.

Teigtaschen mit Brokkoli-Pecorino-Füllung

Auch diese Teigtaschen können mit Tiefkühl-Blätterteig oder mit Mürbeteig (Seite 218) zubereitet werden. Unter der knusprigen Hülle verbirgt sich eine köstliche Brokkoli-Käse-Füllung. Goldbraun gebacken, sind sie mit neuen Kartoffeln und einem Salat ein ideales Abendessen.

ERGIBT 6 TEIGTASCHEN

1 EL Olivenöl
3 große Frühlingszwiebeln, fein gehackt
250 g Tomaten, enthäutet (Seite 30) und fein gehackt
½ frische Chilischote, sehr fein gehackt (oder ¼ TL Chilipulver)
500 g Brokkoli (grün oder violett), in kleine Röschen zerteilt und gedämpft
50 g Pinienkerne, unter dem Grill geröstet (Seite 134)
100 g Ricotta
25 g Pecorino, fein gerieben
Salz
500 g Tiefkühl-Blätterteig, aufgetaut, oder Mürbeteig (Seite 218)
2 EL Pesto

Das Öl in einem Topf erhitzen und die Frühlingszwiebeln darin zugedeckt bei sehr milder Hitze weich dünsten. Die Tomaten und die fein gehackte Chilischote einrühren und etwa 5 Minuten weiterdünsten, bis sämtliche Flüssigkeit verdampft ist. Die Brokkoliröschen unterrühren und behutsam erhitzen. Den Topf von der Kochstelle nehmen, die Pinienkerne und den Käse unterrühren und eventuell nachsalzen. ◈

Den Teig dünn ausrollen und sechs Kreise von 18 cm Durchmesser ausstechen. Je ein Sechstel der Mischung auf die Mitte der Teigkreise setzen und zum Halbmond falten. Die Teigränder an der Innenseite mit Wasser befeuchten und mit den Fingern zusammendrücken.

Die Oberfläche der Teigtaschen mit Pesto bestreichen und auf ein gefettetes Backblech setzen. Bei 200 °C im Ofen 30 Minuten backen, bis der Teig aufgegangen und schön gebräunt ist. Heiß servieren.

Tiropitta mit Minze

Ein klassisches griechisches Gericht türkischer Abstammung. Ich aß es zum ersten Mal am Strand der Ägäis mit Blick auf den Hafen von Nauplion (Nauplia). Strahlend blauer Himmel und eine Flasche Retsina sind natürlich die idealen Begleiter für diese köstliche Pastete; oder man begnügt sich mit einem kretischen Bauernsalat (Seite 194) und kramt die Urlaubsfotos hervor …

FÜR 6 PERSONEN

350 g Feta
350 g fettarmer körniger Frischkäse
2 EL gehackte Minze
2 Frühlingszwiebeln, in dünne Scheiben geschnitten
Frisch gemahlener schwarzer Pfeffer
Frisch geriebene Muskatnuß
3 Eier, verquirlt
Olivenöl zum Bestreichen
1 Paket Phylloteig (400 g)

Den Käse zerdrücken und die Minze und die Frühlingszwiebeln untermischen. Die Käsemischung verschwenderisch mit Pfeffer und Muskatnuß würzen. Die verquirlten Eier einarbeiten. ◆

Eine quadratische Backform mit 22 cm Seitenlänge mit Olivenöl ausstreichen. Den Phylloteig passend für die Form zurechtschneiden. 4–5 Teigplatten übereinander in die Form legen, jede einzelne Platte mit Olivenöl bestreichen. Die Käsemischung gleichmäßig darauf verteilen, weitere 7–8, jeweils mit Olivenöl bestrichene Teigplatten darüber schichten und die oberste Teigplatte großzügig einölen, damit sie im Ofen schön knusprig und braun wird.

Bei 190 °C im Ofen 40–45 Minuten goldbraun backen. Nach dem Backen 5 Minuten ruhen lassen, dann in sechs Stücke schneiden.

Blumenkohl-Quiche

Diese pikante Torte schmeckt der ganzen Familie. Das feine Senfaroma harmoniert wunderbar mit dem zarten Blumenkohl und der süßlichen roten Zwiebel. Wer kann da noch widerstehen? Die Quiche ist kalt, warm und heiß ein Genuß!

FÜR 4–6 PERSONEN

250 g Mürbeteig oder Ölteig (Seite 218)
1 EL Olivenöl
1 rote Zwiebel, geschält und in dünne Scheiben geschnitten
1 großer Blumenkohl, geputzt und in kleine Röschen zerteilt, 5 Minuten gedämpft
2 EL Dijon-Senf
2 EL Weizenmehl
2 Eier, verschlagen
175 ml entrahmte Kuhmilch oder Sojamilch
Salz und frisch gemahlener Pfeffer
Paprikapulver zum Bestauben

Den Teig ausrollen und eine Tortenform von 23 cm Durchmesser damit auskleiden. Mit Backpapier abdecken, mit getrockneten Bohnen füllen und blind backen (Seite 30). ◆

Das Öl in einem großen Topf erhitzen und die Zwiebelscheiben darin bei schwacher Hitze in 6–7 Minuten weich dünsten. Die Blumenkohlröschen unterrühren und 2–3 Minuten weiter dünsten, dann auf dem vorgebackenen Boden verteilen.

Den Senf mit dem Mehl verrühren. Die Eier nach und nach untermischen, die Milch in dünnem Strahl zugießen und glatt rühren. Mit Salz und Pfeffer abschmecken. Die Eiermilch über den Blumenkohl gießen und bei 180 °C im Ofen 35–40 Minuten backen, bis die Füllung gestockt ist. Die Quiche, mit Paprikapulver bestaubt, heiß oder kalt servieren.

Zwiebel-Tarte-Tatin

Diese pikante Abwandlung eines klassischen französischen Rezeptes schmeckt so wunderbar, daß sie seit langem zu meinen Leibspeisen zählt. Wahrlich eine gelungene Kombination: der duftige Blätterteig und die roten Zwiebeln, mit Zucker und Fett behutsam gedünstet, bis sie karamelisieren und angenehm süßlich schmecken. Nach dem Backen wird die Tarte gestürzt, so daß der knusprige Blätterteig zum Teigboden für die Zwiebeln wird. Dazu passen neue Kartoffeln und Salat.

Für 2–3 Personen

25 g Butter oder Margarine
1 kg rote Zwiebeln, geschält und in dicke Scheiben geschnitten
2 gehäufte EL Zucker
Salz und frisch gemahlener Pfeffer
Olivenöl
50 g sonnengetrocknete Tomaten in Öl, abgetropft und grob gehackt
250 g Tiefkühl-Blätterteig, aufgetaut
Verquirltes Eigelb zum Bestreichen

Das Fett in einem weiten Topf zerlassen und die Zwiebelscheiben darin 1–2 Minuten andünsten. Einen gehäuften Eßlöffel Zucker darüber streuen, salzen, pfeffern und knapp mit kaltem Wasser bedecken. Zum Kochen bringen und im offenen Topf etwa 35–40 Minuten leise köcheln lassen, bis das Wasser verdampft ist. Zum Ende der Garzeit gelegentlich umrühren. ◆

Eine Pieform von 23 cm Durchmesser einölen und mit dem restlichen Zucker ausstreuen. Die Tomaten und darüber die Zwiebeln einfüllen.

Den Blätterteig in der Größe der Backform ausrollen und ausschneiden. Über die Zwiebeln legen und die Teigränder andrücken. Die Teigoberfläche mit Eigelb bestreichen und die Tarte bei 220 °C im Ofen in 25–30 Minuten goldbraun backen. Zum Servieren auf eine vorgewärmte Platte stürzen.

Blätterteig-»Zopf« mit Paprika-Pilz-Füllung

Dieses beeindruckende Backwerk ist in Wirklichkeit kinderleicht herzustellen und schmeckt zudem noch ganz phantastisch. Genau das Richtige für ein romantisches Abendessen zu zweit. Wenn Sie den Zopf im voraus backen und später 10 Minuten bei guter Mittelhitze im Ofen aufbacken, bereitet das Prachtexemplar eigentlich gar keine Mühe.

Für 2–3 Personen

V

2 mittelgroße Paprikaschoten, einfarbig oder gemischt
1 Gemüsezwiebel, in dünne Scheiben geschnitten, 3 EL Olivenöl
250 g mittelgroße Champignons, in Scheiben geschnitten
2 TL getrocknete Kräutermischung
1 Knoblauchzehe, geschält und zerdrückt
Salz und frisch gemahlener Pfeffer
250 g Tiefkühl-Blätterteig, aufgetaut
1 Ei, verschlagen
Sesamsamen zum Bestreuen

Die Paprikaschoten enthäuten (Seite 30) und in lange, schmale Streifen schneiden. Die Zwiebel in 1 Eßlöffel Öl weich dünsten. Das restliche Öl zugießen und die Pilze darin bei starker Hitze anbraten. Die Hitzezufuhr etwas reduzieren, Kräuter und Knoblauch zugeben und in etwa 5 Minuten weich dünsten. Die Paprikastreifen unterrühren, salzen und pfeffern. ◆

Den Blätterteig zu einem 40 × 28 cm großen Rechteck ausrollen. Die Füllung der Länge nach auf die Mitte häufen. Die langen Teigseiten diagonal in 2 cm breite Streifen schneiden. Zunächst die beiden kurzen Seiten, dann die diagonalen Streifen im »Zopfmuster« über die Füllung schlagen. Die Teigoberfläche mit verquirltem Ei bestreichen und mit Sesam bestreuen.

Bei 220 °C im Ofen 15 Minuten anbacken, auf 190 °C herunterschalten und in 10 Minuten fertigbacken. Vor dem Anschneiden einige Minuten ruhen lassen.

Herbstliche Kürbispie

Diese vorzügliche Pie ist überhaupt nicht schwer zuzubereiten. Unter der knusprigen Teighülle verbergen sich aromatische Zutaten wie Kürbis und Lauch, vermischt mit ein wenig Feta. Geriebener Macis verleiht der Pie eine feinwürzige Note. Mit gebackenen Kartoffeln und einem Salat wird daraus eine komplette Mahlzeit, die nicht so schnell in Vergessenheit gerät.

FÜR 4 PERSONEN

500 g Speisekürbis, zum Beispiel Patisson, Butternußkürbis usw., geschält und entkernt, das Kürbisfleisch in mundgerechte Stücke geschnitten
500 g Lauch, in Scheiben geschnitten
300 ml Béchamelsauce (Seite 218)
100 g Feta, zerkrümelt
Frisch gemahlener schwarzer Pfeffer
1–2 TL gemahlener Macis (Muskatblüte)
250 g Tiefkühl-Blätterteig, aufgetaut, oder Mürbeteig (Seite 218)
1–2 EL Pesto
Etwas Olivenöl

Den Kürbis 4–5 Minuten und den Lauch etwa 8 Minuten dämpfen; gründlich abtropfen und abkühlen lassen. Das Gemüse unter die Béchamelsauce mischen und den zerkrümelten Käse unterrühren. Mit Pfeffer und Macis abschmecken und die Masse in eine Pieschüssel (feuerfeste Schüssel mit glattem, breitem Rand) oder eine entsprechende Backform füllen.

Den Teig etwas größer als die Pieform ausrollen. Den oberen Rand der Form mit kaltem Wasser anfeuchten und einen schmalen Teigstreifen darauf legen. Aus dem verbliebenen Teig ein Rechteck oder einen Kreis (je nach verwendeter Form) ausschneiden, rundum etwa 1 cm größer als die Form. Diesen Teigdeckel vorsichtig auflegen und die Ränder mit einer Gabel auf den zuvor angebrachten Teigstreifen drücken.

Den Pesto mit etwas Olivenöl verdünnen und die Teigoberfläche damit einstreichen. (Nach Belieben aus Teigresten hübsche Formen ausstechen und den Teigdeckel damit verzieren.)

Die mit Mürbeteig zubereitete Pie bei 190 °C, die Blätterteigpie bei 200 °C im Ofen 20–25 Minuten backen, bis der Teig schön aufgegangen und goldbraun ist.

Blätterteigpizza

Sie zergeht auf der Zunge und ist im Handumdrehen fertig. Das Rezept läßt sich beliebig variieren und mit allem belegen, was das Herz begehrt.

Für 2 Personen als Hauptgericht, für 4 Personen als Zwischenmahlzeit

250 g Tiefkühl-Blätterteig, aufgetaut
3 reife Tomaten, in Scheiben geschnitten
1 kleines Bund frisches Basilikum
Etwas Olivenöl zum Beträufeln
6–8 schwarze Oliven (nach Belieben), entsteint
75 g Mozzarella, in Scheiben geschnitten
50 g Cheddar, fein gerieben

Den Blätterteig zu einem 23 × 33 cm großen Rechteck ausrollen. Ein entsprechend großes Backblech einfetten und mit der Teigplatte auskleiden.

Die Tomatenscheiben darauf verteilen, mit Basilikumblättern bestreuen und mit Olivenöl beträufeln. Die Oliven, falls verwendet, darauf verteilen. Gleichmäßig mit den Mozzarellascheiben belegen und zuletzt mit dem geriebenen Käse bestreuen.

Die Pizza bei 200 °C im Ofen 25–30 Minuten backen und sofort genüßlich verspeisen.

Variationen für den Belag

Tomaten, Brokkoli und Oliven

3 reife Tomaten, in Scheiben geschnitten
250 g Brokkoli (oder Lauch), gedämpft und in Scheiben geschnitten
6–8 schwarze Oliven, entsteint
75 g Mozzarella, in Scheiben geschnitten
50 g Cheddar, fein gerieben

Aubergine, Paprikaschote und Champignons

1 kleine Aubergine, in Scheiben geschnitten und unter dem Grill geröstet
1 rote Paprikaschote, unter dem Grill geröstet und in Streifen geschnitten (Seite 30)
100 g Champignons, (in der Mikrowelle) gedämpft
75 g Mozzarella, in Scheiben geschnitten
50 g Cheddar, fein gerieben

Italienische Pizza

Nichts geht über selbst gemachte Pizza. Diese hier hat einen dünnen, knusprigen Boden, den Sie nach Lust und Laune belegen können (siehe unten). Der klassische Belag ist allerdings kaum zu überbieten.

FÜR 2 PERSONEN

FÜR DEN PIZZABODEN

1 EL Trockenhefe
1 TL Zucker
2 EL lauwarme fettarme Kuhmilch, Sojamilch oder Wasser
100 g Weizenmehl
1 TL Salz
1 Ei
2 EL Olivenöl und zusätzlich etwas Öl zum Bestreichen

FÜR DEN BELAG

½ rote Zwiebel, in Scheiben geschnitten
350 g reife Eiertomaten, in dünne Scheiben geschnitten
2 Knoblauchzehen, geschält und in hauchdünne Scheibchen geschnitten
Salz und frisch gemahlener schwarzer Pfeffer
Getrocknete Kräuter der Provence
250 g Mozzarella, in streichholzgroße Streifen geschnitten
6–8 (schwarze) Oliven
Olivenöl zum Beträufeln
1 Handvoll frisches Basilikum zum Garnieren

Für den Boden die Trockenhefe mit dem Zucker in dem warmen Wasser oder der Milch auflösen. 10 Minuten zugedeckt an einen warmen Ort stellen, bis die Hefe Blasen wirft.

Das Mehl mit dem Salz in eine große Schüssel sieben. In die Mitte eine Vertiefung drücken und die angerührte Hefe mit dem Ei und dem Olivenöl hineingeben. Abschlagen, bis sich der Teig von der Schüsselwand löst, anschließend zu einem glatten Teig kneten (etwa 10 Minuten).

Den Teigkloß wieder in die Schüssel legen und mit Olivenöl bestreichen. Die Schüssel mit einem sauberen Geschirrtuch abdecken und den Teig an einem warmen Ort etwa 1½ Stunden gehen lassen.

Den Teig nochmals durchkneten und mit den Händen gleichmäßig in eine gefettete Backform von 30 cm Durchmesser drücken.

Die Zwiebelringe auf dem Teigboden verstreuen und mit den Tomatenscheiben belegen. Die Knoblauchscheibchen darauf verteilen, salzen und pfeffern und mit den getrockneten Kräutern bestreuen. Den feinstreifig geschnittenen Käse darauf verteilen, die Oliven auflegen und alles mit Olivenöl beträufeln. Bei 230 °C im Ofen 15–20 Minuten backen. Der Belag sollte leicht gebräunt und der Boden schön knusprig sein. Die fertige Pizza mit Basilikumblättern garnieren und sofort servieren.

VARIATIONEN FÜR DEN BELAG

Karamelisierte rote Zwiebeln, Blauschimmelkäse und Rosmarin
Gegrillte Aubergine und Pesto
Lauch, Tomaten und Ziegenkäse
Gebackene Aubergine und Mozzarella
Verschiedenfarbige Paprikaschoten, Tomaten und Mozzarella
Wildpilze, Knoblauch und Kräuter
Artischockenherzen, Zwiebeln und Käse
Sonnengetrocknete Tomaten und Käse

Für Gäste und Feste: Vorspeisen

Gegrillte Shiitake in roter Buttersauce

Als Auftakt eines festlichen Essens sind diese köstlichen Pilze kaum zu überbieten. Aromatisiert mit Kräutern, werden sie mit einem Fleuron aus zartem Blätterteig und einer klassischen französischen Sauce serviert.

FÜR 4 PERSONEN

FÜR DIE PILZE
5 EL Balsamessig
150 ml Olivenöl
4 Zweige frischer Thymian
4 Knoblauchzehen, geschält und in Scheibchen geschnitten
Meersalz und frisch gemahlener schwarzer Pfeffer
20 Shiitake oder Austernpilze

FÜR DIE FLEURONS
250 g Tiefkühl-Blätterteig
Verschlagenes Eigelb zum Glasieren

FÜR DIE ROTE BUTTERSAUCE
(Seite 164)

Essig, Öl, Thymian, Knoblauch, Salz und Pfeffer in einer Schüssel verrühren und über Nacht durchziehen lassen.

Die geputzten Pilze in einer Schüssel mit der Marinade übergießen und gründlich wenden, bis die Pilze gänzlich mit Marinade überzogen sind. 3–4 Stunden ziehen lassen. ◈

Den Blätterteig ½ cm dick ausrollen. Vier Kreise von etwa 6 cm Durchmesser ausstechen, mit dem verschlagenen Eigelb bestreichen und gegebenenfalls ein Rautenmuster einschneiden. Auf ein Backblech setzen und bei 220 °C im Ofen 10–12 Minuten backen, bis die Fleurons aufgeblättert und schön gebräunt sind. Im schwach geheizten Ofen warm halten.

Nun die Sauce zubereiten und durchziehen lassen, bis die Pilze gegrillt sind.

Die abgetropften Pilze auf ein Backblech setzen, unter den heißen Grill schieben – 30 Sekunden auf jeder Seite.

Die gegrillten Pilze kranzförmig auf vier Serviertellern – mit einem Fleuron in der Mitte – anrichten. Die Buttersauce über die Pilze schöpfen und sofort servieren.

Rote Buttersauce (Beurre rouge)

Diese delikate rote Sauce ist eine Variante der weißen Buttersauce (Beurre blanc) und wird demzufolge mit Rotwein statt mit Weißwein zubereitet.

2 Schalotten, fein gehackt
1 EL Rotweinessig
60–90 ml Rotwein
100 g kalte Butter oder Margarine, fein gewürfelt

Die Schalotten mit dem Essig und dem Wein in einen kleinen Topf füllen und rasch bei mittlerer Hitze auf einen knappen Eßlöffel Flüssigkeit einkochen.

Die Temperatur sofort herunterschalten und die Butter oder Margarine stückchenweise einmontieren. Die Sauce wird während des Aufschlagens dick und cremig, darf aber nicht kochen, weil sie sonst gerinnt.

Gemischter Blattsalat mit Nüssen und gegrilltem Ziegenkäse

Obwohl dieses Rezept ein bißchen Planung erfordert, ist es der Mühe wert, denn am Ende erwartet Sie und Ihre Gäste dank des Marinierens ein Geschmackserlebnis. Die exquisite Vorspeise kann auch ein leichtes Mittagessen ersetzen. Reste der Marinade halten sich 3–4 Tage im Kühlschrank und können als Salatdressing weiterverwendet werden.

FÜR 4 PERSONEN

2 Knoblauchzehen, geschält und in Scheibchen geschnitten
3 Zweige frischer Rosmarin
300 ml Olivenöl
250 g Ziegenkäse (vorzugsweise Rollenkäse von 6,5 cm Durchmesser)
175 g Pekannüsse (nach Belieben auch Walnüsse), grob gehackt
4 EL Basisvinaigrette (Seite 204)
Tabasco oder Chilisauce (Seite 34)
4 Handvoll gemischter Blattsalat, zum Beispiel Frisée, Lollo Rossa, Rauke, Sauerampfer, Brunnenkresse, Feldsalat usw.

Den Knoblauch und den Rosmarin mehrere Stunden in dem Öl marinieren. Den Ziegenkäse in dicke Scheiben schneiden, in das Öl einlegen und über Nacht durchziehen lassen. ◈

Die Nüsse unter dem nicht zu heißen Grill leicht rösten. Vorsicht, daß sie nicht verbrennen. Gelegentlich wenden, damit sie gleichmäßig bräunen. Beiseite stellen.

Die Vinaigrette mit einem Spritzer Tabasco oder Chilisauce würzen. Die Salatblätter durch das Dressing ziehen und auf vier Teller verteilen.

Die Käsescheiben aus dem Öl nehmen und auf ein Backblech legen. Unter dem heißen Grill leicht schmelzen lassen. Den gegrillten Käse auf den Salatblättern anrichten, mit den gerösteten Nüssen bestreuen und sofort servieren.

Topinambursuppe mit Haselnüssen

Ein edles Süppchen, cremig und delikat, das mit gerösteten Haselnußstücken bestreut auf den Tisch kommt. Dazu paßt das Basilikum-Knoblauch-Brot von Seite 81.

FÜR 4–6 PERSONEN

40 g Butter oder Margarine
250 g Zwiebeln, geschält und in Scheiben geschnitten
2 Stangen Staudensellerie, in Scheiben geschnitten
750 g Topinamburs, geschält
1,2 l Gemüsebrühe (Seite 218)
Salz und frisch gemahlener schwarzer Pfeffer
300 ml Sahne
75 g Haselnüsse

Die Butter oder Margarine in einem großen Topf zerlassen und die Zwiebeln und den Sellerie darin unter Rühren andünsten, bis das Gemüse gänzlich mit Fett überzogen ist. Zugedeckt bei sehr milder Hitze 10 Minuten dünsten.

Die Topinamburs darin wenden, die Gemüsebrühe zugießen und zum Kochen bringen. Zugedeckt etwa 40 Minuten leise köcheln lassen, bis die Knollen sehr weich sind. Den Topfinhalt im Mixer pürieren. ◈

Das Püree in einen sauberen Topf füllen, salzen, pfeffern und die Sahne unterrühren. Behutsam erhitzen.

Die Haselnüsse in der Küchenmaschine grob zerkleinern oder zuerst mit einem Messer hacken und anschließend im Mörser zerreiben. Unter dem nicht zu heißen Grill unter gelegentlichem Wenden gleichmäßig bräunen, aber nicht verbrennen lassen. Die gerösteten Nüsse abkühlen lassen.

Die heiße Suppe in Suppenschalen anrichten, mit den gerösteten Nüssen bestreuen und sofort zu Tisch bringen.

Gelb-roter Salat mit ausgebackenen Maiskölbchen

Der farbenfrohe Salat aus heißen und kalten Bestandteilen ziert jeden Eßtisch und ist der ideale Auftakt für ein Gästeessen. Eine originelle und edle Vorspeise, deren Zubereitung denkbar einfach ist.

FÜR 4 PERSONEN

4 mittelgroße rote Tomaten
8 kleine gelbe Tomaten
5 EL Mandelvinaigrette (Seite 206)
Salatblätter und Alfalfasprossen zum Anrichten
8 junge Maiskolben aus der Dose, abgetropft
Maismehl
Verschlagenes Ei
Olivenöl zum Ausbacken
4 Scheiben Mozzarella

Die Tomaten in Scheiben schneiden oder halbieren und mit der Mandelvinaigrette anmachen. Auf vier knackige Salatblätter verteilen und jeweils auf einem Teller anrichten. Einige Alfalfasprossen darüber streuen.

Die abgetropften Maiskolben in Maismehl wenden, durch das verschlagene Ei ziehen und erneut in Maismehl wenden. Reichlich Olivenöl in einer Bratpfanne erhitzen und die Kolben darin knusprig ausbacken. Die einzelnen Kolben längs halbieren und warm halten.

Die Mozzarellascheiben grillen, bis der Käse Blasen wirft. Zusammen mit den heißen Maiskolben auf dem Salat anrichten. Sofort servieren.

Maiskölbchen in brauner Butter

Einfacher geht's kaum. Diese Vorspeise ist in Minutenschnelle zubereitet und schmeckt so gut, daß Sie vermutlich lange nach etwas Vergleichbarem suchen müssen.

FÜR 4 PERSONEN
(mit Margarine) V

2 Dosen junge Maiskolben (je 400 g), abgetropft
75 g Butter oder Margarine
2 EL Weinessig
4 Zweige Koriandergrün

Die Maiskolben auf einen Teller legen, mit Frischhaltefolie abdecken und 1 Minute in der Mikrowelle oder 2 Minuten in einem Topf mit Dämpfeinsatz (Seite 30) erhitzen. Zugedeckt warm halten.

Das Fett in einem kleinen Topf bei mittlerer Hitze aufschäumen lassen und warten, bis es nußbraun wird. Vorsicht, daß es nicht verbrennt und schwarz wird. Sobald das Fett nußbraun ist, den Topf sofort von der Kochstelle nehmen und den Essig unterrühren. Beim Ablöschen zischt es ordentlich, deshalb genügend Abstand halten.

Die warmen Maiskolben auf einer Servierplatte anrichten, mit der Nußbutter übergießen, mit dem Koriandergrün garnieren und sofort zu Tisch bringen.

Haferwurzeln in brauner Butter

Die Haferwurzel mit dem herbwürzigen Aroma ist ein echtes Feinschmeckergemüse. Das Schälen der hellen Stangen ist zwar etwas beschwerlich – zudem verfärben sich die Wurzeln, wenn sie der Luft ausgesetzt sind –, aber es ist der Mühe wert. Haferwurzeln schmecken ausgezeichnet mit nußbrauner Butter. Dazu reicht man frisches Brot zum Eintunken.

FÜR 4 PERSONEN
(mit Margarine) V

750 g Haferwurzeln
75 g Butter oder Margarine
2 EL Weinessig
2–3 EL gehackte Petersilie zum Garnieren

Die Haferwurzeln waschen und schälen, die geschälten Stangen sofort in Essig- oder Zitronenwasser einlegen, um ein Verfärben zu verhindern.

Die Stangen in 2,5 cm lange Stücke schneiden und, knapp mit kaltem Wasser bedeckt, in einem Topf zum Kochen bringen. Etwa 10 Minuten leise köcheln lassen, bis das Gemüse gar ist. Abtropfen lassen und warm halten.

Die Butter oder Margarine in einem kleinen Topf bei mittlerer Hitze aufschäumen lassen und warten, bis sie nußbraun ist; das Fett darf nicht verbrennen. Sobald es die gewünschte Farbe angenommen hat, den Topf von der Kochstelle nehmen.

Die braune Butter mit dem Essig ablöschen. Vorsicht, es zischt ordentlich dabei. Über die Haferwurzeln gießen, mit gehackter Petersilie bestreuen und sofort servieren.

Schlemmersalat mit Tomaten-Aïoli

Eine feine Salatkomposition, angemacht mit zartduftender Estragonvinaigrette. Dazu gibt's eine delikate Mayonnaise, in die bißfest gegarte Prinzeßbohnen und Spargelstangen getaucht werden. Das erste Mal habe ich diesen Salat in einem Restaurant in San Francisco gegessen, und ich schwärme noch heute davon.

Für 4 Personen
(ohne Aïoli) V

Für die Estragonvinaigrette
1 EL Zitronensaft
1 EL Sherry- oder Weinessig
3 EL Olivenöl
1 EL gehackter Estragon
Meersalz

Für den Salat
4 rote Salatblätter
4 Friséeblätter
300 g Prinzeßbohnen, bißfest gedämpft
12 Spargelstangen, bißfest gedämpft
4 Austern- oder Wildpilze, 30 Sekunden auf jeder Seite in Butter oder Margarine gebraten

Alle Zutaten für die Vinaigrette gründlich verrühren und durchziehen lassen, bis die Aïoli zubereitet ist (siehe unten).

Die Salatblätter durch die Estragonvinaigrette ziehen und in einer dekorativen Schüssel anrichten. Die Bohnen darauf verteilen. Die Spargelstangen an den Rand legen und die Pilze auf dem Salat anrichten.

Zum Salat für jeden ein Schälchen mit der Tomaten-Aïoli servieren zum Dippen des Gemüses.

Tomaten-Aïoli

2 Eigelb
2 Knoblauchzehen, geschält
½ TL Salz
50 g sonnengetrocknete Tomaten in Öl
150 ml Olivenöl
Zitronensaft zum Abschmecken

Alle Zutaten bis auf das Öl und den Zitronensaft in die Rührschüssel des Mixers füllen und in 2 Minuten fein pürieren. Das Öl bei laufendem Gerät tropfenweise zugießen. Sobald die Masse dick und glänzend wird, das restliche Öl in feinem Strahl einlaufen lassen. Niemals zu viel Öl zu schnell zugeben, weil die Mayonnaise sonst gerinnt. Zuletzt mit Zitronensaft würzen, um die Mayonnaise gleichzeitig etwas zu verdünnen.

In vier kleine Portionsschalen verteilen und zum Salat (siehe oben) reichen.

Phyllokörbchen mit Spargel und Pesto trapanese

Eine erlesene Vorspeise: Die knusprig-zarten Teighüllen werden mit Spargel gefüllt, mit geriebenem Pecorino und schwarzem Pfeffer bestreut und mit einem Löffel vorzüglichem Pesto, zubereitet mit Mandeln und Tomaten, zu Tisch gebracht. (Reste der grünen Mandelsauce lassen sich gut einfrieren und für eine Pasta-Sauce weiterverwenden.)

ERGIBT 6 KÖRBCHEN
(ohne Käse) V

FÜR DIE KÖRBCHEN
9 Phylloteigblätter (7,5 × 15 cm)
Olivenöl zum Bestreichen

FÜR DIE FÜLLUNG
24 Stangen frischer Spargel, gekocht (Seite 17)
25 g frischer Pecorino, fein gerieben
Frisch gemahlener schwarzer Pfeffer

Die Teigblätter in Quadrate von 7,5 cm Seitenlänge schneiden. Ein Muffinblech mit sechs becherartigen Vertiefungen einölen und mit je drei Teigquadraten auskleiden; jedes einzelne mit Öl bestreichen und versetzt in die Vertiefung drücken, so daß ein sternförmiges Muster entsteht. Bei 190 °C im Ofen 5–10 Minuten backen. Die Teigkörbchen in der Form erkalten lassen, dann vorsichtig herausnehmen. ◈

In der Zwischenzeit den Pesto zubereiten (siehe unten).

Die Spargelstangen in mundgerechte Stücke schneiden, die Endstücke für eine Suppe zurückbehalten. Je vier Spargelstücke in die Körbchen legen und mit Pecorino und Pfeffer bestreuen. Je einen Löffel Pesto darüber verteilen und servieren.

PESTO TRAPANESE (GRÜNE MANDELSAUCE)

●

1 kleines Bund Basilikum
1 Knoblauchzehe, geschält und zerdrückt
50 g Mandeln, enthäutet
1 mittelgroße Tomate, enthäutet (Seite 30)
150 ml natives Olivenöl extra

Das Basilikum mit dem Knoblauch und den Mandeln im Mixer fein pürieren. Die Tomate hacken und bei laufendem Gerät dazugeben. Das Olivenöl in feinem Strahl einlaufen lassen und mixen, bis eine dicke, cremige Sauce entstanden ist.

Bruschetta mit gegrilltem Brie und Aprikosen

Dieses Rezept können Sie statt mit Brot auch mit Blätterteig zubereiten, der zu Kreisen ausgeschnitten und im Ofen goldbraun gebacken wird. Verwenden Sie nach Möglichkeit Aprikosen im eigenen Saft anstelle von Dosenware in Sirup, denn der stark zuckrige Sirup überdeckt den feinen Fruchtgeschmack.

Für 4 Bruschettas

Für die Bruschettas

4 dünne Scheiben Vollkornbrot oder französisches Stangenbrot, schräg geschnitten
Erdnußöl zum Fritieren
2 TL Dijon-Senf
2 TL flüssiger Honig
12 Aprikosenhälften aus der Dose
175 g Brie, entrindet

Zum Servieren

Salatblätter
Limettenvinaigrette (Seite 205)

Aus jeder Brotscheibe mit einem Ausstechförmchen Kreise von 7,5 cm Durchmesser oder Ovale ausstechen. In einer Bratpfanne oder einem Wok so viel Öl erhitzen, daß es 1 cm hoch in der Pfanne steht. Die Brotscheiben darin auf beiden Seiten goldbraun und knusprig braten. Auf Küchenpapier abtropfen lassen und im schwach geheizten Ofen warm halten.

Den Senf mit dem Honig verrühren und die Schnittflächen der Aprikosenhälften damit bestreichen. Den Brie in Scheiben schneiden.

Die Aprikosenhälften mit der Rundung nach unten auf ein Backblech legen, die Käsescheiben darauf verteilen und 3–4 Minuten unter den heißen Grill schieben, bis der Käse Blasen wirft und eine goldbraune Farbe annimmt.

Die Salatblätter mit der Limettenvinaigrette anmachen und auf vier Servierteller verteilen. Jede Bruschetta mit drei Aprikosenhälften und dem zerlaufenen Käse belegen und neben dem Salat anrichten. Alsbald verspeisen.

Senf – andere Länder, andere Sorten

Englischer Senf wird aus den von der Samenhülle befreiten und gemahlenen Samen des Braunen und Weißen Senfs unter Zusatz von Mehl hergestellt und mit Kurkuma gelb gefärbt. Das fertige Produkt ist fein und glatt und sehr scharf.

Im Handel sind auch einige körnige Sorten, allesamt von beißender Schärfe. Dafür werden die Samen mitsamt der Samenhülle vermahlen und anschließend mit Weißwein, Piment und schwarzem Pfeffer gewürzt.

Französischer Senf ist gewöhnlich milder und feiner im Geschmack als englischer Senf. Die berühmteste französische Senfsorte ist der Dijon-Senf, der aufgrund der fehlenden Farbzusätze ziemlich blaß ist. Sein feines Aroma macht ihn unverzichtbar für Dressings und Saucen.

Der *Moutarde de Meaux* ist ein grobkörniger Senf, für den die Samen mit der ganzen Samenhülle vermahlen werden.

Deutscher Senf wird in vielen farblich und geschmacklich verschiedenen Sorten angeboten.

Amerikanischer Senf ist im allgemeinen süßer und milder als viele europäische Senfsorten und wie englischer Senf mit Kurkuma gefärbt.

Gebratene Zucchiniraspel mit Drachensauce

Estragon ist ein Kraut, das im Volksmund auch »der kleine Drache« heißt, daher der Name der Sauce, die außer Estragon noch Knoblauch, Walnüsse und Olivenöl enthält und mit Crème fraîche abgerundet wird. Sie schmeckt vorzüglich zu den geraspelten Zucchini, einem schnellen, einfachen und dazu noch preiswerten Gericht. Dazu paßt ofenwarmes Baguette.

FÜR 4 PERSONEN
(mit Margarine) V

4 mittelgroße Zucchini
50 g Butter oder Margarine
Meersalz und Pfeffer
4 kleine Zweige Estragon zum Garnieren

Zuerst die Drachensauce zubereiten (siehe unten) und durchziehen lassen, bis das Gemüse fertig ist.

Die Zucchini entweder von Hand oder mit der Maschine grob raspeln oder besser noch mit einem Julienneschneider – das ist ein Gemüsehobel mit speziellem Einsatz – in feine Streifen schneiden.

Die Butter oder Margarine in einem großen Topf aufschäumen lassen und die Zucchini darin 2–3 Minuten unter ständigem Rühren anbraten. Sobald sie durch und durch heiß und knapp gar, aber noch nicht breiig sind, den Topf vom Herd nehmen und das Gemüse salzen und pfeffern.

Auf vier vorgewärmte Teller verteilen und in die Mitte ein paar Löffel von der Drachensauce geben. Mit einem Estragonzweig garnieren und sofort servieren.

DRACHENSAUCE

(mit Sojasahne) V

1 großes Bund frischer Estragon, gehackt
1 Knoblauchzehe, geschält und gehackt
50 g Walnußkerne
90 ml Olivenöl
Zitronensaft zum Abschmecken
Frisch gemahlener schwarzer Pfeffer
2 EL Sahne oder Crème fraîche (oder für Veganer Sojasahne)

Den Estragon mit dem Knoblauch und den Walnüssen im Mixer fein pürieren. Das Olivenöl bei laufendem Gerät in feinem Strahl dazugießen und mixen, bis sich eine Emulsion bildet. Die cremige Sauce mit Zitronensaft und Pfeffer würzen und zuletzt die Sahne oder die Crème fraîche unterrühren.

Knusprig ausgebackene Mozzarellastreifen mit Preiselbeer-Orangen-Sauce

Diese Vorspeise als Auftakt zu einem festlichen Essen schmeckt wahrlich nach mehr: Der Käse – außen kroß und innen zart schmelzend – ist alles in allem doch recht fett, was durch die Frische der fruchtigen Sauce jedoch abgemildert wird. Das Saucenrezept stammt von einem amerikanischen Freund, der als passionierter Hobbykoch diese Variante der klassischen Sauce anläßlich eines Thanksgivings kreierte.

FÜR 4 PERSONEN

250 g Mozzarella
Mehl zum Wenden
2 Eier
1 EL Olivenöl
Salz und frisch gemahlener Pfeffer
100 g frische Brotkrumen (Seite 42)
Olivenöl zum Braten
1 Handvoll frisches Basilikum zum Garnieren

Zuerst die Sauce zubereiten (siehe unten).

Den Käse in etwa 10 cm lange und 1 cm breite Streifen schneiden, in Mehl wenden und gleichmäßig damit überziehen, überschüssiges Mehl abschütteln. Die Eier mit dem Olivenöl verschlagen, salzen und pfeffern.

Die bemehlten Käsestreifen durch die verschlagenen Eier ziehen und anschließend in die Brotkrumen drücken. Den Käse auf Holzspieße stecken und erneut in die Eimischung tauchen, dann mit den Fingern in die Brotkrumen drücken, damit die Panade gut anhaftet.

Reichlich Öl in einer großen Bratpfanne erhitzen und die panierten Käsestreifen darin auf beiden Seiten goldbraun und knusprig ausbacken, bis der Käse innen schmilzt; pro Seite etwa 1 Minute.

Die ausgebackenen Käsestreifen auf Küchenpapier gründlich abtropfen lassen. Auf vier Portionsteller verteilen, mit der Preiselbeer-Orangen-Sauce begießen und mit frischem Basilikum garnieren.

PREISELBEER-ORANGEN-SAUCE

500 g frische Preiselbeeren (oder Cranberries), gewaschen
150 ml frisch gepreßter Orangensaft
100 g Zucker
2 TL abgeriebene Schale von einer unbehandelten Orange

Alle Zutaten in einen Topf füllen, knapp mit Wasser bedecken und 6–8 Minuten leise köcheln lassen, bis die Preiselbeeren aufplatzen. Bei milder Hitze 4–5 Minuten weiterköcheln lassen, bis die Beeren zerfallen sind und die Flüssigkeit eingekocht ist. Die Sauce durch ein Sieb abseihen, um die Schalen zu entfernen, und nochmals durchrühren.

Knusprige Teigtäschchen

Diese Teigtäschchen sind ein köstlicher Auftakt eines Menüs. Sie zergehen auf der Zunge. Wenn man sie anschneidet, zeigt sich die appetitliche Zwiebel-Käse-Füllung, die zur Abwechslung auch mal durch die Pilzfüllung für die Crostini von Seite 179 ersetzt werden kann. Dazu paßt ein Salat, angemacht mit dem Estragondressing von Seite 189, und eine Sauce wie die Leichte Tomaten-Basilikum-Sauce (siehe unten).

Ergibt 4 Teigtäschchen
(ohne Butter und Käse) V

Für die Füllung
25 g Butter oder Margarine
625 g rote Zwiebeln, geschält und in dicke Scheiben geschnitten
2 gehäufte EL Zucker
Frisch gemahlener schwarzer Pfeffer
50 g Camembert oder Brie

Für die Teigtäschchen
40 g Butter oder Margarine
16 quadratische Phylloteigblätter von 15 cm Seitenlänge

Für die Füllung die Butter oder Margarine in einem sehr großen Topf zerlassen und die Zwiebelscheiben darin 1–2 Minuten anschwitzen. Den Zucker darüber streuen, knapp mit kaltem Wasser bedecken und zum Kochen bringen. Im offenen Topf – ohne zu rühren – etwa 35–40 Minuten leise köcheln lassen, bis die ganze Flüssigkeit verdampft ist. Erst zum Ende der Kochzeit gelegentlich umrühren. Mit schwarzem Pfeffer würzen. Zum Abtropfen in ein Sieb geben und abkühlen lassen, bis der Teig fertig ist. ◈

Die Butter oder Margarine zerlassen und zunächst vier Teigblätter damit bestreichen. Die Blätter versetzt aufeinanderlegen, so daß ein sternförmiges Muster entsteht. Mit den restlichen zwölf Teigblättern ebenso verfahren.

Jetzt die Teigtäschchen fertigstellen: Je eine Scheibe oder ein Stück Käse in die Mitte legen und obenauf 2 Eßlöffel von der Zwiebelmasse setzen. Die Teigränder über die Füllung schlagen, so daß ein festes Päckchen entsteht. Die Ränder zusammendrücken und mit dem restlichen Fett bestreichen.

Die Teigtäschchen auf ein gefettetes Backblech setzen und bei 190 °C im Ofen 15–20 Minuten backen, bis sie goldbraun und knusprig sind.

Leichte Tomaten-Basilikum-Sauce

Eine gekochte Tomatensauce, die mit Dosentomaten schnell zubereitet werden kann. Sie ist vielseitig einsetzbar und vor allem zu Pasta sehr beliebt.

Für 4 Personen
V

2 EL Olivenöl
4 Knoblauchzehen, geschält und zerdrückt
1 Dose Tomaten (400 g)
1 großes Bund frisches Basilikum, gehackt
Salz und frisch gemahlener Pfeffer

Das Öl in einem Topf erhitzen und den Knoblauch darin bei schwacher Hitze in etwa 5 Minuten weich dünsten, ohne daß er Farbe annimmt. Die Tomaten mitsamt dem Saft und das gehackte Basilikum einrühren, so eben aufkochen und bei sehr milder Hitze 5 Minuten köcheln lassen. Salzen und pfeffern, dann im Mixer fein pürieren. ◈

Anmerkung: Diese Sauce läßt sich auch gut mit getrockneten Kräutern zubereiten. In diesem Fall wird das Basilikum durch 1 Teelöffel Kräuter der Provence ersetzt.

Für Gäste und Feste: Hauptgerichte

Gefüllte Zucchini mit Safranmayonnaise

Eine erlesene Speise für ein sommerliches Festessen sind diese Zucchini mit würziger Pilzfüllung, die mit einer delikaten blaßgelben Safranmayonnaise gereicht werden. Dazu paßt der Warme Spinatsalat von Seite 198 ganz ausgezeichnet.

Für 4 Personen

4 große Zucchini (je 15 cm lang und 2,5 cm dick)
250 g Champignons, im Mixer zerkleinert (Seite 77) oder von Hand fein gehackt
75 g Pecorino, fein gerieben
75 g frische Brotkrumen (Seite 42)
1 Bund frisches Basilikum, gehackt
Reichlich frisch gemahlener schwarzer Pfeffer
2 Eigelb, verschlagen
Olivenöl zum Einfetten des Blechs
Safranmayonnaise (½ Rezept, Seite 206)

Die Zucchini in kochendem Wasser 5 Minuten blanchieren (oder dämpfen, siehe Seite 30). In einer Schüssel mit kaltem Wasser abschrecken und abkühlen lassen.

Die erkalteten Zucchini längs halbieren. Das Fruchtfleisch herausschaben, fein hacken und auf Küchenpapier abtropfen lassen. Die Zucchinischiffchen innen mit Küchenpapier trockentupfen. Das gehackte Fruchtfleisch mit den zerkleinerten Pilzen, 50 g Käse, den Brotkrumen und dem Basilikum in einer Schüssel vermengen. Die Mischung pfeffern, dann die verschlagenen Eigelbe unterrühren. ◈

Ein Backblech leicht einölen. Die Farce in die Zucchinischiffchen füllen und glatt streichen. Mit dem restlichen Käse bestreuen und die gefüllten Zucchinihälften bei 200 °C im Ofen 20 Minuten backen.

Die Safranmayonnaise getrennt dazu reichen.

Tomaten-Kräuter-Torteletts mit Dill-Sahne-Sauce

Damit gelingt jede Dinnerparty: Jeder Gast bekommt seine eigene Tarte aus hauchzartem, knusprigem Teig, belegt mit frischen Tomaten und Kräutern, und als Tüpfelchen auf dem i gibt's die Dill-Sahne-Sauce.

FÜR 4 PERSONEN

500 g Tiefkühl-Blätterteig
1 Eigelb
8 mittelgroße Tomaten, vorzugsweise Eiertomaten, in möglichst dünne Scheiben geschnitten
1 EL gehackter Majoran
1 EL frischer Thymian (oder 1 TL getrocknete Kräuter der Provence)
Frisch gemahlener schwarzer Pfeffer
4 EL Olivenöl

Vier runde Tortelettförmchen von 15 cm Durchmesser einfetten. Den Blätterteig ziemlich dünn ausrollen und Kreise ausstechen, die im Durchmesser 1 cm größer sind als die Backförmchen. Die Förmchen mit dem Teig auskleiden und den oberen Teigrand mit einem Messer gerade abschneiden. Die Ränder mit verquirltem Eigelb bestreichen.

Die Tomatenscheiben leicht überlappend bis zum Rand hoch in die Förmchen einlegen, mit den Kräutern bestreuen, pfeffern und mit je 1 Eßlöffel Olivenöl beträufeln.

Die Torteletts bei 220 °C im Ofen 20–25 Minuten backen, bis der Teig aufgeblättert und durchgebacken ist.

In der Zwischenzeit die Sauce zubereiten (siehe unten).

Die Torteletts aus dem Ofen nehmen, vorsichtig aus der Form lösen und auf vorgewärmte Portionsteller setzen. Etwas Dill-Sahne-Sauce darüber schöpfen.

DILL-SAHNE-SAUCE

200 ml Crème fraîche
1 großes Bund frischer Dill, gehackt
2 Eigelb

Die Crème fraîche mit dem Dill behutsam erhitzen. Die Eigelbe unterrühren und bei milder Hitze weiterrühren, bis die Sauce eindickt. Auf keinen Fall überhitzen, weil sie sonst gerinnt. ◈

ANMERKUNG: Bereits am Vortag zubereitete Sauce wird behutsam im Wasserbad erwärmt. Dafür den Topf bei schwächster Hitze in eine mit heißem Wasser gefüllte Schüssel setzen.

Gebackener Fenchel und Polenta mit Pesto-Nuß-Kruste

Meine Leidenschaft für Polenta inspirierte mich zu diesem Festessen. Die appetitliche Kruste auf der cremigen, zart duftenden Polenta wird allen Gästen unvergeßlich bleiben. Dazu die schlichte Eleganz des gebackenen Fenchels – so schön kann Essen sein. Reste vom Pesto können Sie bis zu drei Wochen im Kühlschrank aufbewahren oder einfrieren. Die feine Sauce schmeckt auch ausgezeichnet zu Pasta.

Für 4 Personen

Für die Polenta

600 ml Gemüsebrühe (Seite 218)
Je 1 Zweig frischer Thymian und Rosmarin, grob gehackt
100 g grober Maisgrieß (Polenta)
Frisch gemahlener schwarzer Pfeffer
1 Prise Cayennepfeffer
25 g Butter oder Margarine
2 Knoblauchzehen, geschält und zerdrückt

Für den Fenchel

2 große oder 4 kleine Fenchelknollen, geviertelt oder halbiert
2 EL Olivenöl
Gemahlener schwarzer Pfeffer

Zuerst die Polenta zubereiten. Die Gemüsebrühe mit den Kräutern und dem Maisgrieß unter ständigem Rühren zum Kochen bringen, damit die Masse nicht klumpt. Sofort nach dem Aufkochen die Hitzezufuhr reduzieren und den Maisbrei 10–12 Minuten leise köcheln lassen, dabei gelegentlich umrühren.

Die fertig gekochte Polenta mit schwarzem Pfeffer und Cayennepfeffer abschmecken und das Fett unterrühren, bis es geschmolzen ist. Anschließend den zerdrückten Knoblauch einrühren. Die Polenta in eine gebutterte feuerfeste Form füllen, glatt streichen und erkalten lassen.

Die Fenchelstücke auf ein Backblech legen, mit Olivenöl beträufeln und bei 200 °C im Ofen 30–40 Minuten backen, bis der Fenchel gar und die Oberfläche leicht gebräunt ist. Zwischendurch ab und zu mit Öl bestreichen. Anschließend pfeffern.

In der Zwischenzeit den Pesto zubereiten (siehe unten).

Die erkaltete Polenta dick mit Pesto bestreichen, in vier quadratische Stücke schneiden und vorsichtig auf ein gefettetes Blech setzen. 2–3 Minuten bei mittlerer Hitze grillen, bis die Oberfläche leicht gebräunt ist. Zusammen mit dem gebackenen Fenchel servieren.

Pesto mit Pekannüssen

1 großes Bund frisches Basilikum
2 Knoblauchzehen, geschält und zerdrückt
75 g Pekannüsse
150 ml Olivenöl
50 g Pecorino, gerieben
2 EL Crème fraîche

Basilikum, Knoblauch und Nüsse in der Küchenmaschine fein zerkleinern oder im Mörser zerstoßen. Das Olivenöl und den Käse zugeben und zu einer glatten Sauce vermischen. Zuletzt die Crème fraîche unterrühren.

Pilz-Crostini mit leichter Tomaten-Pecorino-Sauce

Das ist Eßkultur vom Feinsten: Eine erlesene Farce aus fein gehackten Pilzen und roter Zwiebel, in Butter gedünstet, wird in ausgehöhlte Brötchenhälften gefüllt und im Ofen knusprig überbacken. Reichen Sie dazu die aromatische Tomaten-Pecorino-Sauce, die so richtig nach italienischer Riviera und Sonne duftet. (Die Leichte Tomaten-Basilikum-Sauce von Seite 174 paßt auch sehr gut dazu.)

FÜR 4–6 PERSONEN

V

25 g Butter oder Margarine
1 rote Zwiebel, geschält und fein gehackt
350 g gemischte Pilze, zum Beispiel Champignons mit flachem Hut, Cremechampignons, Shiitake, Pfifferlinge usw., im Mixer zerkleinert (Seite 77)
2 Knoblauchzehen, geschält und zerdrückt
1 EL Sherryessig
1 große Tomate, enthäutet (Seite 30) und gehackt
8 Estragon- oder Majoranblätter, gehackt
Salz und frisch gemahlener Pfeffer
2 EL Sahne (oder Sojasahne für Veganer)
2–3 große Brötchen, halbiert und ausgehöhlt
4 Zweige Estragon oder Majoran zum Garnieren

Die Butter oder Margarine in einer großen Pfanne erhitzen und die gehackte Zwiebel darin zugedeckt bei schwacher Hitze in etwa 10 Minuten weich dünsten.

Die zerkleinerten Pilze und den Knoblauch unterrühren und 3 Minuten mitdünsten. Den Essig, die Tomate und das Küchenkraut zugeben und 3 Minuten weitergaren.

Die Mischung salzen und pfeffern. Die Pfanne von der Kochstelle nehmen und die Flüssigkeit abgießen. Dazu die Pilzmischung an den Pfannenrand schieben, die Pfanne etwas schräg stellen und die Flüssigkeit 3–4 Minuten ablaufen lassen.

Die Pilze behutsam in eine Schüssel umfüllen, die Sahne unterrühren und die Füllung in die ausgehöhlten Brötchenhälften verteilen.

Die gefüllten Brötchenhälften auf ein Backblech setzen und bei 190 °C im Ofen 15 Minuten backen. Inzwischen die Sauce zubereiten (siehe unten).

Zum Servieren die Pilz-Crostini auf Portionsteller anrichten, mit etwas Sauce umgießen und mit einem Kräuterzweiglein garnieren.

LEICHTE TOMATEN-PECORINO-SAUCE

2 EL Olivenöl
1 Zwiebel, geschält und fein gehackt
1 Dose Tomaten (400 g)
2 EL gehacktes Basilikum
2 EL gehackte Petersilie
25 g Pecorino, gerieben
Frisch gemahlener Pfeffer
2 EL Sahne

Das Öl in einem Saucentopf erhitzen und die Zwiebel darin zugedeckt bei schwacher Hitze in 10 Minuten weich dünsten.

Die Tomaten mit dem Saft und die Kräuter einrühren und 5 Minuten leise köcheln lassen.

Den geriebenen Käse untermischen und mit Pfeffer abschmecken. Zuletzt die Sahne unterrühren.

Im Mixer zu einer homogenen Sauce mixen. Es kann serviert werden!

Dreifarbige Gemüseterrine mit Preiselbeer-Orangen-Sauce

An dieses Gericht sollten Sie sich nur wagen, wenn Sie so richtig die Lust und Leidenschaft am Kochen packt, denn es erfordert Zeit und Arbeit. Doch die Mühe lohnt sich. Nach der Fertigstellung können Sie ein wahres Kunstwerk präsentieren, eine kulinarische Köstlichkeit ohnegleichen, zu der die Safranmayonnaise von Seite 206 oder die Preiselbeer-Orangen-Sauce von Seite 173 ausgezeichnet paßt.

Für 6–8 Personen

Für die gelbe Schicht
15 g Butter oder Margarine
1 Zwiebel, geschält und gehackt
2 Dosen Zuckermais (je 330 g), abgetropft
1 Ei und 1 Eigelb, zusammen verschlagen
¼ TL Chilipulver

Für die rote Schicht
2 Zwiebeln, geschält und gehackt
25 g Butter oder Margarine
1 Dose Tomaten (400 g), gehackt und abgetropft
2 EL Pesto
1 Ei und 1 Eigelb, zusammen verschlagen

Für die grüne Schicht
625 g Lauch, gedämpft oder gekocht
1–2 TL Currypaste
1 Ei und 1 Eigelb, zusammen verschlagen

175 g Champignons, feinblättrig geschnitten

Preiselbeer-Orangen-Sauce (Seite 173)

Mit der Zubereitung der gelben Schicht beginnen: Die Butter oder Margarine in einem Topf zerlassen und die gehackte Zwiebel darin zugedeckt bei schwacher Hitze in 10 Minuten weich dünsten. Die Maiskörner unterrühren und das Ganze im Mixer grob pürieren. Die verschlagenen Eier unterheben und die Masse mit Chilipulver abschmecken.

Für die rote Schicht die Zwiebeln im Fett weich dünsten, wie oben beschrieben. Die abgetropften Tomaten unterrühren und 5 Minuten bei mittlerer Hitze köcheln lassen, bis die Flüssigkeit verdampft ist. Den Pesto unterrühren und die Mischung in der Küchenmaschine pürieren. Die verschlagenen Eier unterrühren.

Für die grüne Schicht den gegarten Lauch mit der Currypaste im Mixer pürieren, dann die verschlagenen Eier unterrühren.

Eine Pastetenform von 1,5 Liter Fassungsvermögen gut einfetten. Ein Drittel der Pilzscheiben auf dem Boden auslegen und andrücken. Die Maismasse einfüllen, glatt streichen und mit einem weiteren Drittel der Pilzscheiben belegen. Dann die Tomatenmasse einfüllen, glatt streichen und mit den restlichen Pilzscheiben belegen. Zuletzt die Lauchmasse einfüllen und glatt streichen.

Die Pastetenform in eine zweite, etwas größere Form stellen. Die äußere Form mit kochendem Wasser füllen, auf ein Backblech stellen und in der Mitte des Ofens bei 200 °C etwa 75 Minuten garen; während der letzten 30 Minuten die Terrine mit Folie abdecken. Sie ist gar, wenn ein in die Mitte eingestochenes scharfes Messer beim Herausziehen sauber bleibt.

Die Form auf ein Kuchengitter stellen und mindestens eine halbe Stunde abkühlen lassen. Mit einem scharfen Messer behutsam die Ränder lösen und die Terrine auf eine große Servierplatte stürzen.

In Scheiben schneiden und warm oder kalt mit der Preiselbeer-Orangen-Sauce servieren.

Couscous mit gebackenen Auberginen und roter Paprikasauce

Die delikate rote Sauce aus gerösteten Paprikaschoten harmoniert gut mit den gebackenen Auberginen. Lockerkörniger Couscous vervollständigt das appetitlich anzusehende Trio.

FÜR 4 PERSONEN

V

FÜR DIE AUBERGINEN
2 mittelgroße Auberginen
Olivenöl

FÜR DEN COUSCOUS
600 ml Wasser
250 g Couscous (marokkanischer Weizengrieß)

Zuerst die Paprikaschoten für die Sauce (siehe unten) rösten.

Als nächstes die Auberginen vorbereiten: Die Eierfrüchte in 9 mm dicke Scheiben schneiden und auf beiden Seiten mit Olivenöl bestreichen. Die Scheiben auf ein gefettetes Backblech legen und bei 230 °C im Ofen 15–20 Minuten rösten, bis sie innen weich und außen goldbraun sind.

In der Zwischenzeit den Couscous zubereiten: Das Wasser in einem großen Topf zum Kochen bringen, den Weizengrieß hineinrieseln lassen und dabei ständig rühren, damit sich keine Klümpchen bilden. Den Topf von der Kochstelle nehmen und den Couscous zugedeckt etwa 10 Minuten ausquellen lassen. Anschließend mit einer Gabel auflockern.

Zum Servieren den Couscous auf einer großen Servierplatte bergartig anrichten. Die Auberginenscheiben rundum verteilen. Die Sauce getrennt dazu reichen.

ROTE PAPRIKASAUCE

3 rote Paprikaschoten
200 ml Gemüsebrühe (Seite 218)
2–3 EL Sahne oder Crème fraîche (oder Sojasahne für Veganer)

Die Paprikaschoten bei 200 °C im Ofen 30–40 Minuten rösten, bis die Haut Blasen wirft und schwarz wird. Wer wenig Zeit hat, gart die Schoten 5–6 Minuten auf höchster Stufe in der Mikrowelle und enthäutet sie, sobald sie abgekühlt sind. Allerdings fehlt bei dieser Zubereitungsart der feine Röstgeschmack.

Die gerösteten Paprikaschoten abkühlen lassen und die Haut weitgehend abziehen (nicht ärgern, falls noch Schalenreste anhaften, sie geben der Sauce Kontur).

Die Paprikaschoten mit der Gemüsebrühe im Mixer pürieren, bis eine glatte Sauce entsteht. In eine Schüssel umfüllen, die Sahne unterrühren und warm halten.

Blätterteigpasteten mit dreierlei Füllung

Kleine Pasteten aus Blätterteig mit delikater Füllung stellen so manches Hauptgericht in den Schatten. Für ein festliches Essen bieten sich die drei hier vorgestellten Geschmacksrichtungen an. Alle Füllungen sind leicht zuzubereiten und ausgesprochen köstlich.

ERGIBT 24 KLEINE PASTETEN

24 Blätterteigpasteten mit Deckel (frisch vom Bäcker oder abgepackt aus dem Supermarkt)

Abgepackte Pasteten nach Packungsvorschrift backen und auf einem Kuchengitter abkühlen lassen. Die Deckel abnehmen und acht Pasteten mit der Lauchmasse, acht mit der Spargelmasse und acht mit der Pilzmasse füllen (siehe unten).

Bei 190 °C im Ofen 15 Minuten backen, bis sie durch und durch heiß sind.

LAUCHFÜLLUNG

40 g Käse (nach Belieben fettarm), fein gerieben
175 g gekochter Lauch, im Mixer püriert

Den geriebenen Käse unter das Lauchpüree rühren. Nachwürzen entfällt. ◆

SPARGELFÜLLUNG

250–300 g Spargel, bißfest gekocht
15 g Butter oder Margarine
½ Knoblauchzehe, geschält und zerdrückt
1 knapper EL Mehl
Knapp 150 ml Sahne
1 EL fein gehackter frischer Majoran oder Thymian
Salz und frisch gemahlener schwarzer Pfeffer

Den Spargel fein hacken.

Die Butter oder Margarine in einem Topf zerlassen und den zerdrückten Knoblauch darin 1 Minute andünsten. Das Mehl unterrühren und nach und nach die Sahne unter ständigem Rühren zugießen, bis die Sauce eindickt.

Mit Majoran oder Thymian würzen und 5 Minuten leise köcheln lassen. Den gehackten Spargel unterrühren und mit Salz und Pfeffer abschmecken. ◆

PILZFÜLLUNG

25 g Butter oder Margarine
350 g Cremechampignons, im Mixer zerkleinert (Seite 77)
2 Knoblauchzehen, geschält und zerdrückt
1 Bund frischer Thymian, gehackt
Salz und frisch gemahlener schwarzer Pfeffer

Die Butter oder Margarine in einem Topf zerlassen und die Pilze darin bei milder Hitze dünsten. Den Knoblauch und den Thymian unterrühren und den Topf schräg stellen, damit überschüssige Flüssigkeit ablaufen kann. Mit Salz und Pfeffer abschmecken. ◆

Teigtaschen mit jungem Gemüse in Estragonsauce

Diese feinen Teigtaschen sind in der Tat unwiderstehlich. Reichen Sie dazu den gemischten Salat von Seite 190 und Ciabatta, italienisches Fladenbrot, etwa 10 Minuten im Ofen aufgebacken. Die Füllung läßt sich beliebig variieren. Spargel, Zuckerschoten oder Erbsen sind eine prima Alternative.

FÜR 4 PERSONEN
(mit dem Tomatencoulis von Seite 185 als Sauce) V

FÜR DIE FÜLLUNG
175 g Prinzeßbohnen
250 g frische Maiskölbchen
350 g Brokkoli

FÜR DIE SAUCE
50 g Butter oder Margarine
2 EL Mehl
300 ml Sahne
1 Bund Estragon, fein gehackt
25 g Käse (nach Belieben fettarm), fein gerieben
Salz und frisch gemahlener Pfeffer

FÜR DIE TEIGTASCHEN
16 quadratische Phylloteigblätter von 20 cm Seitenlänge
Olivenöl zum Bestreichen

Das Gemüse fein hacken und in etwa 5 Minuten bißfest dämpfen. Abkühlen lassen und in der Zwischenzeit die Sauce zubereiten.

Die Butter oder Margarine in einem Topf zerlassen und das Mehl darin ohne Farbe anschwitzen. Nach und nach die Sahne einrühren, bis eine dicke, cremige Sauce entstanden ist. Den Estragon und den Käse einstreuen und unter gelegentlichem Rühren 5 Minuten leise köcheln lassen. Die Sauce salzen und pfeffern.

Das gedämpfte Gemüse unter die Sauce mischen und beiseite stellen.

Nun die Teigtaschen vorbereiten: Je vier Teigquadrate mit Olivenöl bestreichen, übereinander legen und auf ein gefettetes Backblech setzen. Die Gemüsefüllung in die Mitte häufen. Die Teigecken über die Füllung nach oben klappen, die Enden zusammendrehen und die Teigoberfläche mit Öl bepinseln.

Die Teigtaschen bei 190 °C im Ofen in 30 Minuten goldbraun backen. Möglichst ofenfrisch verzehren. Im voraus zubereitete Teigtaschen lassen sich auch gut aufbacken.

Käse-Tarte mit Tomatencoulis

Mit einem perfekten Timing wird aus einem simplen Hauptgericht eine edle Delikatesse. Zur herzhaften Käsetorte, die so verführerisch duftet, wird ein schlichter Tomatencoulis gereicht. Junge Kartoffeln und ein knackiger Salat runden das Ganze ab.

Für 4 Personen

Für die Tarte

250 g Tiefkühl-Mürbeteig, aufgetaut, oder Ölteig (Seite 218)
25 g Butter oder Margarine
2 EL Weizenmehl
150 ml erwärmte fettarme Kuhmilch oder Sojamilch
Frisch gemahlener schwarzer Pfeffer
½ TL Cayennepfeffer
1 Prise Muskatnuß
50 g Gruyère (Greyerzer), gerieben
2 Eier, getrennt
15 g Pecorino, gerieben

Den Teig ausrollen und eine gefettete Backform von 22 cm Durchmesser damit auskleiden. Den Teig mit Backpapier bedecken, getrocknete Bohnen bis zum Rand einfüllen und den Boden blind backen (Seite 30). Auf einem Kuchengitter abkühlen lassen.

Zwischenzeitlich die Füllung zubereiten: Die Butter oder Margarine in einem Topf zerlassen und das Mehl ohne Farbe darin anschwitzen. Nach und nach die angewärmte Milch zugießen, glatt rühren und 5 Minuten leise köcheln lassen. Mit schwarzem Pfeffer, Cayennepfeffer und Muskatnuß abschmecken. Den geriebenen Gruyère und die verschlagenen Eigelbe unterrühren. Abkühlen lassen.

In einer separaten Schüssel die Eiweiße zu Schnee schlagen und unter die Käsemasse heben. Die Masse auf dem vorgebackenen Boden verteilen und zusätzlich mit dem geriebenen Pecorino bestreuen.

Die Tarte bei 200 °C im Ofen 12–15 Minuten backen, bis sie schön gebräunt, innen aber noch leicht cremig ist.

Während die Tarte im Ofen bäckt, den Tomatencoulis zubereiten (siehe unten) und warm halten.

Die Käse-Tarte ofenfrisch in Stücke schneiden, mit Tomatencoulis umgießen und sofort servieren.

Tomatencoulis

V

2 EL Olivenöl
1 Knoblauchzehe, geschält und zerdrückt
1 EL gehacktes Basilikum (wahlweise auch Dill oder Estragon)
2 EL gehackte Petersilie
750 g Dosentomaten, abgetropft und gehackt
Meersalz und frisch gemahlener schwarzer Pfeffer

Das Öl in einem großen Topf erhitzen und den Knoblauch und die Kräuter darin bei schwacher Hitze etwa 1 Minute andünsten. Die Tomaten unterrühren und im offenen Topf bei starker Hitze etwa 8 Minuten kochen, bis die Sauce allmählich eindickt. Mit Salz und Pfeffer abschmecken und durch ein Sieb streichen oder im Mixer pürieren.

Köstliche Salate

Salate bestechen nicht nur durch ihre Farbe und Frische, sondern auch durch ihre unkomplizierte Zubereitung und ihre vitalisierenden Eigenschaften. Das bunte Kaleidoskop von rohem Gemüse bietet Vitamine und Mineralstoffe in Hülle und Fülle: Paprikaschoten in Rot, Grün und Gelb, dunkelgrüne Brunnenkresse, leuchtendrote Tomaten, zartgelber Chicorée und Staudensellerie und dazu das frische Grün der Kräuter. Grundlage vieler Salate sind die diversen Blattsalate in Grün und Rot, ob knackig oder samtweich, gekräuselt oder glatt. Auch gekochtes Gemüse wird – kalt – gern für Salate verwendet, allen voran Rote Beten, Zucchini, Kartoffeln und Prinzeßbohnen. Pilze sind eine raffinierte Zutat, und ein Salat aus Hülsenfrüchten schmeckt richtig gut, wenn es draußen kalt ist.

Sommersalat mit Pecorino und Himbeervinaigrette

Eine erlesene Zusammenstellung aus verschiedenen Blattsalaten und einem edlen Dressing, verfeinert durch das geröstete Sesamöl mit seinem intensiven Nußaroma – und nicht zu vergessen der feine Himbeeressig, den ich persönlich reichlich verwende und sehr empfehlen kann (Seite 188).

Für 4 Personen

Für den Salat
6 Handvoll Salatblätter, zum Beispiel Eichblattsalat, Frisée, Sauerampfer, Lollo Bionda, Eisbergsalat, Radicchio, Rauke, Feldsalat usw.
75 g Pecorino

Für das Dressing
1–2 EL Sojasauce
3 EL Himbeeressig
3 EL geröstetes Sesamöl
2 EL Olivenöl

Den Salat putzen, waschen und trockenschleudern. Den Käse mit dem Käsehobel in hauchdünne Streifen schneiden. Die Zutaten für das Dressing gründlich verrühren und die Salatblätter in der Sauce wenden. Mit den Käsespänen bestreuen und sofort servieren.

Gemüsesalat mit Sprossen

Ein rundum gesunder Salat, der anregend und vitalisierend wirkt und deshalb auch ideal ist für alle, die »abspecken« möchten. Sie können ihn mit einer Vinaigrette – vorzugsweise mit der Estragonvinaigrette von Seite 189 – oder mit Mayonnaise anmachen.

FÜR 4 PERSONEN

V

100 g gemischte Sprossen (Seite 12)
175 g Flageolet-Bohnen aus der Dose, abgespült und abgetropft
4 Stangen Staudensellerie, in dünne Scheiben geschnitten
75 g rohe weiße Rübe, geraspelt
75 g Radicchio, in feine Streifen geschnitten
1 Handvoll Alfalfasprossen
4 EL Vinaigrette oder Mayonnaise (Seite 204 und 206)

Die vorbereiteten Zutaten miteinander vermischen.

In einer dekorativen Salatschüssel anrichten und locker mit der Sauce vermengen. Sofort servieren.

Malaiischer Salat mit würziger Erdnußsauce

Dieser raffinierte Salat mit der nussigen, scharfen Sauce macht sich gut als Vorspeise oder für ein Salatbuffet.

FÜR 4 PERSONEN

V

FÜR DIE SAUCE
65 g Erdnüsse, im Mixer fein vermahlen
150 ml Orangensaft
5 EL geröstetes Sesamöl
3 EL Sojasauce
2 TL Chilidip (Seite 34)

FÜR DEN SALAT
1 Handvoll Feldsalat
1/2 Chinakohl, in Streifen geschnitten
8–10 junge Spinatblätter, zerpflückt
2 mittelgroße Tomaten, in feine Scheiben geschnitten
6–8 Radieschen, geputzt und in feine Scheiben geschnitten
4 Wasserkastanien, in feine Scheiben geschnitten
6 mittelgroße Champignons mit geschlossenem Hut, feinblättrig geschnitten
1 hartgekochtes Ei, gepellt und in dünne Scheiben geschnitten, zum Garnieren

Für die Sauce alle Zutaten in ein Schraubglas füllen, verschließen und kräftig durchschütteln, bis eine homogene Sauce entstanden ist.

Die Salatblätter mit allen anderen vorbereiteten Zutaten in einer großen Schüssel mischen und die Sauce unter den Salat heben. Bis zum Servieren 20 Minuten durchziehen lassen. Zuletzt mit den Eischeiben garnieren.

HIMBEERESSIG

ERGIBT 3 LITER

750 g Himbeeren, entstielt, 1,2 l Malzessig, 1 kg Kristallzucker

Die Himbeeren in einem großen Topf knapp mit kaltem Wasser bedecken und zum Kochen bringen. Die Hitzezufuhr reduzieren und 30 Minuten leise köcheln lassen. Den Saft – etwa 1,2 Liter – abgießen und die Beeren wegwerfen. Den Saft in einem sauberen Topf mit dem Essig und dem Zucker unter ständigem Rühren behutsam zum Kochen bringen, bis der Zucker aufgelöst ist. Etwa 10 Minuten leise weiterköcheln lassen, bis die Flüssigkeit sirupartig eingekocht ist und am Löffel haftet. Den fertigen Essig in saubere Weinflaschen füllen, verkorken und kühl und dunkel aufbewahren.

Pikant-würziger Pilzsalat

Dieser geschmacklich sehr interessante Salat in origineller Aufmachung ist ganz einfach zuzubereiten – genau das Richtige für ein leichtes Mittagessen oder ein sommerliches Abendessen.

FÜR 4 PERSONEN ALS BEILAGE, FÜR 2 PERSONEN ALS MAHLZEIT

350 g kleine Champignons, gesäubert
4 EL Mayonnaise (Seite 206)
1–2 EL Currypaste oder Garam masala
1 kleine Knoblauchzehe, geschält und zerdrückt
Abgeriebene Schale von ¼ unbehandelten Zitrone
Meersalz
Eisbergsalat und Melba-Toast (hauchdünne, im Ofen knusprig gebackene Weißbrotscheiben) oder Vollkornbrot zum Servieren

Die Pilze in der Küchenmaschine fein hacken (Seite 77).

Die Mayonnaise mit der Currypaste oder Garam masala mischen und mit Knoblauch, abgeriebener Zitronenschale und Meersalz würzen. Unter die zerkleinerten Pilze mischen.

Den Pilzsalat auf knackigen Salatblättern anrichten und mit Melba-Toast oder aufgebackenem Vollkornbrot servieren.

Bohnen-Tomaten-Salat mit Estragondressing und Croûtons

Ein erlesener Salat, der sich gut als Vorspeise für ein großes Essen eignet, aber auch als eigenständiges Mittagessen serviert werden kann.

FÜR 4–6 PERSONEN

V

FÜR DEN SALAT

250 g Prinzeßbohnen, bißfest gekocht
6 Tomaten, enthäutet und in Scheiben geschnitten (Seite 30)
1 Schalotte, geschält und in hauchdünne Scheiben geschnitten
2 Scheiben Brot, entrindet
1 angeschnittene Knoblauchzehe
Pflanzenöl zum Braten
1 Handvoll Estragonblätter zum Garnieren

FÜR DAS DRESSING

2 EL Estragonessig
1 EL gehackter Estragon
2 EL Olivenöl
3 EL Crème fraîche (für Veganer Sojasahne)
Salz und frisch gemahlener Pfeffer

Die Bohnen und die Tomatenscheiben dekorativ in einer flachen Schale anrichten und mit den Schalottenscheiben belegen.

Das Brot fein würfeln. Eine Bratpfanne mit der angeschnittenen Knoblauchzehe ausreiben, 1 cm hoch Öl einfüllen, erhitzen und die Brotwürfel darin unter ständigem Rühren goldbraun und knusprig braten. Auf Küchenpapier abtropfen und abkühlen lassen.

Die Saucenzutaten gut vermischen und über den Salat gießen. Mit den Croûtons bestreuen und einige Estragonblätter obenauf legen. Kurz vor dem Servieren alles gründlich vermengen.

SALATE IN EINER DIÄT

Wer Salate in seinen Diätplan miteinbeziehen möchte, sollte darauf achten, mit welcher Sauce er sie anmacht. Salat ist an sich ideal zum Abnehmen, weil er kalorienarm ist und viele wichtige Nährstoffe enthält, doch der kaloriensparende Effekt wird oft durch fettreiche Saucen wieder zunichte gemacht. Wer diese wegläßt, kann nach Herzenslust schlemmen, ohne zu hungern, und dabei zusehen, wie die Pfunde purzeln.

Rote-Bete-Salat mit saurer Sahne und Knoblauch

So unwahrscheinlich es auch klingen mag: Diesen Salat habe ich in der Transsibirischen Eisenbahn gegessen. Ich muß gestehen, es ist das einzige Gericht der fünftägigen Bahnreise, das mir in Erinnerung geblieben ist. Doch dieser Salat war höchster Genuß. Meine Variante serviere ich – der Farbe und der Frische wegen – auf Radicchioblättern.

FÜR 4 PERSONEN

625 g junge Rote Beten, gewaschen
1 Knoblauchzehe, geschält und zerdrückt
300 ml saure Sahne
Frisch gemahlener schwarzer Pfeffer
Radicchioblätter zum Anrichten
1 Handvoll gehackter frischer Dill zum Garnieren

Die Roten Beten, knapp mit Wasser bedeckt, in 15–20 Minuten weich kochen. Im Wasser kurz abkühlen lassen, schälen und fein würfeln.

In der Zwischenzeit den zerdrückten Knoblauch unter die saure Sahne mischen und mit frisch gemahlenem schwarzem Pfeffer würzen. Die Roten Beten unterrühren. Eine dekorative Platte mit Radicchioblättern auslegen, den Salat darauf anrichten und, mit Dill bestreut, servieren.

Gemischter Blattsalat mit Croûtons und Tomatenvinaigrette

Ein wunderschöner und doch simpler Salat, in dem sich verschiedene Blattformen und -farben vortrefflich ergänzen. Das Rezept für die Tomatenvinaigrette habe ich einer Freundin in Paris stibitzt. Durch diese frische, leicht bekömmliche Sauce bekommt der Salat eine interessante Note.

FÜR 4 PERSONEN

V

FÜR DEN SALAT

8 Handvoll gemischte Salatblätter, zum Beispiel Lollo Rossa, Sauerampfer, Chicorée, Radicchio, Eichblattsalat, Frisée, Lollo Bionda, Römischer Salat, Kopfsalat (grüner Salat) usw.
1 Handvoll Alfalfasprossen
3 EL Croûtons (Seite 218)

Die Salatblätter gründlich waschen und trockenschleudern und zusammen mit den Sprossen in einer großen Schüssel anrichten. Mit der Tomatenvinaigrette (siehe unten) beträufeln und alles locker vermischen. Zuletzt die Croûtons locker untermischen.

TOMATENVINAIGRETTE

1 große, vollreife Tomate, enthäutet und geviertelt (Seite 30)
3–4 EL Olivenöl
1 EL fein gehackte Petersilie
2 Knoblauchzehen, geschält und zerdrückt
1 Spritzer Zitronensaft
Salz und frisch gemahlener Pfeffer

Die Tomatenviertel in der Küchenmaschine fein pürieren und bei laufendem Gerät das Öl tropfenweise zulaufen lassen. Die Sauce in eine Schüssel füllen und die Petersilie und den Knoblauch unterrühren. Mit einem Spritzer Zitronensaft abrunden und mit Salz und Pfeffer abschmecken.

Cäsar-Salat nach Grace Kelly

Der klassische Salat Cäsar erfreut sich seit eh und je großer Beliebtheit und ist im Nu zubereitet. Die einfache Version besteht aus Römischem Salat, geriebenem Parmesan und Croûtons und wird mit einer Salatsauce nach Wahl angemacht. Die nebenstehende Variante ist eine Hollywood-Kreation der schönen Grace Kelly.

Für 2 Personen

1 Ei
2 Knoblauchzehen, geschält und zerdrückt
150 ml Olivenöl
Saft von ½ Zitrone
2 TL Sojasauce
Meersalz und frisch gemahlener Pfeffer
1 Kopf Römischer Salat (Bindesalat)
Croûtons (Seite 218), zubereitet aus 2 Scheiben Brot
Geriebener Parmesan oder Pecorino zum Bestreuen

Das Ei in eine Tasse legen und mit sprudelnd kochendem Wasser übergießen, 5 Minuten stehen lassen. In eine Salatschüssel aufschlagen, den Knoblauch einrühren und das Olivenöl nach und nach mit einer Gabel unterschlagen. Die Sauce mit Zitronensaft und Sojasauce würzen, salzen und pfeffern.

Die Salatblätter zerpflücken und mit der Sauce vermischen. Mit den Croûtons und dem geriebenen Käse bestreuen.

Dazu schmeckt aufgebackenes französisches Stangenbrot und ein Glas Wein.

Warme Bohnen mit Walnußöl

Einfacher geht's nicht. Dieser Salat ist die reinste Gaumenfreude: Das aromatische Nußöl schmeichelt den bißfest gegarten Bohnen. Noch frischer schmecken die Bohnen, wenn sie auf leicht marinierten Radicchioblättern angerichtet werden.

Für 4 Personen

V

750 g Prinzeßbohnen, abgefädelt
5 EL Walnußöl
Radicchioblätter, angemacht mit etwas Vinaigrette (Seite 204)
Meersalz

Die Bohnen in etwa 4 Minuten *al dente* garen – entweder in kochendem Wasser oder in Dampf – und abkühlen lassen. Mit erstklassigem Walnußöl vermischen, bergartig auf den Radicchioblättern anrichten, leicht salzen und genüßlich verspeisen.

Gurkensalat mit Minze

Die frische Minze unterstreicht den feinen Geschmack der Gurken, insbesondere, wenn die Früchte aus kontrolliert-ökologischem Anbau stammen. Der Salat schmeckt sehr erfrischend und ist ideal für ein Salatbuffet. Dazu paßt frisches Brot.

Für 3–4 Personen

1 mittelgroße Salatgurke, geschält
1 großes Bund frische Minze
150 ml Mayonnaise (Seite 206)
1 Kapuzinerkresseblüte zum Garnieren (nach Belieben)

Die Gurke in hauchdünne Scheiben schneiden. Die Scheiben mit Küchenpapier trockentupfen. Die Minze fein hacken und unter die Mayonnaise mischen, dann die Gurkenscheiben unterheben. Alsbald servieren, da die Gurken weiterhin Saft ziehen und die Mayonnaise verwässern.

Wem der Sinn nach künstlerischem Gestalten steht, der richtet den Salat sommers in einer schönen Glasschüssel an und garniert ihn mit einer Kapuzinerkresseblüte.

Kartoffelsalat aus der Auvergne

Dies ist ein traditioneller Bauernsalat, wie er in der Auvergne gegessen wird: typisch französisch, was die Liebe zum Detail betrifft. Er hat inzwischen einen festen Platz auf unserem Speiseplan.

Für 4 Personen
(ohne Käse) V

Für das Dressing
2 EL Weinessig
4 EL Walnußöl
1 TL Dijon-Senf
Meersalz und frisch gemahlener schwarzer Pfeffer
2 Schalotten, geschält und sehr fein gehackt
3 Zweige Brunnenkresse

Für den Salat
750 g junge Kartoffeln, gewaschen
1 großes Bund Brunnenkresse, gewaschen
175 g Hartkäse wie Gruyère (Greyerzer), Cantal usw.

Alle Zutaten für das Dressing in der Küchenmaschine zu einer glatten Sauce rühren. Bis zum Anmachen des Salates durchziehen lassen.

Die Kartoffeln bißfest kochen. Abkühlen lassen, dann in Scheiben schneiden.

Die langen Stiele der Brunnenkresse einkürzen, die Blättchen hacken und unter die Kartoffeln mischen.

Den Käse würfeln und ebenfalls unter die Kartoffeln mischen. Den Salat in einer Schüssel anrichten, mit der Salatsauce übergießen und gründlich mischen.

Warmer Shiitakesalat auf Rauke

Ein Schlemmervergnügen für besondere Gelegenheiten oder wenn Sie sich einfach mal verwöhnen möchten.

Für 4 Personen
V

2 reichliche Handvoll Rauke, gewaschen
150 ml natives Olivenöl extra
500 g frische Shiitake, halbiert
3 EL gehackter frischer Estragon
1 mittelgroße Schalotte, geschält und sehr fein gehackt
50 g Pinienkerne, unter dem Grill geröstet (Seite 134)
2–3 EL frisch gepreßter Zitronensaft
Salz
½ TL Cayennepfeffer

Die Raukeblätter auf vier Portionsteller verteilen.

Das Olivenöl in einer Pfanne bis zum Rauchpunkt erhitzen und die Pilze darin 2 Minuten scharf anbraten. Mit einer Schaumkelle herausnehmen und auf Küchenpapier abtropfen lassen.

Die abgetropften Pilze mit dem Estragon, der Schalotte, den gerösteten Pinienkernen und dem Zitronensaft in einer Schüssel vermischen. Mit Salz und Cayennepfeffer abschmecken und etwas von dem noch warmen Olivenöl darüber schöpfen.

Die Pilze auf den Salatblättern anrichten und sofort servieren.

Kretischer Bauernsalat mit Feta

Ich schätze die Kreter sehr, und bei diesem Salat werden Erinnerungen wach an ein schattiges Plätzchen, wo ich eine einfache Mahlzeit einnahm, während die Mittagssonne auf einen Olivenhain herniederbrannte und ich genüßlich den unvergleichlichen Duft des wilden Thymians einatmete, der die gebirgige Insel ganz durchdringt.

Für 6–8 Personen

Für den Salat
- *1 großer Kopf Römischer Salat*
- *500 g vollreife Eiertomaten, in Viertel oder Sechstel geschnitten*
- *1 Salatgurke, längs halbiert und in Scheiben geschnitten*
- *1 grüne Paprikaschote, Samen und Scheidewände entfernt und in Streifen geschnitten*
- *250 g Feta, (fein) gewürfelt*
- *1 EL gehackte frische Minze*
- *1 EL getrockneter Oregano*
- *24 schwarze Oliven*
- *Meersalz und frisch gemahlener Pfeffer*

Für das Dressing
- *4 EL Zitronensaft*
- *6 EL natives Olivenöl extra*

Den Salat waschen und trockenschleudern. Grob zerpflücken. Zusammen mit den anderen vorbereiteten Zutaten in einer großen Schüssel anrichten und mit Salz und Pfeffer würzen.

Den Zitronensaft mit dem Olivenöl verrühren. Kurz vor dem Servieren über den Salat gießen und gründlich mischen.

Lauch mit Roquefortdressing

Ein deftiger Salat, so richtig zum Sattessen. Lauch und Blauschimmelkäse harmonieren geschmacklich sehr gut miteinander. Dazu trinkt man am besten ein Glas Rotwein.

Für 4 Personen

- *1 kg Lauch*
- *75 g Roquefort*
- *6 EL Olivenöl*
- *2 EL Crème fraîche*
- *4 TL Wein- oder Sherryessig*
- *Frisch gemahlener schwarzer Pfeffer*

Den Lauch putzen und waschen. Die Stangen in 15 cm lange Stücke schneiden und in höchstens 10 Minuten knapp weich kochen; abkühlen lassen.

Den Käse mit den restlichen Zutaten im Mixer zu einer glatten Sauce verarbeiten und verschwenderisch mit Pfeffer würzen.

Die abgekühlten Lauchstücke mit dem Dressing mischen und mit ofenfrischem Brot und Butter zu Tisch bringen.

Nudelsalat Gianfranco

Gianfrancos Nudelsalat hat mich noch nie im Stich gelassen. Auf Partys kommt er immer wieder bestens an. Dieser Salat ist einfach Spitze!

FÜR 10–12 PERSONEN

V

ABNEHMEN – LEICHTGEMACHT

Überflüssige Pfunde können Sie loswerden, wenn Sie ausschließlich und in großen Mengen Obst und Gemüse – insbesondere Salate – als gezielte Schlankheitsdiät essen. Zum Frühstück Obst, zum Mittagessen einen Salat und abends ein Gemüsegericht, und von allem, soviel Sie mögen, dann ist der Hunger gestillt, das heißt, Sie müssen nicht mit knurrendem Magen mißmutig die nächste Mahlzeit herbeisehnen. Wie bei allen Diäten sollten Sie sich bereits im Vorfeld gründlich informieren, wie Sie sich ausgewogen ernähren, das heißt, genügend Eiweiß und Kohlenhydrate zu sich nehmen. Lesen Sie dazu die Informationen auf Seite 219 und 220.

500 g Penne oder andere kurze Röhrennudeln, al dente *gekocht (Seite 122)*
350 g Prinzeß- oder Stangenbohnen, abgefädelt
1 Knollensellerie, geputzt und fein gehackt
2 gelbe Paprikaschoten, Samen und Scheidewände entfernt und in feine Streifen geschnitten
8 Radieschen, geputzt und in feine Scheiben geschnitten
1 kleiner Blumenkohl, in winzige Röschen zerteilt
Saft von 1 Zitrone
4–5 Knoblauchzehen, geschält und zerdrückt
1 großes Bund gemischte frische Kräuter wie Thymian, Dill, Estragon, Fenchel, Majoran usw., gehackt
150 ml Olivenöl
Meersalz

Die Nudeln in ein Sieb abgießen und unter fließendem kaltem Wasser abschrecken. Gründlich abtropfen lassen.

Die grünen Bohnen bißfest kochen. Abkühlen lassen und in 2,5 cm lange Stücke schneiden.

Das vorbereitete Gemüse mit den Nudeln in einer großen Schüssel mischen. Den Zitronensaft gründlich unterrühren.

Den zerdrückten Knoblauch und die gehackten Kräuter unter das Olivenöl rühren. Über den Nudelsalat gießen, locker untermischen und bis zum Servieren kühl stellen.

Chicorée-Paprika-Salat mit Koriandergrün

Ein unkomplizierter Salat, der in dieser Farbzusammenstellung – Blaßgrün, Cremefarben und Gelb – sehr appetitlich aussieht. Verwenden Sie nach Möglichkeit Biokartoffeln, denn sie sind eine echte Delikatesse.

FÜR 6 PERSONEN

V

4 Chicorée, in dünne Streifen geschnitten
2 gelbe Paprikaschoten, Samen und Scheidewände entfernt und in feine Streifen geschnitten
4 junge Kartoffeln, gekocht und in hauchdünne Scheiben geschnitten
1 Handvoll Alfalfasprossen
3 EL gehacktes Koriandergrün
5 EL Senfvinaigrette (Seite 204)

Die vorbereiteten Salatzutaten in einer großen Schüssel mischen und mit der Vinaigrette anmachen. Den Salat vor dem Servieren mindestens 1 Stunde durchziehen lassen.

Warmer roter Paprikasalat

Diesen köstlichen Salat habe ich zu Mittag am Boulevard St. Germain in Paris gegessen. Seine schlichte Eleganz hat mich schon damals fasziniert. Unvergeßlich ist mir seine hübsche Farbe und das feine Aroma.

FÜR 4 PERSONEN

V

3 reife rote Paprikaschoten, geviertelt, Samen und Scheidewände entfernt
4 EL erstklassiges Olivenöl
Frisch gemahlener schwarzer Pfeffer

Jedes Paprikaviertel in drei Streifen schneiden, mit der Hautseite nach oben unter dem vorgeheizten Grill rösten, bis die Haut Blasen wirft. 15 Minuten in einem Plastikbeutel schwitzen lassen, dann enthäuten: In der Tüte weicht die Haut auf und läßt sich nun problemlos abziehen.

Die Paprikastreifen in eine feuerfeste Form verteilen, mit dem Olivenöl beträufeln, mit frisch gemahlenem schwarzem Pfeffer bestreuen und bei 190 °C im Ofen 10 Minuten backen. Warm servieren. Dazu ein gutes Brot reichen.

Hier wurden für den Chicorée-Paprika-Salat Trüffelkartoffeln verwendet. Ihr Fruchtfleisch ist süßer als das der gewöhnlichen Kartoffel und bringt ein nussiges Aroma mit, das an Maronen (Edelkastanien) erinnert. Die blaue Farbe bildet einen dekorativen Kontrast zu den Gelbtönen der anderen Zutaten.

Warmer Spinatsalat mit Walnußöl und Croûtons

Zarter Sommerspinat schmeckt roh ausgezeichnet und ist zudem auch noch sehr gesund. Nicht umsonst zählt dieser schlichte, aber pikant gewürzte Salat zu meinen Leibspeisen.

FÜR 3–4 PERSONEN

500 g zarter, junger Blattspinat
1–2 Knoblauchzehen, geschält
50 g Butter
2 Scheiben Brot, in Würfel mit ½ cm Seitenlänge geschnitten
3–4 EL Walnußöl
Saft von ½ Zitrone

Die Spinatblätter waschen und trockenschleudern.

Eine Pfanne mit einer angeschnittenen Knoblauchzehe ausreiben. Den restlichen Knoblauch zerdrücken, mit der Butter behutsam in der Pfanne erhitzen und darin die Brotwürfel goldbraun braten. Die Croûtons auf Küchenpapier abtropfen lassen.

Den Spinat mit Öl und Zitronensaft anmachen und mit den Croûtons locker vermischen.

Wintersalat

Bei Wintersalaten heißt es, auf grünen Salat zu verzichten, denn der hat längst keine Saison mehr. Statt dessen greift man zu rohem Gemüse mit viel Vitaminen und Mineralstoffen. Die hier beschriebene Salatmischung enthält Hülsenfrüchte als zusätzliche Eiweißquelle und wird immer wieder gern gegessen. Sie können diesen Salat mit einer Mayonnaise oder einer Vinaigrette Ihrer Wahl anmachen.

FÜR 4–6 PERSONEN

V

100 g Flageolet-Bohnen, 6 Stunden oder über Nacht eingeweicht
1 EL getrocknete Kräutermischung
100 g Rotkohl, fein geraspelt
100 g Weißkohl, fein geraspelt
100 g Rosenkohl, geputzt und in feine Scheiben geschnitten
75 g weiße Rüben, geraspelt
100 g Möhren, fein gerieben
6 Stangen Staudensellerie, in feine Scheiben geschnitten
3–4 Radicchioblätter, in Streifen geschnitten
½ rote Zwiebel, geschält und fein gehackt
75 g Sultaninen
Salatsauce nach Wahl (Rezeptvorschläge Seite 202–207)

Die eingeweichten Bohnen abgießen, abtropfen lassen und mit frischem kaltem Wasser bedecken. Die Kräuter zugeben, zum Kochen bringen und bei milder Hitze in 1–1½ Stunden weich kochen. Abgießen, abtropfen und abkühlen lassen.

Das vorbereitete Gemüse und die Sultaninen mit den Bohnen mischen. Den Salat mit 5 Eßlöffeln Salatsauce anmachen und bergartig auf einer Servierplatte anrichten.

Öl- und Essigsorten

Die Sauce macht den Salat! Wer die Kunst der Saucenzubereitung beherrschen will, sollte die reichhaltige Palette der verschiedenen Öl- und Essigsorten nutzen.

Olivenöl

Olivenöl hat einen ausgeprägten Eigengeschmack und wird in verschiedenen Qualitätsstufen angeboten. Das qualitativ hochwertigste Öl ist das Jungfernöl der ersten Pressung (natives Olivenöl extra), das kalt und nur unter leichtem Druck und ohne chemische Behandlung aus den besten Oliven ausgepreßt wird. Das so gewonnene naturreine Olivenöl schmeckt fruchtig, ist grün und sehr teuer. Die nächsten Qualitätsstufen, »fein« und »mittelfein«, sind ebenfalls kaltgepreßt, entstammen jedoch der zweiten oder dritten Pressung, wobei der Kern mitverarbeitet (gequetscht) wird. Raffiniertes Olivenöl ist warmgepreßtes und aufbereitetes Olivenöl, blasser in der Farbe und weniger geschmacksintensiv. Durch die Wärmebehandlung und die Mitverarbeitung der Kerne lassen sich Geschmacks- und Qualitätseinbußen nicht vermeiden.

Sonnenblumenöl

Das blaßgelbe Öl mit dem milden Geschmack empfiehlt sich für die Zubereitung von Salatsaucen, insbesondere von Mayonnaise. Sonnenblumenöl ist ein adäquater Ersatz für Olivenöl und bei weitem nicht so teuer.

Walnussöl

Obwohl das edle Öl sehr teuer ist, sollten Sie es für besondere Anlässe vorrätig haben. Sein feines Nußaroma paßt ausgezeichnet zu kaltem Lauch und anderen gemischten Salaten, ist aber auch köstlich zu Pasta. Zum Anrühren delikater Salatsaucen wird auch gern **Haselnußöl** verwendet, ein feines, aromatisches Öl mit einem kräftigen Eigengeschmack.

Geröstetes Sesamöl

Dieses asiatische Gewürzöl, das aus gerösteten Sesamsamen gewonnen wird und Salaten einen feinen Röstgeschmack verleiht, hat eine unverwechselbare dunkelbraune Farbe. Es ist in asiatischen Lebensmittelgeschäften und in gut sortierten Supermärkten erhältlich.

Erdnussöl

Das aus den fettreichen Erdnußkernen gewonnene Öl ist sehr hitzebeständig, geschmacksneutral und somit ideal zum Pfannenrühren. Dank seines milden Geschmacks empfiehlt es sich auch für die Zubereitung von Mayonnaise. Erdnußöl ist erheblich preiswerter als Olivenöl.

Andere Öle

Vielleicht ist Ihnen schon mal **Mohnöl**, aus den Mohnsamen gepreßt, begegnet. Zu meinen Lieblingsölen zählt das dickflüssige **Kürbiskernöl** aus gerösteten Kürbiskernen, das wie geröstetes Sesamöl ein intensives Nußaroma besitzt. **Traubenkernöl** verfeinert Salatsaucen ungemein und ist ideal für Mayonnaise.

Essigsorten

Der charakteristische Geschmack der diversen Essigsorten verleiht Salatsaucen eine besondere Note. Rotwein- und Weißweinessig sind die gängigsten Sorten für deren Zubereitung: entweder pur oder zusätzlich aromatisiert mit Kräutern, Knoblauch oder Früchten. Ein Kräuterzweiglein in der Essigflasche sieht nicht nur hübsch aus, sondern aromatisiert auch den Inhalt. Insbesondere dem Estragonessig, angesetzt mit echtem (Deutschem oder Französischem) Estragon, gebührt höchstes Lob. Ich bevorzuge für bestimmte Dressings Himbeeressig (Seite 188), aber auch der Balsamessig (Seite 39) hat bei mir einen festen Platz in der Küche. Sherryessig verleiht der Salatsauce eine interessante Säure, während dem Cidreessig viele gesunderhaltende Eigenschaften nachgesagt werden, er aber hauptsächlich in Pickles und Relishes Verwendung findet.

Frisch gepreßter Zitronensaft ist eine gute, erfrischende Alternative zu Essig, vor allem in Dressings für zarte Blattsalate.

Weissweinessig

Der geschmacklich sehr ausgewogene Weißweinessig ist die meistverwendete Essigsorte. Er wird gern zum Ansetzen von Kräuteressig verwendet, wobei als Aromazutaten Estragon oder andere Kräuter dienen, zum Beispiel Rosmarin, Salbei, Minze, auch Knoblauch oder gemischte Kräuter mit Chili.

Rotweinessig

Rotweinessig ähnelt im Geschmack dem Weißweinessig und kann wie dieser verwendet werden. Salatsaucen verleiht er ein intensives Aroma.

Himbeeressig

Der leichte, fruchtige Himbeeressig (Seite 188) erfreut sich wie andere Essigzubereitungen mit Früchten zunehmender Beliebtheit.

Sherryessig

Diese Essigsorte ist vollmundig im Geschmack und verleiht Salatsaucen das gewisse Etwas.

Balsamessig

Der aus dem norditalienischen Modena stammende Edelessig (Aceto Balsamico) mit der samtigen Konsistenz wird aus vergorenen Trauben hergestellt und reift über Jahre in Eichenfässern heran. Während dieser langen Gärungszeit entwickelt er eine tiefbraune Farbe und ein einzigartiges Aroma.

Cidreessig

Der als bekömmlich und stoffwechselfördernd bekannte Essig verleiht Salatsaucen einen leicht herben, ausgeprägten Geschmack. Er ist preiswerter als ein guter Weinessig.

Dill-Joghurt-Dressing

Eine leichte Salatsauce für Sommersalate, die besonders gut auch zu gedämpftem Gemüse – kalt serviert – paßt.

ERGIBT 9 ESSLÖFFEL

4 EL fettarmer Joghurt
4 EL Crème fraîche
1 gehäufter EL frisch gehackter Dill
Pfeffer und Zitronensaft

Den Joghurt mit der Crème fraîche mischen und den Dill unterrühren. Mit Zitronensaft und Pfeffer abschmecken.

Das Dressing kann bis zu 24 Stunden im Kühlschrank aufbewahrt werden.

Thousand-Island-Dressing

Fast schon zur Allerweltssauce verkommen, ist diese Sauce immer noch ein Genuß, wenn Sie sie selbst zubereiten.

ERGIBT 450 MILLILITER

300 ml Mayonnaise (Seite 206)
4 EL Chilisauce oder Ketchup
2 EL sehr fein gehackte gefüllte Oliven
1 EL sehr fein gehackte grüne Paprikaschote
1 EL sehr fein gehackte rote Zwiebel oder Schnittlauch
1 hart gekochtes Ei, fein gehackt
1 EL fein gehackte Petersilie

Alle Zutaten zu einer glatten Sauce vermischen.

Luftdicht verschlossen, hält sich das Dressing bis zu 4 Tage im Kühlschrank.

Saure-Sahne-Knoblauch-Dressing für gedämpftes Gemüse

Absolut einfach und so vielseitig verwendbar: Dieses köstliche Dressing schmeckt ausgezeichnet zu Roten Beten, Kartoffeln, Zucchini, Prinzeßbohnen oder Blumenkohl und ist ideal für einen Russischen Salat. Kalorienbewußte nehmen statt der sauren Sahne fettarmen Joghurt.

ERGIBT 150 MILLILITER

150 ml saure Sahne
1 Knoblauchzehe, geschält und zerdrückt

Einfach die beiden Zutaten mischen, und fertig ist die Sauce.

Im Kühlschrank hält sie sich bis zu 24 Stunden.

KRÄUTER IN SALATSAUCEN

Die Zugabe von Kräutern ist immer eine Frage des persönlichen Geschmacks. Ich bevorzuge als Würze Thymian, Basilikum, Fenchel, Dill und Estragon. Auch Koriandergrün, Petersilie, Schnittlauch und Majoran schmecken sehr gut in Salatsaucen. Damit sich das Kräuteraroma richtig entfalten kann, läßt man die Kräuter der Wahl gehackt bis zu 30 Minuten in der Sauce durchziehen.

Orientalische Salatsaucen

Diese beiden Varianten zählen zu meinen Lieblingssaucen für Salate aller Art.

ERGIBT 8 ESSLÖFFEL

V

4 EL Sojasauce
3 EL geröstetes Sesamöl
½ TL Zucker
1 EL Weinessig
Frisch gemahlener schwarzer Pfeffer

Alle Zutaten gründlich verrühren.

Reste der Sauce können bis zu einer Woche im Kühlschrank aufbewahrt werden.

ERGIBT 4 ESSLÖFFEL

1 EL Himbeeressig (Seite 188)
3 EL geröstetes Sesamöl

Zur Verwendung als warmes Dressing zunächst das Öl erhitzen, dann den Himbeeressig unterrühren.

Sofort servieren.

Orangen-Joghurt-Dressing

Dieses erfrischende Dressing schmeckt vorzüglich zu einem Salat mit jungem Spinat, Brunnenkresse und Tomate.

ERGIBT 175 MILLILITER

Saft von 2 Orangen
2 TL Dijon-Senf
150 ml Naturjoghurt

Den Orangensaft zunächst mit dem Senf glatt verrühren, erst dann den Joghurt untermischen.

Das Dressing kann 24 Stunden im Kühlschrank aufbewahrt werden.

Paprikadressing

Keine Allerweltssauce, sondern ein pikant-würziges Dressing für Kartoffeln oder einen Spinatsalat.

FÜR 4 PERSONEN

1 rote Paprikaschote, Samen und Scheidewände entfernt, gehackt
1 kleine rote Zwiebel, geschält und gehackt
2 hart gekochte Eier
Saft von 1 Zitrone
6 EL Olivenöl
Salz und frisch gemahlener Pfeffer
2 EL gehackte Petersilie

Paprika und Zwiebel in der Küchenmaschine fein pürieren. Die Eier, den Zitronensaft und das Olivenöl bei laufendem Gerät zugeben. Mit Salz und Pfeffer abschmecken, zuletzt die gehackte Petersilie unterrühren.

Das Dressing hält sich 3–4 Tage im Kühlschrank.

Dressing Marlise

Dieses edle Dressing stammt aus Paris und ist wie geschaffen für einen grünen Salat, schmeichelt aber auch einem Tomaten-Zwiebel-Salat.

Für 4 Personen
V

Saft von 2 Limetten
2 EL Honig
2 TL Sojasauce
2 EL Sesamsamen, unter dem Grill leicht geröstet

Den Limettensaft mit dem Honig und der Sojasauce verrühren. Über einen Blattsalat gießen und kurz vor dem Servieren mit dem gerösteten Sesam bestreuen.

Saucenreste können bis zu 4 Tage im Kühlschrank aufbewahrt werden.

Basisvinaigrette

Für 4–6 Personen
V

1–2 TL milder oder körniger Senf
2 EL frisch gepreßter Zitronensaft
1 EL Wein- oder Balsamessig
5 EL natives Olivenöl extra
Meersalz und frisch gemahlener schwarzer Pfeffer

Senf, Zitronensaft und Essig gut verrühren. Das Olivenöl erst tropfenweise, dann in dünnem Strahl unterrühren, bis die Sauce eine cremige Konsistenz hat. Mit Salz und Pfeffer abschmecken. Bis zum Servieren 30 Minuten durchziehen lassen, damit sich die Aromen voll entfalten können.

Die Vinaigrette hält sich bis zu einer Woche im Kühlschrank.

Senfvinaigrette

Für 4–6 Personen
V

Die Vinaigrette nach dem Basisrezept (siehe oben) zubereiten und anstelle eines milden oder körnigen Senfs 1–2 Eßlöffel Dijon-Senf verwenden. Gut verrühren, bis sich eine Emulsion gebildet hat. Diese Vinaigrette schmeckt vorzüglich zu Tomatensalat.

Knoblauchvinaigrette

Für 4–6 Personen
V

Das Basisrezept mit zerdrücktem Knoblauch (Menge nach Belieben) anreichern. Gut verrühren und mindestens 30 Minuten durchziehen lassen, damit sich das Aroma entfalten kann.

Limettenvinaigrette

Eine leichte Vinaigrette, angenehm frisch im Geschmack und der ideale Begleiter für Blattsalate. Die fruchtige Säure der Limetten wirkt wahre Wunder.

FÜR 4 PERSONEN

V

Abgeriebene Schale und Saft von 2 unbehandelten Limetten
1 EL Weinessig
2–3 EL gehackte Petersilie
Je 1/4 TL gemahlener Kreuzkümmel und Kardamom
1 Knoblauchzehe, geschält und zerdrückt
5–6 EL Olivenöl
Meersalz

Die ersten fünf Zutaten gründlich mischen, dann das Olivenöl nach und nach unterrühren. Die Vinaigrette mit Salz abschmecken.

Übrig gebliebene Vinaigrette läßt sich 3–4 Tage im Kühlschrank aufbewahren.

Roquefortvinaigrette

Eine cremige, herzhafte Salatsauce, die ausgezeichnet zu gedämpftem, abgekühltem Gemüse wie Brokkoli oder Lauch paßt.

FÜR 6 PERSONEN

2 TL Dijon-Senf
2 EL Zitronensaft
50 g Roquefort, zerkrümelt
125 ml Olivenöl
Frisch gemahlener schwarzer Pfeffer

Den Senf mit dem Zitronensaft verrühren, den zerkrümelten Käse untermischen. Das Olivenöl erst tropfenweise, dann in feinem Strahl unterrühren, bis die Sauce cremig wird. Mit Pfeffer abschmecken.

Die Vinaigrette innerhalb von 24 Stunden verbrauchen.

Walnußvinaigrette

Eine nicht alltägliche Sauce für einen Tomatensalat oder zu gedämpftem Gemüse, das kalt serviert wird. Die Vinaigrette ist ziemlich dickflüssig und wegen des Nußanteils leicht körnig.

FÜR 4 PERSONEN

V

1 kleine Schalotte, geschält und fein gehackt
Saft von 1 Zitrone
40 g Walnußbruch, gemahlen oder sehr fein gehackt
Meersalz und frisch gemahlener schwarzer Pfeffer
60 ml Walnußöl
5 EL Olivenöl

Die Schalotte mit dem Zitronensaft und den Walnüssen mischen. Mit Salz und frisch gemahlenem schwarzem Pfeffer abschmecken. Erst das Walnußöl, dann das Olivenöl unterrühren, bis sich eine Emulsion gebildet hat.

Die Vinaigrette hält sich 3–4 Tage im Kühlschrank.

Mandelvinaigrette

Sie wird mir unvergessen bleiben, diese feine Vinaigrette, die ich in San Francisco kennengelernt habe. Die zerstoßenen, leicht gerösteten Mandeln machen sie unwiderstehlich. Sie paßt gut zu Blattsalaten oder zu einem einfachen Tomatensalat.

Für 4 Personen

V

1 EL Sherryessig
1 TL Dijon-Senf
Salz
Frisch gemahlener Pfeffer
5 EL Olivenöl
1 kleine Knoblauchzehe, geschält, in hauchdünne Scheiben geschnitten und gehackt
1 EL Schnittlauchröllchen
25 g leicht geröstete Mandelblättchen, zerstoßen

Den Essig mit dem Senf verrühren und mit Salz und Pfeffer abschmecken. Das Öl und den Knoblauch einrühren, bis eine glatte Sauce entsteht. Zuletzt den Schnittlauch und die zerstoßenen Mandelblättchen unterrühren.

Die Vinaigrette innerhalb von 24 Stunden verbrauchen.

Hausgemachte Mayonnaise

Dies ist das Basisrezept für zahlreiche klassische Varianten, die in der modernen Küche nicht fehlen dürfen.

Ergibt 300 Milliliter

1 Eigelb
1 TL Dijon-Senf
300 ml Oliven- oder Sonnenblumenöl
Meersalz und frisch gemahlener schwarzer Pfeffer
Zitronensaft nach Geschmack

Das Eigelb mit dem Senf in der Küchenmaschine verrühren. Das Öl bei laufendem Gerät zuerst tropfenweise, dann in feinem Strahl einlaufen lassen. Nicht zuviel Öl auf einmal zugießen, sonst gerinnt die Mayonnaise. Sobald das Öl aufgebraucht ist, 1 Minute weiterrühren, bis die Mayonnaise dick und glänzend ist. Zuletzt mit Salz, frisch gemahlenem Pfeffer und Zitronensaft abschmecken.

Die fertige Mayonnaise kann maximal 5 Tage im Kühlschrank aufbewahrt werden.

Safranmayonnaise

Sie schmeckt gut zu fein gehackten rohen Pilzen oder zu einem Tomatensalat.

Für 6–8 Personen

12 Safranfäden
1 EL kochendes Wasser
2 EL Crème fraîche
230 ml Mayonnaise (siehe oben)

Die Safranfäden 10 Sekunden im Wasser einweichen, dann mitsamt der Flüssigkeit unter die Crème fraîche rühren. Mit der Mayonnaise gründlich vermischen.

Innerhalb von 24 Stunden verbrauchen.

ANMERKUNG: Etwas preiswerter ist die Zubereitung mit gemahlener Kurkuma (Gelbwurz) oder Safranpulver. Auf 150 Milliliter Mayonnaise rechnet man 1 Teelöffel Gewürz.

Würzige Walnußmayonnaise

Vorzüglich zu hart gekochten Eiern, die halbiert und mit der Mayonnaise bestrichen werden. Oder zur Abwechslung mal zu Kartoffelsalat oder Lauch probieren.

FÜR 4 PERSONEN

50 g Walnüsse
1 TL Garam-masala-*Paste*
5 EL Mayonnaise (Seite 206)
3 EL Walnußöl

Die Walnüsse in der Küchenmaschine vermahlen.

In einer separaten Schüssel die Würzpaste mit der Mayonnaise verrühren, die gemahlenen Nüsse untermischen. Zuletzt das Walnußöl einrühren. Die fertige Mayonnaise ist ziemlich dick, deshalb gegebenenfalls mit ein paar Eßlöffeln Wasser bis zur gewünschten Konsistenz verdünnen.

Die Mayonnaise innerhalb von 24 Stunden verbrauchen.

Pfeffermayonnaise

Eine einfache Variante der hausgemachten Mayonnaise (siehe gegenüberliegende Seite) für Freunde des grünen Pfeffers.

Eingelegter grüner Pfeffer wird in Dosen und Gläsern angeboten. Diese kleinen, scharfen Körner sind ein Luxus von erlesenem Geschmack, genau das Richtige, um einer Mayonnaise den letzten Schliff zu geben. Die abgespülten Pfefferkörner werden einfach im Mörser zerstoßen (oder mit dem Rücken eines Löffels zerdrückt) und anschließend unter die Mayonnaise gerührt. Die Menge der verwendeten Pfefferkörner ist abhängig von der gewünschten Schärfe.

Kräutermayonnaise

Diese leuchtendgrüne Salatsauce kann auch zum Dippen verwendet werden.

ERGIBT 300 MILLILITER

Je 1 Bund frisches Basilikum und Petersilie (ersatzweise Brunnenkresse)
300 ml Mayonnaise (Seite 206)
2 Knoblauchzehen, geschält und zerdrückt
Zitronen- oder Orangensaft

Die gewaschenen Kräuter mit der Mayonnaise und dem Knoblauch in den Mixer geben und bei laufendem Gerät zu einer glatten, glänzenden Sauce verarbeiten. Mit Zitrussaft abschmecken.

Die Mayonnaise innerhalb von 24 Stunden verbrauchen.

Mayonnaise mit Himbeeressig

Diese Mayonnaise besticht durch ihren fruchtigen Geschmack.

Eine dicke hausgemachte Mayonnaise zubereiten, wie links beschrieben. Den Zitronensaft jedoch durch 1–2 Eßlöffel Himbeeressig (Seite 188) – je nach Geschmack und gewünschter Konsistenz – ersetzen.

Verführerische Desserts

Brombeer-Apfel-Pie

Das Landleben hat im Spätsommer so mancherlei zu bieten, unter anderem die Ernte der wilden Brombeeren. Der dunkle Beerensaft färbt die in dieser süßen Schüsselpastete verarbeiteten Äpfel tiefviolett, und die feinen Düfte, die dem Backofen entströmen, sind so verführerisch, daß man die Pie am liebsten gleich verzehren möchte. Dazu schmeckt Schlagsahne oder Joghurt.

Für 4–6 Personen
(ohne Eiweiß) V

500 g Kochäpfel (vorzugsweise Bramley oder Gravensteiner), geschält und entkernt
Frisch gepreßter Zitronensaft
250 g Brombeeren, gesäubert und entstielt
Feinster Zucker zum Bestreuen
250 g süßer Mürbeteig (Seite 218) oder tiefgefrorener Mürbeteig
1 Eiweiß

Die Äpfel in Scheiben schneiden und gleich mit Zitronensaft beträufeln, damit sie sich nicht verfärben. Die Apfelscheiben mit den vorbereiteten Brombeeren mischen und in eine Pieform von 23 cm Durchmesser füllen, zur Mitte hin leicht anhäufen. Die Früchte beim Einfüllen nach Geschmack zuckern. ◆

Den Teig passend für die Form ausrollen. Den oberen Rand der Form mit Wasser anfeuchten und die Teigplatte locker auflegen. Die Teigränder mit den Fingern andrücken und überstehenden Teig abschneiden. Die Oberfläche mit verschlagenem Eiweiß bestreichen und mit feinstem Zucker bestreuen.

Die Pie 45 Minuten im Ofen bei 200 °C backen. Die Temperatur auf 180 °C herunterschalten und 25 Minuten weiterbacken, bis der Teig durchgebacken und leicht gebräunt ist.

Vor dem Servieren 10 Minuten abkühlen lassen.

Brombeer-Apfel-Pie und Birnen-Brombeer-Crumble mit Walnüssen (Rezept Seite 214).

Weiße Mousse au chocolat

Die weiße Schokoladencreme, garniert mit geriebener dunkler Schokolade, ist ein Traum von einem Dessert. Ich liebe den Geschmack von weißer Schokolade. Da dieses Rezept nur minimalen Arbeitsaufwand erfordert, steht es häufig auf meinem Speisezettel, und die Mousse schmeckt so gut wie eh und je.

FÜR 4–6 PERSONEN

175 g weiße Schokolade
250 ml Crème fraîche
3 Eiweiß
50 g feinster Zucker
½ TL Weinsteinpulver
Geriebene Zartbitterschokolade zum Garnieren

Die weiße Schokolade zerbröckeln, in eine kleine Schüssel füllen und im nicht zu heißen Wasserbad unter gelegentlichem Rühren schmelzen. Aus dem Wasserbad nehmen und nur leicht abkühlen lassen.

Die Crème fraîche wie Sahne aufschlagen. Die geschmolzene Schokolade zugießen und gründlich vermischen.

Die Eiweiße mit dem Zucker und dem Weinsteinpulver zu Schnee schlagen und behutsam unter die Schokoladensahne heben. Die Mousse einige Stunden – am besten über Nacht – im Kühlschrank fest werden lassen.

Kurz vor dem Servieren mit geriebener Zartbitterschokolade bestreuen.

Leichte Orangen-Käse-Torte

Diese kalorienarme Käsetorte schmeckt so herrlich nach Orange und zergeht auf der Zunge. Nach dem Backen wird die Torte mit einer dicken Schicht gesüßtem griechischem Joghurt bestrichen.

FÜR 8–10 PERSONEN

FÜR DEN BODEN
175 g Vollkornkekse
40 g zerlassene Butter oder Margarine

FÜR DEN BELAG
750 g fettarmer Frischkäse
175 g feinster Zucker
Abgeriebene Schale von 2 unbehandelten Orangen
4 Eier, getrennt
300 ml dicker griechischer Joghurt
25 g Puderzucker, gesiebt
Etwas Zimt zum Bestauben

Die Kekse fein zerkrümeln (im Mixer oder Mörser) und mit der zerlassenen Butter oder Margarine gründlich vermischen. Den Boden einer Springform von 22,5 cm Durchmesser mit Backpapier auslegen und den Teig gleichmäßig dick hineindrücken. ◈

Den Frischkäse mit 100 Gramm Zucker, der abgeriebenen Orangenschale und den Eigelben gut verrühren.

In einer separaten Schüssel die Eiweiße mit dem restlichen Zucker zu Schnee schlagen und locker unter die Käsecreme heben.

Auf dem vorbereiteten Boden verstreichen und bei 160 °C im Ofen 75 Minuten backen. Die Käsecreme sieht in der Mitte noch leicht flüssig aus, wird aber beim Abkühlen fest. Die Form mit einem sauberen Geschirrtuch abdecken und die Torte auf einem Kuchengitter auskühlen lassen.

Den Joghurt mit dem Puderzucker geschmeidig rühren. Die Käsetorte aus der Form nehmen und dick mit dem gesüßten Joghurt bestreichen. Kurz vor dem Servieren etwas Zimt darüber stauben.

FRISCHE FRÜCHTE ALS DESSERT

Für kalorienarme, einfache Desserts ohne viel Schnörkel bieten sich Zubereitungen aus frischen Früchten geradezu an. Die vorbereiteten Früchte werden lediglich mit etwas frischer Minze oder Zitronenmelisse garniert. Für Veganer und Kalorienbewußte tut sich hier ein weites Betätigungsfeld auf.

Pfirsich-Trifle

Diese stark vereinfachte Variante der englischen Süßspeise wird hier mit Kaffee aromatisiert. Anstelle der Vanillecreme kommt obenauf Crème fraîche, vermischt mit Baiserstückchen. Wahrlich ein elegantes Dessert! Anstelle der frischen Pfirsiche kann auch gut abgetropfte Dosenware verwendet werden.

FÜR 4–6 PERSONEN

8 Löffelbiskuits
150 ml starker schwarzer Kaffee
Ewas Sherry oder Weinbrand (nach Belieben)
500 g frische Pfirsiche, enthäutet (Seite 30)
8 Baisers (siehe unten), zerbröckelt
300 ml Crème fraîche
2 Stückchen Zartbitterschokolade, gerieben

Eine Glasschüssel mit den Löffelbiskuits auslegen. Den Kaffee nach Belieben mit etwas Sherry oder Weinbrand mischen und die Löffelbiskuits mit der Flüssigkeit tränken. Die entsteinten Pfirsiche darüber geben.

Die Baisers mit der Crème fraîche locker vermischen und auf den Pfirsichen verteilen. Kalt stellen. Vor dem Servieren mit der Schokolade garnieren.

Baisers (Meringen)

ERGIBT 8 STÜCK

2 Eiweiß, 1 Prise Salz
100 g feinster Zucker

Die Eiweiße und eine Prise Salz mit einem elektrischen Handrührgerät aufschlagen, bis der Eischnee matt glänzt und sich sanfte Spitzen bilden. Den Zucker in kleinen Portionen (jeweils 1 Eßlöffel) einstreuen und weiterschlagen, bis die Masse dick ist und sich lange Schaumspitzen bilden.

Ein Backblech mit Back- oder Pergamentpapier auslegen. Die Baisermasse mit einem Eßlöffel häufchenweise auf das Papier setzen und bei 140 °C in 1½ Stunden mehr trocknen als backen. Den Ofen ausschalten und die Schaumbrötchen im Ofen erkalten lassen. ◈

Norwegisches Eisomelette soufflé

Das klassische Eisdessert, leicht abgewandelt unter Verwendung von Vanilleeiscreme mit gehackter Schokolade, ist eine köstliche Mischung aus Heiß und Kalt. Die Eiscreme verbirgt sich unter einer Baiserhülle, die bei starker Hitze ganz kurz im Ofen abgeflämmt wird, so daß die Eiscreme im Innern noch kalt, die sie umgebende Schaummasse aber heiß ist.

FÜR 4 PERSONEN

1 Biskuitbodens, 3 cm dick
Je 5 EL Weinbrand (oder eine Spirituose nach Wahl) und entrahmte Milch, vermischt
350 g Vanilleeiscreme mit Schokoladenstückchen
4 Eiweiß, 100 g feinster Zucker
Puderzucker zum Bestauben

Den Boden einer Souffléform lückenlos mit dem Biskuit auslegen. Mit der Alkoholmischung beträufeln und bis zu 1 Stunde durchziehen lassen. ◈

Die Eiscreme bergartig in die Schüssel einfüllen, rundum 2 cm frei lassen. ½ Stunde ins Tiefgefrierfach stellen. Inzwischen die Eiweiße mit dem Zucker zu Schnee schlagen, bis sich lange Schaumspitzen bilden. Die Eiscreme völlig mit der Baisermasse umhüllen und mit Puderzucker bestauben.

Bei 250 °C im Ofen oder unter dem Grill 2–3 Minuten abflämmen, bis der Eischnee leicht Farbe bekommt. Sofort servieren.

Weiße Schokoladentorte mit Walnüssen

Eine nicht alltägliche Torte, bei der die zart schmelzende weiße Schokolade einen augenfälligen Kontrast zu den knackigen Nüssen bildet. Sie schmeckt so gut, daß kein Krümel übrig bleibt.

FÜR 6–8 PERSONEN

175 g süßer Mürbeteig (Seite 218)
75 g Butter oder Margarine
150 g Demerarazucker (weicher brauner Zucker)
Abgeriebene Schale von 1 unbehandelten Orange
2 TL Vanilleessenz
3 Eier
100 g weiße Schokolade, grob geraspelt
100 g Walnußstückchen

Den Teig dünn ausrollen und eine Tortenbodenform von 22 cm Durchmesser damit auskleiden. Den Teig mit Backpapier bedecken, getrocknete Bohnen einfüllen und blind backen (Seite 30).◈

Die Butter schaumig rühren. Nach und nach den Zucker und die abgeriebene Orangenschale einrieseln lassen, die Vanilleessenz zufügen.

In einer separaten Schüssel die Eier mit einem elektrischen Handrührgerät schaumig rühren und mit einem Holzlöffel unter die schaumige Butter mischen. Zuletzt die weiße Schokolade unterheben.

Die Walnußstückchen auf dem vorgebackenen Boden verstreuen und die Masse einfüllen.

Bei 200 °C im Ofen 20 Minuten backen, bis die Oberfläche goldbraun und die Füllung in der Mitte gerade eben fest geworden ist. Die Torte auf einem Kuchengitter abkühlen lassen und kalt servieren.

Abricots brûlés

Ein Dessert, das durch seine schlichte Eleganz besticht: Aprikosen und Quark, mit Mandelessenz verfeinert und mit einer Haube aus zerstoßenen Makronen und Zucker im Ofen überbacken. Gut gekühlt serviert, schmeckt es am besten.

FÜR 4–6 PERSONEN

1 Dose Aprikosen im eigenen Saft (400 g)
Ein paar Tropfen Mandelessenz
500 g Speisequark
100 g Makronen, zerstoßen
75 g Demerarazucker (weicher brauner Zucker)

Die Aprikosen abtropfen lassen und hacken. Den Boden einer feuerfesten Form damit auslegen.

Die Mandelessenz unter den Quark rühren und die Masse über die Fruchtstückchen streichen. Die zerstoßenen Makronen darauf verteilen und mit dem Zucker bestreuen.

Unter den heißen Grill schieben, bis der Zucker schmilzt und karamelisiert. Abkühlen lassen. Bis zum Servieren in den Kühlschrank stellen.

Birnen-Brombeer-Crumble mit Walnüssen

Dieses spätsommerliche Dessert ist Genuß vom Feinsten: eine gelungene Mischung verschiedener Geschmackskomponenten unter einer nussigen Knusperschicht. Servieren Sie den Crumble warm mit Vanillesauce oder griechischem Joghurt.

FÜR 4–6 PERSONEN

V

200 g Weizenmehl
75 g Demerarazucker (weicher brauner Zucker)
4 EL Kristallzucker
1 TL gemahlener Zimt
75 g weiche ungesalzene Butter
100 g Walnüsse, geröstet, fein gehackt
4 reife Birnen, geschält
250 g Brombeeren, gewaschen und verlesen

Mehl, Zucker und Zimt in einer Schüssel mischen. Die weiche Butter in Stücken zufügen und mit den Fingerspitzen zu feinen Streuseln abbröseln. Die gehackten Walnüsse untermischen.

Die Birnen entkernen und in hauchdünne Scheiben schneiden. Mit den Brombeeren in eine Souffléform von 22 cm Durchmesser füllen und gleichmäßig verteilen. ◆

Die Früchte mit den Streuseln bedecken. Den Crumble bei 190 °C im Ofen 40 Minuten backen, bis die Oberfläche leicht gebräunt ist.

Mürbe Erdbeertorte

Ein Klassiker – und das aus gutem Grund. Im Sommer, wenn die Erdbeeren Saison haben, ist dies ein wahres Schlemmervergnügen: knusprige Mürbeteigböden, gefüllt mit Erdbeeren und Sahne. Wer kann da noch widerstehen?

FÜR 6 PERSONEN

FÜR DEN MÜRBETEIG
250 g Weizenmehl
1 Prise Salz
1 TL Backpulver
50 g feinster Zucker
100 g Butter
2 EL Crème double oder Crème fraîche

FÜR FÜLLUNG UND BELAG
1 kg Erdbeeren, gewaschen, entstielt
Feinster Zucker nach Geschmack
300 ml Crème double oder Crème fraîche, aufgeschlagen

Das Mehl mit dem Salz und dem Backpulver in eine Schüssel sieben und den Zucker untermischen. Die Butter in Würfeln zufügen und mit den Fingerspitzen fein abbröseln. Die Sahne zugeben und rasch zu einem glatten Teig verkneten. Den Teig halbieren, jedes Teigstück ausrollen und Kreise von 20 cm Durchmesser ausschneiden. Auf ein mit Backpapier belegtes Blech legen und bei 200 °C im Ofen in 12 Minuten goldbraun backen. Auf einem Kuchengitter auskühlen lassen. ◆ ●

Ein Viertel der Erdbeeren mit einer Gabel zerdrücken. Die restlichen Erdbeeren in Scheiben schneiden und mit den zerdrückten Erdbeeren mischen. Nach Geschmack süßen. Zwei Drittel der gezuckerten Erdbeeren auf einem der Böden verteilen und mit zwei Dritteln der Sahne bedecken.

Den zweiten Teigboden darauf setzen und mit den restlichen Erdbeeren belegen. Die Torte mit der verbliebenen Sahne verzieren. Gut gekühlt alsbald servieren – die Teigböden weichen auf, wenn sie zu lange im voraus zusammengesetzt werden.

Erdbeercreme mit Baisers

Hier werden die Bestandteile eines Vacherin variiert. Auf der zart rosafarbenen Erdbeercreme scheinen die duftigen Baisers wie Wolken dahinzuschweben. Dieses köstliche Dessert gehört zu den schönsten Dingen, die der Sommer zu bieten hat.

FÜR 4 PERSONEN

350 g Erdbeeren, gewaschen
1 Eiweiß
2–3 EL feinster Zucker
300 ml Crème fraîche
8 kleine Baisers (Seite 211)

Die Erdbeeren entstielen und im Mixer fein pürieren oder durch ein Sieb streichen. Das Eiweiß mit 1 Eßlöffel Zucker zu Schnee schlagen.

Die Sahne mit dem restlichen Zucker steif schlagen, den Eischnee unterheben und behutsam unter das Erdbeerpüree mischen.

In einer flachen Glasschale anrichten und kühl stellen. Kurz vor dem Servieren die gut gekühlte Erdbeercreme mit den Baisers garnieren.

Festliche Himbeertorte

Zu besonderen Anlässen wie Geburtstagen, Sommerfesten oder zum sonntäglichen Mittagsmahl im Garten dürfen Sie ruhig einmal mit einer festlichen Torte aufwarten. Sie ist locker, leicht und cremig und durch die Himbeeren schön saftig. Und ehe man sich's versieht, ist das Prachtstück aufgegessen!

FÜR 8 PERSONEN

FÜR DEN BISKUIT
75 g Weizenmehl
2 TL Weinsteinpulver
6 Eiweiß
¼ TL Salz
175 g feinster Zucker
1 EL Zitronensaft
1 TL Vanilleessenz

FÜR DIE FÜLLUNG
350 g Himbeeren, 2 EL feinster Zucker
250 g Mascarpone oder Doppelrahmfrischkäse
250 g griechischer Joghurt

ZUM DEKORIEREN
300 ml Crème double, aufgeschlagen

Das Mehl mit 1 Teelöffel Weinsteinpulver sieben, dann erneut durchsieben.

Die Eiweiße mit dem restlichen Weinsteinpulver, dem Salz und dem Zucker zu Schnee schlagen, bis sich weiche Spitzen bilden. Den Zitronensaft und die Vanilleessenz vorsichtig unterrühren. Das Mehl eßlöffelweise unterheben.

Eine Springform von 25 cm Durchmesser einfetten und mit Mehl ausstreuen. Die Biskuitmasse einfüllen, glatt streichen und bei 190 °C im Ofen 20 Minuten backen. Bei 170 °C in 20 Minuten fertigbacken.

Aus dem Ofen nehmen, 10 Minuten in der Form abkühlen lassen, dann auf ein Kuchengitter stürzen und auskühlen lassen.

Den Biskuitboden horizontal dreimal durchschneiden, so daß vier dünne Böden entstehen.

Für die Füllung die Himbeeren mit 1 Eßlöffel Zucker vermischen und Saft ziehen lassen. Den Mascarpone oder einen anderen Frischkäse mit dem Joghurt mischen und mit dem restlichen Zucker süßen.

Die Masse auf die vier Böden verteilen, gleichmäßig verstreichen, mit je einem Viertel der Himbeeren belegen und die Böden exakt aufeinander setzen. Die Oberfläche mit geschlagener Sahne dekorieren. 24 Stunden im Kühlschrank durchziehen lassen.

Zitronenkuchen mit Baiserhaube

Einfach himmlisch: Das ist der beste Zitronenkuchen, den Sie je gegessen haben. Der Klassiker der englischen Backstube mit der fruchtigen Frische von Zitronen und der duftigen Baiserhaube schmeckt nämlich unvergleichlich gut.

FÜR 6 PERSONEN

FÜR DEN BODEN

250 g gesüßter oder ungesüßter Mürbeteig, tiefgefroren oder selbst gemacht (Seite 218)

FÜR DIE ZITRONENFÜLLUNG

3 EL Maismehl
1 Prise Salz
175 g feinster Zucker
150 ml kochendes Wasser
Saft von 1½ Zitronen
Abgeriebene Schale von 1 unbehandelten Zitrone
15 g Butter
4 Eigelb

FÜR DIE BAISERHAUBE

4 Eiweiß
1 Prise Salz
75 g feinster Zucker

Eine Obstkuchenform von 23 cm Durchmesser mit dem Teig auskleiden, mit Backpapier belegen, getrocknete Bohnen einfüllen und blind backen (Seite 30). Abkühlen lassen.

Für die Füllung das Maismehl mit Salz und Zucker in einem Topf mischen. Mit dem kochend heißen Wasser verrühren, bis ein weicher Brei entsteht. Langsam zum Kochen bringen, dabei ständig rühren, damit sich keine Klümpchen bilden. Bei milder Hitze 5 Minuten köcheln und das Mehl quellen lassen. Den Zitronensaft, die abgeriebene Zitronenschale und die Butter unterrühren. Von der Kochstelle nehmen und die Eigelbe eins nach dem anderen unterrühren. Die Masse gleichmäßig auf dem vorgebackenen Boden verstreichen und bei 180 °C im Ofen 15 Minuten backen.

Inzwischen die Baisermasse zubereiten: Die Eiweiße zu Schnee schlagen. Das Salz unterrühren, dann den Zucker einrieseln lassen und weiterrühren, bis der Eischnee lange Spitzen bildet und seidig glänzt. Bergartig auf die Zitronenfüllung streichen und bei 150 °C in 30 Minuten fertigbacken. Den Ofen ausschalten und den Kuchen darin abkühlen lassen.

Kalt servieren.

Zitronenschnee

Dieses herrlich erfrischende und leichte Dessert erfreut sich großer Beliebtheit und ist in Minutenschnelle fertig. Als krönender Abschluß eines guten Essens sehr zu empfehlen.

FÜR 3–4 PERSONEN

150 ml saure Sahne oder Crème fraîche
40 g feinster Zucker
Abgeriebene Schale und Saft von 1 unbehandelten Zitrone
2 Eiweiß, zu Schnee geschlagen

Die saure Sahne mit dem Zucker schaumig rühren. Die abgeriebene Zitronenschale und 2 Eßlöffel Zitronensaft unterrühren, den Eischnee locker unterheben. In eine Glasschale füllen und 2–3 Stunden durchkühlen lassen. Noch am selben Tag servieren, da sich die Bestandteile nach längerem Stehen wieder voneinander trennen.

Grundrezepte

Knoblauchbutter

75 g Butter oder Margarine, 2 Knoblauchzehen, geschält und zerdrückt

Die Butter oder Margarine in einem kleinen Topf zerlassen. Den zerdrückten Knoblauch unterrühren und bei sehr milder Hitze 5 Minuten weich schwitzen. Abkühlen und streichfest werden lassen. Vor dem Verstreichen mit einer Gabel durchrühren, da der Knoblauch zu Boden sinkt und sich von der Butter trennt.

Käsesauce

50–75 g geriebener Cheddar (nach Belieben fettarm) Béchamelsauce (siehe rechts)

Den Käse unter die Béchamelsauce mischen. Bei milder Hitze mit einem Holzlöffel rühren, bis der Käse geschmolzen ist.

Mürbeteig (im Mixer zubereitet)

Ergibt 300 Gramm
75 g weiche Butter oder Margarine, 175 g Weizenmehl, 3 EL Wasser, 1 Messerspitze Meersalz

Alle Zutaten im Mixer zu einem glatten Teig verarbeiten. Kurz durchkneten, in eine Schüssel legen, mit Frischhaltefolie abdecken und 1 Stunde kühl stellen. Oder einfrieren und bei Bedarf auftauen.

Knuspriger Ölteig

Ergibt 300 Gramm
175 g Weizenmehl, 5 EL Sonnenblumenöl, 1 ½ EL Wasser

Das Mehl mit einer Messerspitze Salz in eine Schüssel sieben, das Öl und das Wasser zugießen und mit einem Holzlöffel zu einem geschmeidigen Teig verrühren. Auf einem bemehlten Backbrett kurz durchkneten. Mit den Fingern in eine gefettete Backform von 20 cm Durchmesser drücken und blind backen (Seite 30).

Süsser Mürbeteig

Ergibt 525 Gramm
350 g Weizenmehl, 1 EL Kristallzucker, 175 g Butter oder Margarine, 3 EL kaltes Wasser

Das Mehl in eine große Schüssel sieben und mit dem Zucker mischen. Das Fett in Stücken zufügen und mit den Fingerspitzen bröselig verreiben. Das Wasser einarbeiten und auf einem bemehlten Brett kurz durchkneten. Den Teig ausrollen und eine Backform von 28 cm Durchmesser damit auskleiden.

Gemüsebrühe

So lassen sich Gemüseabschnitte wunderbar verwerten, und Sie haben eine wirklich schmackhafte Brühe zur Hand.

Schalen und Abschnitte von Möhren, Zwiebeln, Lauch, Kohl, Tomaten, Topinambur, Brokkoli, Blumenkohl usw., all das wandert in den Topf, auch Kartoffelschalen sind bestens geeignet.

Die Gemüsestücke in einem großen Topf mit kaltem Wasser bedecken. Etwas Meersalz, ein paar schwarze Pfefferkörner, ein Lorbeerblatt und 1 Teelöffel getrocknete Würzmischung zugeben, zum Kochen bringen und zugedeckt bei reduzierter Hitze 45 Minuten sanft köcheln lassen. Von der Kochstelle nehmen und erkalten lassen.

Gemüsebrühe in Würfelform, gekörnt oder als Instantpulver ist ein annehmbarer Ersatz für selbst zubereitete Brühe, da sie schnell und ohne großen Aufwand zum Einsatz kommen kann.

Béchamelsauce

Ergibt 450 Milliliter
40 g Butter oder Margarine, 40 g Weizenmehl, 450 ml entrahmte Kuhmilch (oder für Veganer Sojamilch), 1 Lorbeerblatt (nach Belieben), Salz und Pfeffer

Die Butter in einem Topf zerlassen und das Mehl ohne Farbe darin anschwitzen. Nach und nach unter ständigem Rühren mit einem Schneebesen mit der Milch aufgießen und bei mittlerer Hitze zum Kochen bringen. 5 Minuten sanft köcheln lassen, bis der unangenehme Mehlgeschmack gewichen ist, dabei gelegentlich mit einem Holzlöffel umrühren. Das Lorbeerblatt, falls verwendet, herausnehmen und die Sauce mit Salz und Pfeffer abschmecken.

Croûtons

Brot vom Vortag ist am besten für die Herstellung von Croûtons geeignet, da es leicht angetrocknet ist und nicht mehr so viel Öl aufnimmt. Das macht die Croûtons bekömmlicher.

Das Brot entrinden (die Rinde kann für Brotkrumen weiterverwendet werden) und in kleine Würfel schneiden.

5 mm hoch Sonnenblumenöl in eine große Pfanne gießen und erhitzen, bis ein Brotwürfel beim Hineingeben zischt und in kürzester Zeit knusprig ist. Alle Brotwürfel in die Pfanne geben und unter ständigem Wenden goldbraun und knusprig braten. Mit einem Schaumlöffel aus der Pfanne nehmen und auf Küchenpapier abtropfen lassen. Im schwach geheizten Ofen, auf sauberem Küchenpapier ausgebreitet, um überschüssiges Fett aufzufangen, warm halten.

Knoblauch-Käse-Croûtons

Eine Pfanne vor dem Einfüllen des Öls mit Knoblauch ausreiben. Die Brotwürfel, wie oben beschrieben, im heißen Öl braten, auf Küchenpapier abtropfen lassen und noch heiß mit fein geriebenem Parmesan oder Pecorino mischen. Abkühlen lassen.

Die Nährstoffe im Überblick

Das Geheimnis einer vernünftigen Ernährung heißt Ausgewogenheit. Es gibt keine »guten« oder »schlechten« Nahrungsmittel. Allein die richtige Zusammenstellung zählt für die Gesunderhaltung des Körpers.

Wichtig ist eine abwechslungsreiche Kost, um die optimale Versorgung des Organismus mit allen lebensnotwendigen Nährstoffen wie Eiweiß, Fett und Kohlenhydraten (zur Aufrechterhaltung der Körperfunktionen, zur Gesundung und zur Bereitstellung von Energien) sowie Vitaminen und Mineralstoffen zu gewährleisten. Jeder sollte mindestens eine vollwertige Mahlzeit pro Tag essen, die alle Nährstoffe und Wasser in ausreichender Menge enthält. Der Bedarf an Nährstoffen ist abhängig vom Alter, vom Ausmaß der Bewegung und von der allgemeinen körperlichen Verfassung. Es gibt mittlerweile eine Vielzahl von Büchern, die dieses komplexe Thema ausführlich behandeln. Deshalb sollen hier nur einige Richtlinien gegeben werden, mit deren Hilfe Sie eine ausgewogene und damit gesund erhaltende Ernährung sicherstellen können.

Energie und Wasser

Die tägliche Nahrung liefert die nötige Energie, damit unser Körper funktionieren, sich bewegen und arbeiten kann. Deshalb ist es wichtig, ihm diese Energie in den richtigen Mengen zuzuführen. Einige Nahrungsmittel liefern mehr Energie als andere; einige setzen diese Energie schneller frei, bei anderen wird sie langsam an den Organismus abgegeben. Energie wird für die Muskelarbeit und zur Aufrechterhaltung der Körpertemperatur benötigt.

Unser Körper besteht zu zwei Dritteln aus Wasser, und kein Mensch kann länger als ein paar Tage ohne Wasser auskommen, sonst stirbt er. Obwohl viele Nahrungsmittel stark wasserhaltig sind, sollte zusätzlich reichlich Wasser getrunken werden.

Eiweiss (Protein)

Unser Körper braucht Eiweiß als Baustoff für neue Zellsubstanzen und zur Abwehr gegen Infektionen. Jedoch kann eine überhöhte Proteinzufuhr vom Körper nicht gespeichert werden. Die westliche Ernährung ist vielerorts durch eine Überversorgung mit Eiweiß gekennzeichnet, was sich häufig in Krankheiten, einschließlich Krebs, niederschlägt. Und doch befürchten hierzulande viele Menschen, daß sie nicht ausreichend mit Eiweiß versorgt werden, wenn sie kein Fleisch essen (oder sogar ganz auf tierische Produkte verzichten). Nach neuesten Forschungsergebnissen gibt es allerdings kaum eine fleischlose Kost, die eiweißarm ist, denn Bohnen und viele andere Gemüsesorten enthalten reichlich davon, ebenso Nüsse und Samen, und nicht zuletzt Eier, Milch und Milchprodukte.

Wertvolle Eiweißlieferanten sind Hülsenfrüchte, Nudeln, Käse, Mehl, Brot, Tiefkühlerbsen, Kichererbsen, Eier, Kartoffeln, Samen, Reis, Tofu, Getreide und Getreideflocken, Nüsse, Blumenkohl, Brokkoli, Knoblauch, Spinat, Mais, Hafer, Sojaprodukte wie Sojafleisch und Sojamilch, Milch und Joghurt.

Kohlenhydrate

Die Kohlenhydrate sind die wichtigsten Energielieferanten in der Ernährung, den größten Teil davon stellen die pflanzlichen Nahrungsmittel. Die unverdaulichen Bestandteile dieser Kohlenhydrate werden als Ballaststoffe bezeichnet.

Sie wirken so manchen Verdauungsstörungen entgegen und schützen den Organismus vor bestimmten Krankheiten wie Darmkrebs und Divertikulitis.

Gute Kohlenhydratlieferanten sind Zucker, Hülsenfrüchte, Kartoffeln, Erbsen, Pfirsiche, Brot, Nudeln, Wurzelgemüse, Reis, Nüsse, Kichererbsen, Linsen, Mais, Trockenaprikosen, Bananen, Birnen, Knoblauch und Buchweizen.

Einen hohen Ballaststoffgehalt haben Hülsenfrüchte, Bohnen, Kohl, Möhren, die meisten Gemüsesorten, Äpfel, Rosinen, die meisten Früchte, Erdnüsse, Weizenvollkornbrot und jedes Vollkornmehl, Hafer, Naturreis, Vollkornnudeln, Vollkornbrot generell, Kartoffeln, Getreide und Getreideflocken.

Fett

Fett liefert Energie in höher konzentrierter Form als Kohlenhydrate, es wird vom Stoffwechsel leider sehr schnell in die ungeliebten Fettpolster umgewandelt. Die Menschen hierzulande essen zweifelsohne zuviel Fett, aber eine bestimmte Menge davon ist unentbehrlich, um das Körpergewebe in gutem Zustand zu erhalten. Vegetarier haben erwiesenermaßen einen niedrigeren Blutdruck als regelmäßige Fleischesser und sind somit nicht so anfällig für Herzerkrankungen.

Gute Fettlieferanten sind Sahne, Käse, Joghurt, Eier, Nüsse, Samen, Avocados, Oliven, Milch, Margarine, pflanzliche Öle, Erdnüsse und Hafer (Körner und Flocken).

Vitamine

Da der menschliche Körper Vitamine nicht (außer Vitamin D) oder nur in geringen Mengen (Vitamin A) selber produzieren kann, müssen ihm diese zur Aufrechterhaltung der Gesundheit zugeführt werden. Eine abwechslungsreiche Ernährung auf pflanzlicher Basis sichert die notwendige Zufuhr an Vitaminen, von denen der Körper jeweils nur winzige Mengen benötigt.

Vitamin A kommt nur im tierischen Organismus vor, kann aber aus seinen Vorstufen, dem Provitamin A, im menschlichen Körper gebildet werden. Wichtigstes Provitamin A ist das β-Carotin. Die Vorstufen (Carotinoide) sind in der Pflanzenwelt weit verbreitet. Vitamin A ist wichtig für gesunde Haut, Knochenwachstum und Abwehrkräfte, das bekannteste Mangelsymptom ist Nachtblindheit. Es ist enthalten in Möhren, Butter und Margarine, Eigelb, Milch, Käse, Joghurt, Sahne, Basilikum, Koriander, Petersilie, Trockenaprikosen, Süßkartoffeln, Brokkoli, Lauch, Kopfsalat, Chillies, roten Paprikaschoten, Spinat, Tomaten, Brunnenkresse, Pistazien, Sonnenblumenkernen, grünem Blattgemüse und Pfirsichen.

Vitamine der B-Gruppe: B_1 wirkt im Stoffwechsel als Coenzym und spielt eine wesentliche Rolle beim Kohlenhydratabbau. B_2 wirkt ebenfalls als Coenzym und ist am Eiweiß-, Fett- und Kohlenhydratstoffwechsel beteiligt. Es ist unentbehrlich für die Zellatmung. Mangelsymptome sind Einreißen der Mundwinkel, Dermatitis und brüchige Fingernägel. B_6 ist wichtig für die Energieproduktion in den Zellen, für eine gesunde Haut und das Nervensystem. B_{12} ist beteiligt an der Bildung der roten Blutkörperchen (»antianämisches« Vitamin). Mangelerscheinungen führen zu einer Störung der Zellbildung und zu Nervenstörungen. Vitamine der B-Gruppe sind enthalten in Eiern, Käse, Hülsenfrüchten, Spinat, Blumenkohl, Trockenaprikosen, Vollkornbrot, Kohl, Möhren, Kartoffeln, Naturreis, Nüssen, Samen, Erbsen, Milch, Hefe, grünem Gemüse und Avocados.

Anmerkung: Vitamin B_{12} ist (außer in Fisch und Fleisch) ausschließlich in Milch und Milchprodukten sowie Eigelb enthalten. Veganer sollten daher ein Vitaminpräparat einnehmen, um Mangelerscheinungen vorzubeugen.

Vitamin C benötigt der Körper für gesunde Haut und Zähne sowie für den Aufbau von Knochen und Bindegewebe. Außerdem verbessert Vitamin C die Eisenaufnahme aus der Nahrung. Gute Quellen sind Brunnenkresse, Kartoffeln, Dicke Bohnen, Zuckerschoten, Brokkoli, Kohl, Blumenkohl, Chillies, rote Paprikaschoten, Zitrusfrüchte, Koriander, frische grüne Gemüse, gefrorene Erbsen, frisches Obst, Salat und Grünkohl.

Vitamin D begünstigt die Skelettentwicklung, fördert den Calcium- und Phosphatstoffwechsel und wird für gesunde Zähne benötigt. Es ist enthalten in Margarine, Eiern, Getreide, in Sahne, Joghurt, Käse sowie in Milch.

Anmerkung: Sonnenlicht aktiviert die körpereigene Bildung von Vitamin D.

Vitamin E schützt die Vitamine A und C sowie lebenswichtige Fettsäuren vor Zerstörung durch Oxidation. Gute Quellen sind Pflanzenöle, Nüsse und Nußöle, Samen, Sahne, Parmesan und Cheddar, Petersilie, Avocados, Oliven, Kichererbsen, Möhren, Pastinaken, rote Paprikaschoten, Spinat, Tomaten, Brunnenkresse, Mais, Vollkorngetreide, Soja und Kopfsalat.

Vitamin K ist wichtig für die Blutgerinnung. Gute Quellen sind frisches Gemüse, Getreide, Eier, Milch, Tomaten und Blumenkohl.

Anmerkung: Vitamin-K-Mangel kommt selten vor.

Mineralstoffe und Spurenelemente

Mineralstoffe und Spurenelemente sind im menschlichen Körper für eine Vielzahl von lebenswichtigen Funktionen zuständig. Zur Gesunderhaltung muß der Körper stets mit der richtigen Menge an Mineralstoffen versorgt werden. Zuviel kann jedoch genauso schädlich sein wie zuwenig.

Calcium ist ein essentieller Bestandteil von gesunden Knochen und Zähnen, es ist das im Körper am meisten vorkommende Mineral. Calciummangel kann zu Osteoporose führen, einer Erkrankung der Knochen, die mit einem Abbau von Knochensubstanz einhergeht und von der häufig Frauen nach den Wechseljahren betroffen sind. Forschungen haben gezeigt, daß das Risiko, an Osteoporose zu erkranken, für Vegetarierinnen geringer ist als für Frauen, die Fleisch essen. Calcium ist außerdem wichtig für die Muskelkontraktion und die Blutgerinnung. Enthalten ist es in Milch, Käse, Brot, Möhren, Nüssen, Samen, Hülsenfrüchten, Joghurt, Tofu, Sesam, Trockenaprikosen sowie anderen Trockenfrüchten, Zitronen, Orangen, Oliven, Roten Beten, Brokkoli, Knollensellerie, Kohlrabi, Pastinaken, Knoblauch, Zwiebeln und grünem Blattgemüse.

Anmerkung: Vitamin D verbessert die Calciumaufnahme.

Magnesium ist unentbehrlich für die Knochenbildung und zahlreiche Enzymaktivitäten, zum Beispiel bei der Energieproduktion. Mangelerscheinungen können zu schweren Nervenstörungen führen. Gute Quellen sind Sahne, Joghurt, Käse, Eier, Brot, Getreide, Nüsse, Samen, Hülsenfrüchte, Trockenfrüchte, Wurzelgemüse, Ingwer und Knoblauch.

Eisen ist ein wichtiger Bestandteil im Hämoglobin, dem roten Blutfarbstoff, der für den Transport bzw. die Bindung von Sauerstoff im Körper verantwortlich ist. Eisenmangel führt zu Anämie. Eisen hat außerdem einen positiven Einfluß auf das Immunsystem und die Gehirnfunktion. Die weltweite Unterversorgung mit Eisen stellt ein ernstes Problem dar. Es hat sich allerdings herausgestellt, daß Vegetarier nicht häufiger unter Eisenmangel leiden als Fleischesser.

Anmerkung: Tee kann die Aufnahme von Eisen behindern, während Vitamin C die Eisenaufnahme aus der Nahrung verbessert.

Eisen ist enthalten in gebackenen Bohnen, Weizenvollkornbrot, Linsen und anderen Hülsenfrüchten, Nüssen, grünem Blattgemüse, Eiern, Kürbiskernen, Basilikum, Kreuzkümmel, Petersilie, Sesam, Trockenfrüchten, insbesondere Aprikosen, Spinat, Brunnenkresse und Kakao.

Zink aktiviert zahlreiche Enzyme und erfüllt wichtige Aufgaben für das Wachstum und die Immunabwehr. Zink ist enthalten in Buchweizen, Adzukibohnen, Linsen, Knoblauch, Eigelb, Nüssen, Sesam und Tahin, diversen Käsesorten, grünem Gemüse, Kürbiskernen, Vollkorngetreide, Hefe und Vollkornbrot.

Kalium reguliert den Wasserhaushalt und die Gewebespannung. Gute Quellen sind Käse, Joghurt, Zitrusfrüchte, Kartoffeln, Bohnen, Linsen, grüne Gemüse, Rote Beten, Chillies, Knoblauch, Nüsse und Samen.

REGISTER

A

Abnehmen – leicht gemacht 196
Abricots brûlés 212
Ackersalat 22
Amerikanische Kresse 9
Amerikanischer Senf 170
Ancho-Chillies 9
Arborio-Reis 143
Artischocke 13
Artischockenpaste 13
Auberginen 18
– auf persische Art 107
– überbackene, mit einer leichten Tomaten-Pecorino-Sauce 42
– und grüne Bohnen in Kokosmilch mit Zitronengras und Chili 104
Auberginenauflauf, italienischer 101
Auberginenpüree, Minitacos mit 86
Auberginenstreifen, würzige 35

B

Baiserhaube, Zitronenkuchen mit 216
Baisers 211
Ballaststoffe 219
Balsamessig 39, 199
Barbarakraut 9
Basilikum 17
Basilikum-Knoblauch-Brot 81
Basisvinaigrette 204
Basmati-Reis 143
Béchamelsauce 218
Bel Paese 135
Beurre rouge 164
Bindesalat 13
Birnen-Brombeer-Crumble mit Walnüssen 214
Birnenkürbis 19
Blätterteig-»Zopf« mit Paprika-Pilz-Füllung 158
Blätterteigpasteten mit dreierlei Füllung 183
Blätterteigpizza 160
Blattsalat 13
– gemischter, mit Croûtons und Tomatenvinaigrette 190
– gemischter, mit Nüssen und gegrilltem Ziegenkäse 164
Blattsenf 13
Bleichsellerie 27
Blindbacken 30
Blumenkohl 23
– gebratener, mit Cashewnüssen auf Spinat 106
– pfannengerührter, mit Ingwer und Knoblauch 36
– und Champignons in Schwarzer-Bohnen-Sauce mit Cashewnüssen 102
Blumenkohl-Quiche 156
Blumenkohlsuppe mit Linsen, würzige 57
Bohnen 22
– warme, mit Walnußöl 192
Bohnen-Burritos 84
Bohnen-Tomaten-Salat mit Estragondressing und Croûtons 189
Bohnendip, cremiger, mit Kreuzkümmel 76
Bohnensprossen 12
Bohnentopf, gemischter 138
Brandteigkranz mit Pilzen in Safranmayonnaise 61
Bratkartoffeln mit Spiegelei und Paprika 113
Brauner Reis 143
Brechbohnen 16
Breite Bohnen 16
Brokkoli 18, 23
– Kartoffelcurry mit 113
– mit Zitronensauce 94
Brokkoli-Kartoffel-Frittata 63
Brokkoli-Pecorino-Füllung, Teigtaschen mit 154
Brokkolicremesuppe mit Blauschimmelkäse und Kreuzkümmel 47
Brokkolisalat, fernöstlicher 44
Brombeer-Apfel-Pie 209
Brote, italienische 70
Brotkrumen herstellen 42
Brunnenkresse 9
– pfannengerührte, mit Croûtons 96
Bruschetta
– Knoblauch- 78
– mit gegrilltem Brie und Aprikosen 170
– mit Ziegenkäse und sonnengetrockneten Tomaten 35
Brüsseler Endivie 9
Buchweizen 18
– mit Röstgemüse 102
Buchweizen-Crêpes 88
– mit Pilzfüllung 88
– mit Spinatfüllung 88
Buchweizennudeln mit brauner Butter, Lauch und Pilzen 123
Bulgur 19
Burritos, Bohnen- 84
Buschbohnen 16
Butternußkürbis 19
Buttersalat 13

C

Cannelloni mit Spinat-Ricotta-Füllung 122
Caponata, überbackene 100
Capsicum 17
Capsicum frutescens 9
Cäsar-Salat nach Grace Kelly 192
Cayenne 9
Cayennepfeffer 9
Champignons 12
– mit Knoblauch und schwarzem Pfeffer 94
Champignon-Sandwich 75
Chicorée 9
Chicorée-Paprika-Salat mit Koriandergrün 196
Chilaquiles 90
Chilibohnen unter einer Teigkruste 142
Chilidip 34
Chiliflocken 9
Chilipulver 9
Chilisaucen 9
Chillies 9
Chimichangas, würzige 83
Chinakohl 13, 23
Chinesische Nudeln mit Bohnensprossen 128
Chinesische Pfannkuchen 39
Chinesische Suppe 48
Chinesischer Senfkohl 13
Ciabatta 70
Cidreessig 199
Cocktailtomaten 17
Corn salad 22
Couscous 19, 148
– auf marokkanische Art 148
– mit gebackenen Auberginen und roter Paprikasauce 182
Crème fraîche 53
Cremiger Bohnendip mit Kreuzkümmel 76
Crêpes 88
Croûtons 218
Curryeier, südindische 62

D

Daikon-Rettich 12
Dal, würziges 144
Dämpfen 30
Delikateßbohnen 16
Deutscher Senf 170
Dicke Bohnen libanesische Art 93
Dill 17
Dill-Joghurt-Dressing 202
Dill-Sahne-Sauce 176
Dipsaucen 34
Drachensauce 172
Dreifarbige Gemüseterrine mit Preiselbeer-Orangen-Sauce 180
Dressing Marlise 204
Duftreis 143
Durum-Weizen 19

E

Eichblattsalat 13
Eichelkürbis 19
Eier 64
– »Foo Yong« 64
– Saint-Germain 65
Eierfrüchte 18
Einlegegurken 16
Eischnee schlagen 60
Eisomelette soufflé, norwegisches 211
Eissalat 13
Eiweiß 139, 219
Eiweißversorgung 139
Enchiladas mit feuriger Käse-Pilz-Füllung 91
Energie 219
Englischer Senf 170
Erbsen 13, 22
Erdartischocke 27
Erdbeercreme mit Baisers 215
Erdbeertorte, mürbe 214
Erdnußöl 199
Erdnußsauce 34
Ernährung 126, 219
Essigsorten 199
Estragon 17
Estragonessig 199
Estragonsauce, Teigtaschen mit jungem Gemüse in 184

F

Fajitas, Gemüse- 84
Farfalle mit Kürbis und Zitronensahnesauce 127
Feldsalat 22
Fenchel 17, 18
– gebackener, und Polenta mit Pesto-Nuß-Kruste 178
– überbackener, mit Blauschimmelkäse 108
Fenchel-Bohnen-Salat mit Croûtons 40
Fernöstlicher Brokkolisalat 44
Festliche Himbeertorte 215
Fett 219
Fettuccine 134
Fettuccine mit Knoblauch und Pinienkernen 134
Feuerbohne 16
Feurige Mais-Paprika-Suppe 49
Fleischtomaten 17
Focaccia 70
– mit Pesto, Tomaten und Mozzarella 70
– Oliven- 79
Fontina 135
Französische Zwiebelsuppe 56
Französischer Senf 170
Frische Eiernudeln mit sahniger Tomaten-Kräuter-Sauce 123
Frische Früchte als Dessert 210
Frisée 13
Fritieren 30
Früchte, frische, als Dessert 210
Frühkartoffeln 16
– mit Kapern 118
Frühlingsrollen 153
Frühlingssuppe mit Crème fraîche 53
Frühlingszwiebel-Ingwer-Dip 34
Fünfgewürzpulver 72

G

Gartenbohnen 16
Gartenfenchel 18
Gartenkresse 9
Gartenkürbis 19
Gebackener Fenchel und Polenta mit Pesto-Nuß-Kruste 178
Gebratene Zucchiniraspel mit Drachensauce 172
Gebratener Blumenkohl mit Cashewnüssen auf Spinat 106

Gedämpfte Zucchini mit knusprigen Walnüssen und Crème fraîche 42
Gefüllte Pilzhüte auf gebratenen Brotscheiben 43
Gefüllte Zucchini mit Safranmayonnaise 175
Gefüllter Kürbis 103
Gegrillte Shiitake in roter Buttersauce 163
Gekühlte Mandelsuppe 49
Gelb-roter Salat mit ausgebackenen Maiskölbchen 165
Gelbwurz 61
Gemischter Blattsalat mit Croûtons und Tomatenvinaigrette 190
Gemischter Blattsalat mit Nüssen und gegrilltem Ziegenkäse 164
Gemischter Bohnentopf 138
Gemüse schneiden 31
Gemüse, pfannengerührtes
– mit Gelber-Bohnen-Sauce und Chili 108
– mit geschmolzenem Käse 107
Gemüse, weiches, in der Küchenmaschine zerkleinern 77
Gemüse-Fajitas 84
Gemüse-Satay spezial 106
Gemüsebrühe 218
Gemüseküchlein
– peruanische 77
– thailändische, mit Zitronengras und verschiedenen Dips 34
Gemüsekürbis 19
Gemüsesalat mit Sprossen 188
Gemüseterrine, dreifarbige, mit Preiselbeer-Orangen-Sauce 180
Geröstetes Sesamöl 199
Gerste 19
Getreide 19
Getrocknete Hülsenfrüchte 142
Gewürzfenchel 18
Gratinierte Käsepolenta mit Champignons und geröstetem Knoblauch 140
Griechische Spinattaschen 40
Grüne Bohnen 16
Grüne Bohnen und Zucchini, pfannengerührte, mit Ingwer und Knoblauch 104
Grüne Mandelsauce 169
Grüner Reis 150
Guacamole 75
Gurke 16
Gurkensalat mit Minze 192

H

Hafer 19
Haferwurzeln in brauner Butter 166
Handrührgerät, elektrisches 29
Haricot 16
Hartweizen 19
Hartweizengrieß 148
Haselnußöl 199
Hausgemachte Mayonnaise 206
Hefezopf 81
Heidekorn 18
Herbstliche Kürbispie 159
Herbstrüben 22
Himbeeressig 188, 199
Himbeertorte, festliche 215
Hirse 19
Hülsenfrüchte 22, 142
Hummus 138

I

Italienische Brote 70
Italienische Pizza 161
Italienischer Auberginenauflauf 101
Italienischer Spargel 18

J

Jalapeño-Chillies 9
Jasmin-Reis 143
Jerusalem-Artischocke 27

K

Kalifornische Quesadillas 85
Kartoffel-Blumenkohl-Okra-Curry 114
Kartoffel-Lauch-Gratin
– knuspriges 116
– sahniges 103
Kartoffel-Sellerie-Püree 119
Kartoffel-Spinat-Ring 119
Kartoffelcurry mit Brokkoli 113
Kartoffeln 23
– Lyoner Art 112
– toskanische 118
Kartoffelsalat
– aus der Auvergne 193
– mit Dill 114
– mit sonnengetrockneten Tomaten 116
Kartoffelschalen, knusprige, mit Salsa 111
Kartoffeltopf, ungarischer 112
Käse 66
Käse-Pilz-Füllung, Enchiladas mit feuriger 91
Käse-Tarte mit Tomatencoulis 185
Käseomelett »Kookoo« mit Zucchini 60
Käsepolenta, gratinierte, mit Champignons und geröstetem Knoblauch 140
Käsesauce 218
Käsetorte »Madame Recamier«, pikante 66
Keimlinge 12
Kichererbsenpüree 138
Kidney-Bohnen 16
Kinderernährung auf pflanzlicher Basis 85
Kirschtomaten 17
Knoblauch 16
– gerösteter 140
Knoblauch-Bruschetta 78
Knoblauch-Himbeeressig-Dip 34
Knoblauch-Käse-Croûtons 218
Knoblauchbutter 218
Knoblauchvinaigrette 204
Knollensellerie 27
Knusprig ausgebackene Mozzarellastreifen mit Preiselbeer-Orangen-Sauce 173
Knusprige »Algen« 72
Knusprige Kartoffelschalen mit Salsa 111
Knusprige Pilzrollen »Dragon Inn« 91
Knusprige Reisnudeln 72
Knusprige Teigtäschchen 174
Knuspriger Ölteig 218
Knuspriges Kartoffel-Lauch-Gratin 116
Kochgeschirr 29
Kochsalat 13
Kohl 23
Kohlenhydrate 219
Kohlrabi 23
Kohlrübe 26
Kokosmilch 104
Kokosmilchpulver 104
Kontrolliert-ökologischer Anbau 28, 98
Kopfsalat 13
Koriander 17
Krachsalat 13
Krause Endivie 13
Kräuter 17
– der Provence 54
– frische, als Garnitur 50
– getrocknete 54
– in Salatsaucen 202
Kräutermayonnaise 207
Kräutermischung 54
Kresse 9
Kressekraut 9
Kretische Käsecreme 74
Kretischer Bauernsalat mit Feta 194
Krummhalskürbis 19
Küchenmaschine 29
Kürbis 19
– gefüllter 103
Kürbiskernöl 199
Kürbispie, herbstliche 159
Kürbisrisotto mit Pecorino 145
Kürbissoufflé 59
Kürbissuppe mit Greyerzer 52
Kurkuma 61

L

Lab 66
Langkornreis 143
Lasagne, s. Pilzlasagne 128
Lauch 26
– mit Roquefortdressing 194
Lauch-Nudel-Timbale 63
Lauchfüllung 183
Lauchrollen mit leichter Tomaten-Basilikum-Sauce 98
Leichte Orangen-Käse-Torte 210
Leichte Tomaten-Basilikum-Sauce 174
Leichte Tomaten-Pecorino-Sauce 179
Limettenvinaigrette 205
Linguine 130
– mit Paprika und Haselnüssen 130
Linsen 22, 23
Little Gem 13
Lollo Bionda 13
Lollo Rossa 13
Lorbeer 17

M

Mache 22
Mais 22
Mais-Paprika-Suppe, feurige 49
Maisbrot 80
Maisgrieß 22
Maiskölbchen
– ausgebackene, gelb-roter Salat mit 165
– in brauner Butter 166
Maiskörner vom Kolben trennen 30
Maisküchlein mit Schnittlauch und Crème fraîche 89
Maismehl 22
Maistortillas zum Falten weich machen 85
Majoran 17
Malaiischer Salat mit würziger Erdnußsauce 188
Mandelblättchen rösten 57
Mandelsauce, grüne 169
Mandelsuppe, gekühlte 49
Mandelvinaigrette 206
Markkürbis 19
Mayonnaise 206, 207
– mit Himbeeressig 207
Meringen 211
Messer 29
Mexikanisches Tomatenrelish 74
Mikrowellengerät 29
Milchreis 143
Mineralstoffe 220
Minitacos mit Auberginenpüree 86
Minze 17
Miso 26
Mit Guacamole gefüllte Tomaten 36
Mohnöl 199
Möhre 17
Möhren-Linsen-Suppe mit Koriander 54
Möhren-Orangen-Suppe, würzige 52
Moschuskürbis 19
Mousse au chocolat, weiße 210
Moutarde de Meaux 170
Mozzarella 43
Mozzarellastreifen, knusprig ausgebackene, mit Preiselbeer-Orangen-Sauce 173
Mürbe Erdbeertorte 214
Mürbeteig (im Mixer zubereitet) 218
– süßer 218

N

Nährstoffe 219
Naturreis 143
Norwegisches Eisomelette soufflé 211
Nudeln mit Gemüse süß-sauer 132
Nudelsalat
– Gianfranco 196
– mit gebackenem Kürbis und Minze 133
– nach chinesischer Art 133
Nüsse rösten 134
Nüßlisalat 22

O

Ofengemüse mit Pesto 100
Ofenkartoffeln 118
Okra 19
Oliven-Focaccia 79
Olivenöl 199
Olivenpaste, provenzalische 43
Ölsorten 199
Ölteig, knuspriger 218
Orangen-Joghurt-Dressing 203
Orangen-Käse-Torte, leichte 210
Oregano 17
Orientalische Salatsaucen 203

P

Pak Choi 13
Paprika-Pilz-Füllung, Blätterteig-»Zopf« mit 158
Paprika-Tomaten-Suppe, rote 56

Paprikadressing 203
Paprikasalat, warmer roter 197
Paprikasauce, rote 182
Paprikaschoten 17
– enthäuten 30
– und Mozzarella, Salat von gegrillten gelben 33
Parmesan 122
Pasta kochen 122
Pastinake 26
Pastinakengratin 97
Patna-Reis 143
Pecorino 122
Penne 127
– mit leichter Roquefortsauce (Pariser Art) 127
– mit Spinat, Erbsen und Ziegenkäse 130
Peruanische Gemüseküchlein 77
Pesto mit Pekannüssen 178
Pesto trapanese 169
Petersilie 17
Petits pois 13
Pfannengerührte Brunnenkresse mit Croûtons 96
Pfannengerührte grüne Bohnen und Zucchini mit Ingwer und Knoblauch 104
Pfannengerührter Blumenkohl mit Ingwer und Knoblauch 36
Pfannengerührtes Gemüse mit Gelber-Bohnen-Sauce und Chili 108
Pfannengerührtes Gemüse mit geschmolzenem Käse 107
Pfannenrühren 31
Pfannkuchen backen 88
Pfefferkraut 9
Pfeffermayonnaise 207
Pfirsich-Trifle 211
Pfirsiche enthäuten 30
Phyllokörbchen mit Spargel und Pesto trapanese 169
Phylloteig verwenden 38
Phyllowaffeln mit Zucchini-Ricotta-Füllung und Pinienkernen 38
Pikant-würziger Pilzsalat 189
Pikante Käsetorte »Madame Recamier« 66
Pikante Tarte Tatin 70
Pilaw mit Orangenschale und Rosinen 146
Pilz-Crostini mit leichter Tomaten-Pecorino-Sauce 179
Pilzburger 74
Pilze 12
Pilze Stroganoff 101
Pilzfüllung 183
Pilzhüte, gefüllte, auf gebratenen Brotscheiben 43
Pilzlasagne mit Ziegenkäse 128
Pilzreis, südindischer 146
Pilzrisotto mit roten Chillies 147
Pilzrollen »Dragon Inn«, knusprige 91
Pilzsalat, pikant-würziger 189
Pimientos 17
Pinienkerne 38
– rösten 134
Pizza, italienische 161
– s. auch Blätterteigpizza 160
Pochierte Eier 64
– mit Zucchini und Crème fraîche 64
Polenta 139, 140, 178
– »Emanuele« 139
Pomodoro 17
Porree 26
Preiselbeer-Orangen-Sauce 173
Prinzeßbohnen 16
Protein 219
Provenzalische Olivenpaste 43
Provolone 135
Prunkbohne 16
Pugliese 70

Q

Quesadillas, kalifornische 85

R

Radicchio 9, 13
Radicchio di Treviso 9
Radieschen 12
Raps 23
Rapunzel 22
Räucherkäse-Knoblauch-Dip 76
Rauke 9, 17
Reis 19, 143
– kochen 144
– mit gelben Splittererbsen und Knoblauch 147
Reisflocken 143
Reismehl 143
Reisnudeln
– knusprige 72
– mit Brokkoli, Ingwer, Knoblauch und Schwarzer-Bohnen-Sauce 150
– thailändische, mit Gemüse in feuriger Erdnußsauce 137
– vietnamesische, mit gedämpftem Gemüse und Minze 151
Reisreste 145
Rettich 12
Ricotta 135
Riesenkürbis 19
Riso verde 150
Risotto 145, 147
Roggen 19
Römischer Salat 13
Roquefortdressing, Lauch mit 194
Roquefortvinaigrette 205
Rosenkohl 23
Rosenkohlpüree 96
Rosmarin 17
Rösti von Kartoffeln, Möhren und Sellerie 96
Rote Bete 26
Rote-Bete-Salat mit saurer Sahne und Knoblauch 190
Rote-Bete-Suppe 53
Rote-Bohnen-Dip mit Käse 76
Rote Buttersauce 164
Rote Paprika-Tomaten-Suppe 56
Rote Paprikasauce 182
Rote Rübe 26
Rotkohl 23
Rotweinessig 199
Rucola 9
Rührei, würziges, mit gebratenem Brot 75
Rundkornreis 143

S

Safran 61
Safranmayonnaise 206
– Gefüllte Zucchini mit 175
Sahnerübchen, mit Parmesan gratiniert 97
Sahniges Kartoffel-Lauch-Gratin 103
Salat frisch halten 30
Salat von gegrillten gelben Paprikaschoten und Mozzarella 33
Salate in einer Diät 189
Salatsaucen, orientalische 203
Salbei 17
Salsa, schnelle 84
Sataysauce 34
Sauerampfer 12, 17
Sauerkraut 23
Saure-Sahne-Knoblauch-Dressing für gedämpftes Gemüse 202
Schalotten 12
Schlemmersalat mit Tomaten-Aïoli 168
Schmetterlingsnudeln mit Kürbis und Zitronensahnesauce 127
Schnelle Salsa 84
Schnittlauch 17
Schokoladentorte, weiße, mit Walnüssen 212
Seitang 27
Sellerie 27
Sellerie-Tomaten-Salat mit Senfdressing 39
Selleriesuppe mit Schalotten und Zitronengras 57
Senf 170
Senfvinaigrette 204
Sesamöl 199
Sesampaste 138
Sesamtoast 78
Sherry-Ingwer-Dip 34
Sherryessig 199
Shiitake, gegrillte, in roter Buttersauce 163
Shiitakesalat auf Rauke, warmer 193
Shoyu 27
Sodabrot 80
Sojabohne 22
Sojabohnenkäse 26
Sojabohnenprodukte 26
Sojabohnenquark 26
Sojafleisch 27
Sojakäse 27
Sojamargarine 27
Sojamilch 27
Sojaöl 27
Sojasahne 27
Sojasauce 27
Sommerkürbis 19
Sommerlauch 26
Sommerliche Zucchini-Curry-Suppe 50
Sommersalat mit Pecorino und Himbeervinaigrette 187
Sonnenblumenöl 199
Souffléform vorbereiten 60
Spaghetti alla Norma 121
Spaghettikürbis 19
Spanisches Omelett 65
Spargel 17
Spargelfüllung 183
Spargelkohl 18
Speiserüben 22, 23
Spinat 22
Spinat-Austernpilz-Salat mit Provolone und warmem Sesamdressing 44
Spinat-Blauschimmelkäse-Füllung, Teigtaschen mit 154
Spinat-Ricotta-Füllung, Cannelloni mit 122
Spinatsalat, warmer, mit Walnußöl und Croûtons 198
Spinatsoufflé 60
Spinattaschen, griechische 40
Spinat-Zucchini-Suppe mit Knoblauch-Croûtons 48
Spiralnudeln mit Chillies, Knoblauch und Olivenöl 124
Splittererbsen 23
Sprossen 12
Sprossen selbst ziehen 12
Stangenbohnen 16
Staudensellerie 27
Steckrübe 23, 26
Südindische Curryeier 62
Südindischer Pilzreis 146
Süßer Mürbeteig 218
Süßkartoffeln, würzig gebratene 117

T

Tabasco 9
Tacos 86
Tagliatelle 124
– mit viererlei Käse und Basilikum 135
– mit Zuckerschoten und Safransahnesauce 124
Taglierini 126
– mit jungen Zucchini und Gartenkräutern 126
Tahin 138
Tamari 26
Tarte Tatin, pikante 70
Teigtäschchen, knusprige 174
Teigtaschen
– mit Brokkoli-Pecorino-Füllung 154
– mit jungem Gemüse in Estragonsauce 184
– mit Spinat-Blauschimmelkäse-Füllung 154
Tempeh 26
Tempura von Sommergemüse mit Dipsaucen 89
Textured vegetable proteins 27
Texturierte Sojaproteine 27
Thailändische Gemüseküchlein mit Zitronengras und verschiedenen Dips 34
Thailändische Reisnudeln mit Gemüse in feuriger Erdnußsauce 137
Thousand-Island-Dressing 202
Tirisalata 74
Tiropitta mit Minze 156
Tofu 26, 48

Tomaten 17
– enthäuten 30
– Mit Guacamole gefüllte 36
Tomaten-Aïoli 168
Tomaten-Basilikum-Sauce, leichte 174
Tomatencoulis 185
Tomaten-Kräuter-Sauce, frische Eiernudeln mit sahniger 123
Tomaten-Kräuter-Torteletts mit Dill-Sahne-Sauce 176
Tomatenmark 17
Tomaten-Pecorino-Sauce, leichte 179
Tomatenrelish, mexikanisches 74
Tomatenvinaigrette 190
Topinambur 27
Topinambursuppe 50
– mit Haselnüssen 165
Tortellini 132
– »Ivy« 132
Tortilla 65, 83, 84, 85, 90, 91
Tortillaschalen 85
Toskanische Kartoffeln 118
Traubenkernöl 199
Tsatsiki 69
TSP 27
Türkenturban 19
TVP 27

U

Überbackene Auberginen mit einer leichten Tomaten-Pecorino-Sauce 42
Überbackene Caponata 100
Überbackener Fenchel mit Blauschimmelkäse 108
Ungarischer Kartoffeltopf 112

V

Vietnamesische Reisnudeln mit gedämpftem Gemüse und Minze 151
Vinaigrette 204, 205, 206
Vitamine 219
Vorräte 28

W

Wachsbohnen 16
Walnußmayonnaise, würzige 207
Walnußöl 199
Walnußvinaigrette 205
Warme Bohnen mit Walnußöl 192
Warmer roter Paprikasalat 197
Warmer Shiitakesalat auf Rauke 193
Warmer Spinatsalat mit Walnußöl und Croûtons 198
Wasser 219
Weiches Gemüse in der Küchenmaschine zerkleinern 77
Weichweizen 19
Weiße Mousse au chocolat 210
Weiße Schokoladentorte mit Walnüssen 212
Weißkohl 23
Weißreis 143
Weißweinessig 199
Weizen 19
Wildreis 143
Wintergemüsesuppe 54
Winterkresse 9
Winterkürbis 19
Winterlauch 26
Winterrettich 12
Wintersalat 198
Würzig gebratene Süßkartoffeln 117
Würzige Auberginenstreifen 35
Würzige Blumenkohlsuppe mit Linsen 57
Würzige Chimichangas 83
Würzige Möhren-Orangen-Suppe 52
Würzige Walnußmayonnaise 207
Würziges Dal 144
Würziges Gemüse mit Gelber-Bohnen-Sauce »Mu-Choo« 39
Würziges Rührei mit gebratenem Brot 75

Z

Zitronenkuchen mit Baiserhaube 216
Zitronenreis 144
Zitronenschnee 216
Zucchini 18, 19
– gedämpfte, mit knusprigen Walnüssen und Crème fraîche 42
– und Crème fraîche, pochierte Eier mit 64
Zucchini-Curry-Suppe, sommerliche 50
Zucchinipuffer 86
Zucchiniraspel, gebratene, mit Drachensauce 172
Zucchini-Ricotta-Füllung und Pinienkerne mit Phyllowaffeln 38
Zuckermais 19, 22
Zuckerschoten 13
Zwiebel-Tarte-Tatin 158
Zwiebeln 27
– verarbeiten 31
Zwiebelsuppe, französische 56